新能源汽车产教融合系列教材

新能源汽车电池及管理系统检修

组　编　行云新能科技（深圳）有限公司

主　编　蔡泽光　刘猛洪　张文光　鹿宏成

副主编　张　宝　宋建华　王爱兵　姜　辉

　　　　姜波波

机械工业出版社
CHINA MACHINE PRESS

《新能源汽车电池及管理系统检修》采用学习情景、学习任务形式编写，共有6个学习情景、15个学习任务，具体内容包括：动力电池组认知、动力电池组的拆装与检测，以及单体电池、充电系统、电池管理系统、动力电池冷却系统故障诊断与维修等。

　　本书内容丰富全面，深入浅出，贴近企业实际工作，符合职业教育特点，注重理论与实操结合，匹配学习任务加入了详实的实操内容，图文并茂，通俗易懂，不仅可作为广大新能源汽车行业从业者学习的参考用书，也可作为广大职业院校汽车专业及相关专业师生的学习教材。

　　本书提供课件供教师参考，可登录www.cmpedu.com以教师身份注册后免费下载。

图书在版编目（CIP）数据

新能源汽车电池及管理系统检修/蔡泽光等主编．—北京：机械工业出版社，2021.9（2025.7 重印）
新能源汽车产教融合系列教材
ISBN 978-7-111-68706-1

Ⅰ.①新…　Ⅱ.①蔡…　Ⅲ.①新能源 – 汽车 – 蓄电池 – 检修 – 职业教育 – 教材　Ⅳ.① U469.720.7

中国版本图书馆 CIP 数据核字（2021）第 139413 号

机械工业出版社（北京市百万庄大街 22 号　邮政编码 100037）
策划编辑：连景岩　责任编辑：连景岩
责任校对：孙莉萍　封面设计：马精明
责任印制：张　博
北京建宏印刷有限公司印刷
2025 年 9 月第 1 版第 7 次印刷
184mm×260mm · 12 印张 · 299 千字
标准书号：ISBN 978-7-111-68706-1
定价：49.90 元

电话服务　　　　　　网络服务
客服电话：010-88361066　机 工 官 网：www.cmpbook.com
　　　　　010-88379833　机 工 官 博：weibo.com/cmp1952
　　　　　010-68326294　金 书 网：www.golden-book.com
封底无防伪标均为盗版　机工教育服务网：www.cmpedu.com

前　言

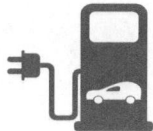

随着全球能源紧缺、环境污染和驾驶安全挑战的日益加大，全球的汽车产业不可避免地正朝着电动化、智能化、网联化、共享化方向发展。新能源汽车被认为是我国目前最能实现弯道超车的产业，而发展新能源汽车则是我国从汽车大国迈向汽车强国的必由之路。随着制造强国战略的明确，新能源汽车被选定为重点突破方向，这标志着新能源汽车行业的发展已上升至国家战略的高度。

在此时代背景下，动力电池、驱动电机、动力系统集成与控制等关键技术方面取得了快速发展和突破，相关基础设施与服务正不断完善，与此同时，行业和市场也对汽车检测、维修从业人员提出了更高的要求。产业要发展，人才是核心，但在目前的汽车检测、维修等售后岗位从业人员中，具备新能源汽车服务所需要的丰富知识储备、复合型技能的人才凤毛麟角，现有的技术人才急需知识、技能的升级，否则将不能适应未来市场的需求。同时，在新能源汽车专业技术人才缺口巨大的情况下，相应专业的毕业生却很少，这些都将制约新能源汽车市场的持续、健康发展。

目前来看，新能源汽车仍然有诸多技术瓶颈，尤其是动力电池，作为新能源汽车的动力来源，其性能指标是决定新能源汽车动力性能的根本因素，直接影响新能源汽车的续驶里程，甚至影响整车质量及成本，它是新能源汽车能否实现大规模产业化的关键因素。基于此，我们编写了《新能源汽车电池及管理系统检修》一书。本书采用学习情境、学习任务形式编写，贴近企业实际工作，为适应职业学院的教学需求，加入了实操内容，以便有条件的学校开展相应的实践教学训练时参考。本书内容涉及动力电池组认知、动力电池组的拆装与检测，以及单体电池、充电系统、电池管理系统、动力电池冷却系统故障诊断与维修等多个方面，不仅适用于中、高职新能源汽车相关专业的学生，也适用于新能源汽车相关专业技术人员阅读参考。

在本书编写过程中，参考了大量的国内外相关文献，引用了一些网上资料，特向其作者表示真切的谢意。本书由蔡泽光、刘猛洪、张文光、鹿宏成任主编，由张宝、宋建华、王爱兵、姜辉、姜波波任副主编，参加编写的还有万磊、曹勇、章琳琳、李声滔、李波、田羽、赵国亮、吕庆龙、田晓文、王凯。

限于编者水平，书中难免有不足之处，敬请广大读者给予批评指正。

编　者

目 录

前言

动力电池组认知

学习任务一　常见电池的认知

【任务导入】

一名客户想要购买一台比亚迪 E5 汽车，他第一次来到 4S 店了解电动汽车，想要了解比亚迪 E5 汽车的动力电池是采用什么类型的电池。作为一名销售顾问，请你为客户介绍常见电池的基本知识。

【学习目标】

1. 能够描述常见电池的类型。
2. 能够叙述常见动力电池的结构组成。
3. 能够叙述常见电池的工作原理。

【理论知识】

电池的种类繁多，划分的方法也有很多种。电池按其原理划分，主要可分为生物电池、化学电池和物理电池三大类。

其中，化学电池和物理电池已经应用于量产新能源汽车中，而生物电池则被视为未来纯电动汽车电池的重要发展方向之一。出于对目前实际应用情况的考虑，我们只对化学电池和物理电池的分类、结构与原理进行详细介绍，如果您也有兴趣了解生物电池，可另行参阅其他资料。

1. 化学电池

化学电池是目前新能源汽车领域应用最为广泛的电池种类，动力电池组可以由镍金属氢化物（NiMH）电池、锂离子（Li-ion）电池，甚至铅酸电池组成。每种类型的电池都有其自身的特性，这种特性反过来又影响电池组整体的设计和控制思路。这些电池内部的化学性质不同，一般不会对诊断程序有大的影响。但是，每种电池都可能会对技术人员造成不同的危害。

我们目前所见的绝大多数新能源汽车都采用化学电池技术进行驱动，如比亚迪 EV 系列、丰田普锐斯、特斯拉 MODEL S 等。当然，这里所讲的化学电池并不是我们日常所讲的汽车蓄电池，而是对可重复充电动力电池的统称。由于新能源汽车电池种类较多，其中很大部分已经被目前市场淘汰，且对其原理进行大篇幅讲解并不能对实际维修新能源汽车带来多大帮助，所以我们先通过一个表格大致了解下这些电池的种类和基本特性，然后就目前市场上常见的几种化学电池进行详细说明，如表 1-1-1 所示。

表 1-1-1　新能源汽车常用电池说明表

类型		质量能量密度 /(W·h/kg)	电池单体标称电压（通常情况）	安全性	理论循环使用寿命 / 次	商品化程度	代表车型
铅酸电池		30~50	2V 左右	好	500~800	已淘汰	—
镍镉电池		50~60	1.2V	较好	1500~2000	已淘汰	—
镍氢电池		70~100	1.2V	好	1000	现使用	现款普锐斯
锂离子电池	锰酸锂电池	100	3.7V	较好	600~1000	已淘汰	早期普锐斯
	钴酸锂电池	170	3.6V	差	300	已淘汰	特斯拉 Roadster
	磷酸铁锂电池	100~110	3.2V	好	1500~2000	现使用	腾势
	三元锂电池（镍钴铝、镍钴锰）	200	3.87V	较差	2000	现使用	特斯拉 Model S、广汽 Aion S

注：由于电池种类很多，所以我们表中只列举出了一些具有代表性的类别。

（1）铅酸电池

铅酸电池是一种较早的蓄电池系统（始于 1850 年），目前仍然有数以百万的车辆使用这种蓄电池提供电能。铅酸电池在车辆中被作为起动内燃机的起动电池使用。此外，也可以在发动机处于静止状态时的有限时间内为用电器提供电流。

1）铅酸电池的结构。铅酸电池由正极板、负极板、隔板（隔膜）、电解液、溢气阀、壳体等部分组成，如图 1-1-1 所示。每个单体电池电压都为 2V。6 个单体电池串联在一起可以提供 12V 的蓄电池电压。

2）铅酸电池的工作原理。铅酸电池工作时会完成充、放电两个过程中化学能和电能的相互转化过程。电池放电时化学能转化为电能，充电时电能转化为化学能，在这两个变换过程中，正、负电极的活性物质发生氧化还原反应，产生电子得失，如图 1-1-2 所示。

充电时，直流电源的正、负极分别与电池的正、负极连接，充电电源的电压略高于电池的额定电压，在电场的作用下，电流从电池的正极流入，负极流出。正、负极板上的 $PbSO_4$ 分别还原成 PbO_2 和 Pb，电解液中的水逐渐还原为 H_2SO_4。

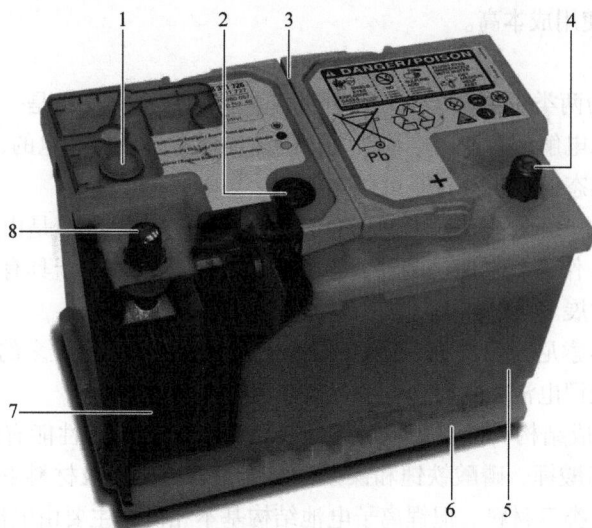

图 1-1-1　铅酸电池

1—密封塞　2—电眼　3—提手　4—正极接线柱　5—壳体　6—用于固定蓄电池的底部滑轨
7—由正极板组和负极板组构成的极板组　8—负极接线柱

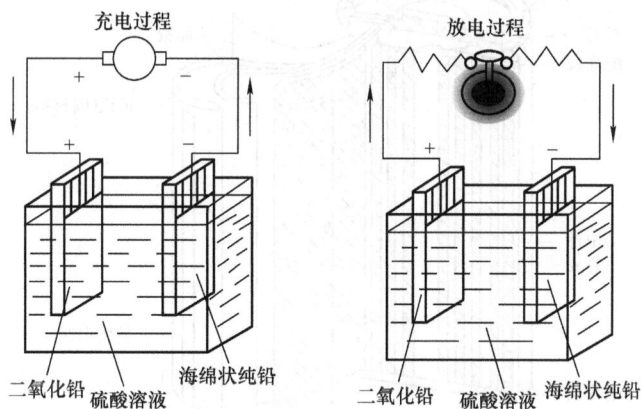

图 1-1-2　铅酸电池的工作原理图

放电时，正极上的 PbO_2 和负极上 Pb 分别与电解质 H_2SO_4 溶液发生氧化反应生成 $PbSO_4$ 附着在正、负极板上。随着连续的放电，氧化反应不断进行，H_2SO_4 浓度逐渐降低，最后变成水。

3）铅酸电池的优点如下：

① 铅酸电池的电压最高为 2.0V，在常用蓄电池中，仅次于锂离子电池。

② 高倍率放电性能良好，更适用于发动机起动。

③ 高低温性能良好，可在 −40~60℃ 条件下工作，电能效率高达 60%。

④ 没有"记忆"效应，易于识别荷电状态。可制作各种尺寸和结构的蓄电池，价格低廉。

4）铅酸电池的缺点如下：

① 充电时间长，比能量低，一次充电行驶里程短。

② 环保性能差，存在重金属铅的污染。

③ 使用寿命短，使用成本高。

（2）锂离子电池

锂电池大致可分为两类：锂金属电池和锂离子电池。锂金属电池是一类由锂金属或锂合金为负极材料、使用非水电解质溶液的电池。锂金属电池通常是不可充电的，且内含金属态的锂。锂离子电池不含有金属态的锂，并且是可以充电的。

虽然锂金属电池的能量密度高，理论上能达到 3860W·h/kg。但是由于其性质不够稳定而且不能充电，所以无法作为反复使用的动力电池。而锂离子电池由于具有反复充电的能力，被作为主要的动力电池发展。

锂离子电池由日本索尼公司于 1990 年最先开发成功。通常运用最多的锂离子动力电池主要有磷酸铁锂电池、锰酸锂电池、钴酸锂电池以及三元锂电池。

1）锂离子电池组成结构。锂离子电池因正、负极材料不同而性能有所差异，目前常用的正极材料有钴酸锂、锰酸锂、磷酸铁锂和镍钴锰酸锂等材料，负极材料主要有碳材料，还有在研发的锡基、硅基合金类等材料。但锂离子电池结构基本相同，主要由电池正极、负极、隔板、电解液和安全阀等组成，如图 1-1-3 所示。

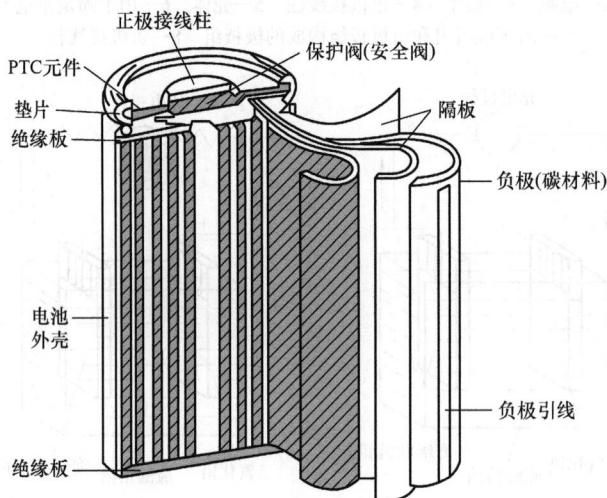

图 1-1-3　锂离子电池组成结构图

① 正极。正极材料在锰酸锂离子电池中以锰酸锂为主，磷酸铁锂离子电池中以磷酸铁锂为主，在镍钴锂离子电池中以镍钴锂为主，在镍钴锰锂离子电池中以镍钴锰锂为主。

② 负极。负极材料由碳材料与黏合剂的混合物，加上有机溶剂调和制成为糊状，并在铜基体上涂覆薄层形成。

③ 隔板。隔板起到关闭或阻断功能，大多使用聚乙烯或聚丙烯材料制成的微多孔膜。

④ 电解液。电解液是以混合溶剂为主体的有机电解液。

⑤ 安全阀。为了保证锂离子电池的使用安全性，一般通过对外部电路的控制或者在电池内部设异常电流切断的安全装置。

2）锂离子电池的结构类型。一般按照锂离子电池的外形分为圆柱形、长方形、薄板形、软包形、纽扣形等。

① 圆柱形锂离子电池。圆柱形锂离子电池（图1-1-4）由于其体积及容量较小，在汽车动力电池中，需要很多电池并联、串联组成电池组。如美国特斯拉电动汽车 Model S，其动力电池采用了 7000 多节 18650 锂离子电池。其中 18 表示直径为 18mm，65 表示长度为 65mm，0 表示为圆柱形电池。18650 锂离子电池单节标称电压一般为 3.6V 或 3.7V；最小放电终止电压一般为 2.5~2.75V；常见容量为 1200~3300mA·h。

图 1-1-4　圆柱形锂离子电池

② 长方形锂离子电池。长方形锂离子电池也需要多个电池串联组成电池组，如图1-1-5所示。

图 1-1-5　长方形锂离子电池动力电池组

③ 软包形锂离子电池。软包形锂离子电池一般为容量较小可充电电池，其具有体积较小的优点，使其被用于手机、照相机等便携式电子产品上，如图 1-1-6 所示。

④ 纽扣形锂离子电池。纽扣形锂离子电池通常也是小容量的可充电电池，用作汽车钥匙电池、电子手表电池等，如图 1-1-7 所示。

图 1-1-6　软包形锂离子电池

图 1-1-7　纽扣形锂离子电池

3）锂离子电池的工作原理。锂离子电池的充放电过程，就是锂离子的嵌入和脱嵌过程，如图 1-1-8 所示。

锂离子电池以含锂的化合物为电池正极，没有金属锂存在，化合物中只有锂离子；电池负极以碳材料为主要材料。锂离子电池是以锂离子嵌入化合物为正极材料的电池的总称。锂离子电池的充放电过程，就是锂离子的脱嵌和嵌入的过程。在锂离子的脱嵌和嵌入过程中，同时伴随着与锂离子等当量电子的脱嵌和嵌入（习惯上正极用嵌入或脱嵌表示；负极用插入或脱插表示）。

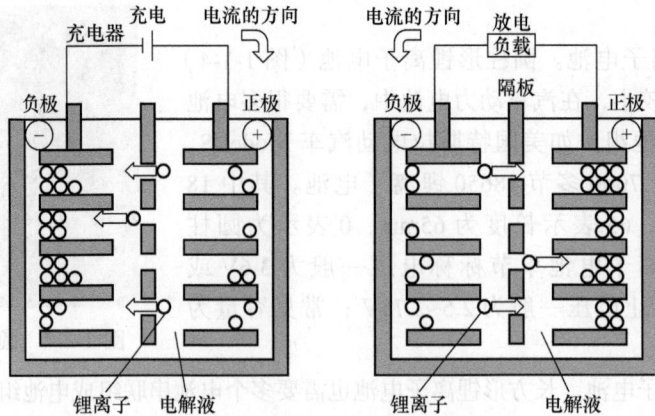

图 1-1-8　锂离子电池工作原理

工作原理：在放电过程中，锂离子从负极中脱插，通过电解质、隔板，向正极中嵌入；在充电过程中，锂离子从正极中脱嵌，通过电解质、隔板，向负极插入。充放电过程中，锂离子来回在正负极之间迁移，因而，锂离子电池又被称为"摇椅电池"。

4）锂离子电池的优点。相对于其他类型的电池，锂离子电池的优点如下：

① 工作电压高且放电电压稳定。单体锂离子电池的电压为 3.6~3.9V，单体镍氢电池的电压约为 1.2V，单体铅酸电池的电压为 2~2.5V。

② 能量密度大。

③ 循环寿命长。

④ 安全性能好，无公害，无记忆效应。

⑤ 自放电率低。

⑥ 可实现安全快速充电。

⑦ 允许温度范围宽。

5）锂离子电池的缺点如下：

① 不能大电流放电。

② 电池的一致性较差。

③ 高温和低温的存储性较差。

④ 耐过充电和过放电能力差。

⑤ 锂电极表面常常形成一层比较致密的纯化膜，当电池在高温下存储后，在低温下以较大电流放电时，常常出现输出电压的跌落现象，随着放电过程的进行，电压才能缓慢恢复，这一现象称为电压滞后。

⑥ 价格相对较高。

（3）磷酸铁锂电池

磷酸铁锂电池（LiFePO$_4$）是磷酸铁锂离子电池的简称，也称为"锂铁（LiFe）动力电池"或"铁电池"。磷酸铁锂电池是指用磷酸铁锂作为正极材料的锂离子电池。与其他锂电池最大的区别是电池的正极加入了铁元素。铁锂是最近几年才刚开始研究的一种很有潜力的材料，其安全性能与循环寿命是其他材料无法相比的。

目前用作锂离子电池的正极材料的金属元素中，钴（Co）最贵，并且存储量不多，镍

（Ni）、锰（Mn）较便宜，而铁（Fe）最便宜。采用 $LiFePO_4$ 正极材料做成的锂离子电池应是最便宜的，并且环保性能良好，对环境无污染。

1）结构与工作原理。磷酸铁锂电池结构如图 1-1-9 所示。左边是橄榄石结构的 $LiFePO_4$ 作为电池的正极，由铝箔与电池正极连接，中间是聚合物隔膜，它把正极与负极隔开，锂离子可以通过而电子（e^-）不能通过，右边是由碳（石墨）组成的电池负极，由铜箔与电池的负极连接。电池的上下端之间是电池的电解质，电池由金属外壳密闭封装。

① 电池充电时，Li^+ 从磷酸铁锂晶体的 010 面迁移到晶体表面，在电场力的作用下，进入电解液，穿过隔膜，再经电解液迁移到石墨晶体的表面，然后嵌入石墨晶格中。与此同时，电子经导电体流向正极的铝箔集电极，经正极耳、电池极柱、外电路、负极极柱、负极耳流向负极的铜箔集流体，再经导电体流到石墨负极，使负极的电荷达至平衡。

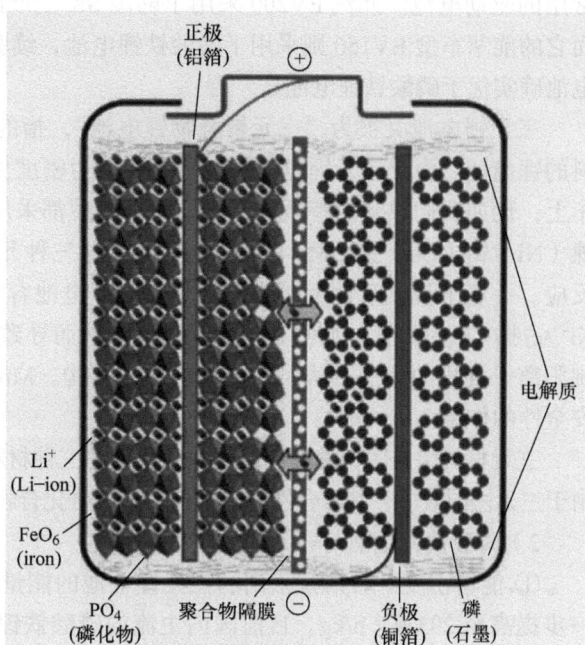

图 1-1-9　磷酸铁锂电池结构

② 电池放电时，Li^+ 从石墨晶体中脱嵌出来，进入电解液，穿过隔膜，再经电解液迁移到磷酸铁锂晶体的表面，然后重新经 010 面嵌入到磷酸铁锂的晶格内。与此同时，电流经导电体流向负极的铜箔集电极，经负极耳、电池负极柱、外电路、正极极柱、正极极耳流向电池正极的铝箔集流体，再经导电体流到磷酸铁锂正极，使正极的电荷达至平衡。

磷酸铁锂电池的充放电过程需要锂离子和电子的共同参与，而且锂离子的迁移速度与电子的迁移速度要达至平衡。

2）主要性能。$LiFePO_4$ 单体电池的标称电压为 3.2V，充电终止电压是 3.6V，放电终止电压是 2.0V。比能量可达到 $120W \cdot h/kg$，具有比功率高、耐高温、寿命长、环保性能好、快速充电、充放电性能优良，以及耐过充放电能力强等特点。

快速充电时间约 15min 达到 80% 电量，工作温度为 $-20\sim65℃$，循环寿命可达 2000 次。它是现代电动汽车动力电池的主要选用电池。

与其他锂离子电池的正极材料相比，磷酸铁锂电池具有良好的稳定性和安全性能，不会发生起火或爆炸，并且没有毒性，价格也较低廉。但批量生产的磷酸铁锂动力电池存在单体电池之间的"不一致性"，导致磷酸铁锂动力电池组的性能不稳定，因此需要加强对磷酸铁锂电池组的管理。

3）磷酸铁锂的充电应用。由于磷酸铁锂动力电池具有上述特点，并且生产出各种不同容量的电池，很快得到广泛应用，它主要的应用领域有：①纯电动汽车、油电混合动力汽车、景点游览车辆等；②电动工具：电钻、电锯、割草机、医疗器械等；③太阳能及风力发电的储能设备；④UPS 及应急灯、警示灯及矿灯（安全性最好）等。

（4）三元锂电池

1）三元锂电池的组成结构。在种类繁多的锂电池中，磷酸铁锂电池和三元锂电池是最为常用的驱动电池。北汽 EV200 采用了韩国 SK 生产的三元锂电池，理论续驶里程达到 200km，而它的前辈车型 EV150 则采用了磷酸铁锂电池，续驶里程仅为 150km。从续驶里程上看三元锂电池确实优于磷酸铁锂电池。

三元锂电池又被为"三元聚合物锂电池"，指的是镍钴锰酸锂或者镍钴铝酸锂作为正极材料的锂电池。由于三元锂电池体积更小、能力密度更高、耐低温，目前正广泛应用于新能源汽车上，比如我们熟知的特斯拉，旗下所有车型都采用了三元锂电池。三元锂电池的三元指的是镍（Ni）钴（Co）锰（Mn）三种元素。而这三种元素中镍和钴是活性金属，锰不参与电化学反应。一般来说，活性金属成分含量越高，电池容量就越大，但当 Ni 的含量过高时，会引起 Ni^{2+} 占据 Li^+ 的位置，加剧了阳离子混排，从而导致容量降低。Co 也是活性金属，但能起到抑制阳离子混排的作用，从而稳定材料层状结构。Mn 作为非活性金属，主要起到稳定反应提高安全性的作用。

三元材料综合了钴酸锂、镍酸锂和锰酸锂三种材料的优点，形成了三种材料三相的共熔体系，由于三元协同效应，其综合性能优于任一单组合化合物。它的质量能量密度能够达到 $200W \cdot h/kg$。

2）磷酸铁锂电池与三元锂电池性能对比

① 能量密度。特斯拉采用的三元锂电池的能量密度已经达到了 $232W \cdot h/kg$，后续将会进一步提高至 $293W \cdot h/kg$。目前国内主流的磷酸铁锂电池能量密度也仅达到 $150W \cdot h/kg$ 左右，相比之下，三元锂电池的能量密度大，电压更高，同样重量的电池组电池容量更大，车辆续驶里程更远。正如特斯拉 Model S 充满电的续驶里程约 400km。

② 安全性。由于镍钴铝的高温结构不稳定，导致热稳定性差，且 pH 值过高易使单体胀气，进而引发危险。NCA（镍钴铝）在 250~300℃ 就会发生分解，释放的氧气遇到电池中可燃的电解液、碳材料后一点就着，产生的热量进一步加剧正极分解，在极短的时间内就会爆燃。对于三元锂电池而言，其电池管理系统、散热系统就至关重要。与此相比磷酸铁锂电池遭到 350℃ 的高温也不会起火。

③ 耐温性能。三元锂电池耐低温性能更好，是制造低温锂电池的主要技术路线，在 -20℃ 时，三元锂电池能够释放 70.14% 的容量，而磷酸铁锂电池组只能释放 54.94% 的容量，且由于在低温条件下，三元锂电池的放电平台远远高于磷酸铁锂电池电压平台，故其启动也更快。表 1-1-2 为锂电池的耐温性能对比。

表 1-1-2　锂电池的耐温性能对比表

三元锂电池			
温度 /℃	容量 /A·h	放电平台 /V	相对于 25℃ 的容量
55	8.581	3.668	99.36%
25	8.636	3.703	100.00%
-20	6.058	3.411	70.14%
磷酸铁锂电池			
温度 /℃	容量 /A·h	放电平台 /V	相对于 25℃ 的容量
55	7.870	3.271	100.00%
25	7.860	3.240	100.00%
-20	4.320	2.870	54.94%

④ 循环寿命。磷酸铁锂电池的循环寿命要优于三元锂电池，三元锂电池的理论寿命是 2000 次，但基本上到 1000 次时，容量会衰减到 60%；就算是特斯拉，经过 1000 次也只能保持 70% 的电量，而磷酸铁锂电池经过相同的循环周期，还有 80% 的容量。但是三元锂电池在不断加强的电池管理技术的加持下，也逐渐得到提高。

⑤ 各种锂离子电池参数见表 1-1-3。

表 1-1-3　各种锂离子电池参数对比表

材料	三元锂	磷酸铁锂	锰酸锂	钴酸锂
质量能量密度 /（W·h/kg）	200	100~110	100	170
电池单体标称电压（20℃）	3.8V	3.2V	3.7V	3.6V
安全性	较差	好	较好	差
理论循环使用寿命 / 次	2000	1500~2000	600~1000	300
成本	低	高	最低	较高
优点	比容量高、循环寿命长、价格低廉	安全性好、循环寿命长、无毒环保、结构稳定、循环性能好、铁资源丰富	资源丰富、成本低、安全性好、容易制备	工作电压高、放电电压平稳、适合大电流放电、比能量高、电导率高
缺点	平台相对较低、首次充放电效率低、安全性差。需要用大量的单体电池组合成电池组，体积大	低温性能差，理论容量不高，室温电导率低	工作温度高时循环性能差	价格昂贵、抗过充电性差、安全性能差、有污染性

（5）镍镉电池

1）组成。镍镉电池（Nickel-cadmium battery）是正极活性物质主要由镍制成、负极活性物质主要由镉制成的一种碱性蓄电池，电解液是氢氧化钾溶液，如图 1-1-10 所示。

2）工作原理。镍镉电池的正极材料为球形氢氧化镍，充电时为 NiOOH，放电时为 Ni（OH）$_2$。负极材料为海绵状金属镉或氧化镉粉以及氧化铁粉，氧化铁粉的作用是使氧化镉粉有较高的扩散性，增加极板的容量。电解液通常为氢氧化钾或氢氧化纳溶液，在充放电的过程中，电解液基本不会消耗。为了增加蓄

图 1-1-10　镍镉电池

电池的容量和循环寿命，通常在电解液中加入少量的氢氧化锂（大约每升电解液加 15~20g）。

3）特点。镍镉电池的工作电压较低，标称电压为 1.2V，比能量为 55W·h/kg，比功率为 225W/kg；工作温度为 –40~8℃，自放电率低，充电能力强，充电 18min 即可充 40%~80% 容量；电池寿命长，理论上有 2000~4000 次的循环寿命。

镍镉电池中的镉是一种有害重金属，对环境存在污染，需回收管理；镍镉电池有记忆效应，其成本高于铅酸电池，为铅酸电池的 4~5 倍。

（6）镍氢电池

1）镍氢电池结构。镍氢电池（Ni-MH）也是一种碱性电池，电池组是由单体电池组合（串

联或并联）而成，是在镍镉电池的基础上发展出来的一款镍电池。镍氢电池由正负极、隔膜、电解液、安全阀、壳体等组成，如图 1-1-11 所示。

① 正极。镍氢电池的正极采用高孔率泡沫镍或纤维镍做导电骨架，其表面是由氢氧化物制作而成，其制造工艺可分为烧结式和泡沫镍式两大类。

② 负极。镍氢电池的负极是由骨架和储氢合金组成的。

③ 隔膜。镍氢电池的隔膜采用尼龙无纺布或聚丙烯无纺布等材料，由于尼龙无纺布在碱性电解液中会发生解离，所以绝大多数采用聚丙烯无纺布。为了确保隔膜的一定厚度，所以镍氢电池的聚丙烯无纺布隔膜的厚度比锂离子电池的厚得多。

④ 电解液。镍氢电池的电解液一般是氢氧化

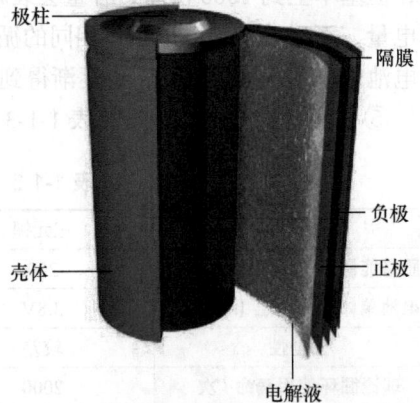

图 1-1-11　镍氢电池结构图

钾碱性溶液（KOH），有的镍氢电池在电解液中加入少量的氢氧化锂（LiOH）或氢氧化钠（NaOH）。

⑤ 壳体和安全阀。镍氢电池的外壳多采用镀镍薄钢板，在电动汽车用的方形电池上，也有采用塑料外壳的。安全阀安装在镍氢电池的顶部，其主要作用是在镍氢电池过放电时，使正极析出的气体可以在负极消耗，使电池内部压力保持平衡。当析出气体的速度大于消耗的速度时，电池内部压力升高，此时安全阀在达到压力最大值时打开，通过排气孔排出气体，使电池内部压力降低，防止电池爆炸。当电池内部压力小于一定值时，安全阀自动关闭。

2）镍氢电池的工作原理。将球状氢氧化镍粉末与添加剂 Co 等金属、塑料和黏合剂制成的涂膏涂在正极板上就形成了镍-氢电池的正极。

镍氢电池负极的关键技术是储氢合金，要求储氢合金能够稳定地经受反复的储气循环和放气循环。储氢合金是以稀土系、锆系列、钛系列、镁系列的化合物为载体与钴、锰等金属元素烧成的合金材料，是一种氢原子可以渗入或析出的多金属合金晶格基块。储氢合金的性能对镍氢电池的性能有直接的影响。

电解质是水溶性氢氧化钾和氢氧化锂的混合物。在充电过程中，水在电解质溶液中分解为氢离子和氢氧离子，氢离子被负极吸收，负极从金属转化为金属氢化物。在放电过程中，氢离子离开了负极，氢氧离子离开了正极，氢离子和氢氧离子在电解质氢氧化钾中结合成水并释放电能。

3）镍氢电池的优点如下：

① 比功率大。

② 循环寿命长，一般使用寿命为 5~10 年。

③ 不含铅、镉等对人体有害金属，无污染。

④ 耐过充电、过放电能力较强。

⑤ 无记忆效应。

⑥ 使用温度范围宽，正常使用温度范围为 −30~60℃。

⑦ 使用安全可靠。

4）镍氢电池的缺点如下：

① 充电过程中容易发热，对环境温度变化敏感。

② 在高温状态下，性能变差。

③ 镍金属氢化物电池在充电后期，会产生大量的氧气，如果安全阀不能及时开启，会有发生爆炸的危险。

④ 自放电损耗大，电池组在使用过程中各个单体电池的均匀性（不一致性）较差。

⑤ 成本为铅酸电池的 5~8 倍。

（7）燃料电池

1）概述。燃料电池（Fuel Cell）是一种将存在于燃料与氧化剂中的化学能直接转化为电能的发电装置。它从外表上看有正负极和电解质等，类似一个蓄电池，但实质它不是储能元件而是一个发电装置。

燃料电池技术是继水力发电、热能发电和原子能发电之后的第四种发电技术。它是一种把燃料所具有的化学能直接转换成电能的化学装置，又称电化学发电器。

燃料电池的发电原理是：电池的阳极（燃料极）输入氢气（燃料），氢分子（H_2）在阳极催化剂作用下被离解成为氢离子（H^+）和电子（e^-），H^+ 穿过燃料电池的电解质层向阴极（氧化极）方向运动，e^- 因通不过电解质层而由一个外部电路流向阴极；在电池阴极输入氧气（O_2），氧气在阴极催化剂作用下离解成为氧原子（O），与通过外部电路流向阴极的 e^- 和燃料穿过电解质的 H^+ 结合生成稳定结构的水（H_2O），完成电化学反应放出热量。这种电化学反应与氢气在氧气中发生的剧烈燃烧反应是完全不同的，只要阳极不断输入氢气，阴极不断输入氧气，电化学反应就会连续不断地进行下去，e^- 就会不断通过外部电路流动形成电流，从而连续不断地向汽车提供电力。因而，燃料电池具有效率高、噪声低、无污染物排出等优点，如图 1-1-12 所示。

燃料电池的主要构成组件有电极（Electrode）、电解质隔膜（Electrolyte Membrane）与集电器（Current Collector）等。

① 电极。燃料电池的电极是燃料发生氧化反应与氧化剂发生还原反应的电化学反应场所。

图 1-1-12　燃料电池的原理图

电极主要分为阳极（Anode）和阴极（Cathode），厚度一般为 200~500mm；结构设计为多孔结构，设计成多孔结构的主要原因是燃料电池所使用的燃料及氧化剂大多为气体（例如氧气、氢气等），而气体在电解质中的溶解度并不高，为了提高燃料电池的实际工作电流密度与降低极化作用，故发展出多孔结构的电极，以增加参与反应的电极表面积。

目前高温燃料电池的电极主要是以触媒材料制成，例如固态氧化物燃料电池（简称 SOFC）的 Y_2O_3—Stabilized—ZrO_2（简称 YSZ）及熔融碳酸盐燃料电池（简称 MCFC）的氧化镍电极等，而低温燃料电池则主要是由气体扩散层支撑一薄层触媒材料而构成，例如，磷酸燃料电池（简称 PAFC）与质子交换膜燃料电池（简称 PEMFC）的白金电极等。

② 电解质隔膜。电解质隔膜的主要功能是分隔氧化剂与还原剂，并传导离子，故电解质隔膜越薄越好，但也要具有一定的强度，就现阶段的技术而言，其一般厚度约在数十微米至数百微米；隔膜材质，目前主要朝两个方向发展，其一是先以石棉（Asbestos）膜、碳化硅（SiC）

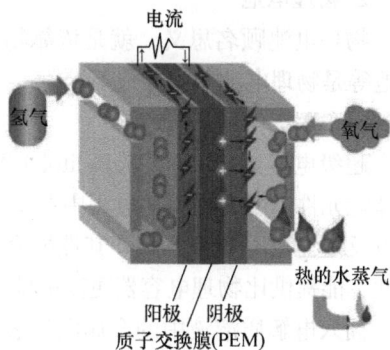

膜、铝酸锂（LiAlO$_3$）膜等绝缘材料制成多孔隔膜，再浸入熔融锂 - 钾碳酸盐、氢氧化钾与磷酸等中，使其附着在隔膜孔内，另一个方向则是采用全氟磺酸树脂（例如 PEMFC）及 YSZ（例如 SOFC）。

③ 集电器。集电器又称作双极板（Bipolar Plate），具有收集电流、分隔氧化剂与还原剂、疏导反应气体等功用，集电器的性能主要取决于其材料特性、流场设计及其加工技术。

2）燃料电池与锂电池的优劣对比（表 1-1-4）。

表 1-1-4 燃料电池与锂电池的对比表

电池类型	燃料电池	锂电池
时间	补给时间短，直接加氢	充电时间长，充满电 3~8h 不等
污染程度	燃料电池主要的成分是氢，在使用结束后，不会对环境造成污染	锂离子电池含有重金属镍、钴、砷等有毒污染物，要进行回收处理
续驶里程	均超过 500km	普遍几种在 150~250km
充电站成本	加氢站成本高达 100 万~200 万美元	特斯拉超级充电站修建成本为 30 万美元
电池成本	燃料电池化学反应所需的催化剂成本高，稀有金属铂的价格比黄金还贵	锂电池广泛使用在手机、电脑、汽车中，成本低，已经商业化

2. 物理电池

物理电池顾名思义，就是依靠物理变化来提供、储存电能的电池统称，如超级电容、飞轮电池等是物理电池的家族成员。

（1）超级电容器

超级电容器（Super Capacitor）又称电化学电容器，是通过极化电解质来储能的一种新型的储能元件。但在储能的过程中并不发生化学反应，具有超级储电能力，其储能过程是可逆的，可以反复充放电数十万次。其性能介于蓄电池和传统电容器之间，它兼有电池和物理电容器的特性，能提供比物理电容器更高的能量密度，比电池具有更高的功率密度和更长的循环寿命。

插入电解质溶液中的金属电极表面与液面两侧会出现符号相反的过剩电荷，从而使相间产生电位差。如果在电解液中同时插入两个电极，并在其间施加一个小于电解质溶液分解电压的电压，这时电解液中的正、负离子在电场的作用下会迅速向两极运动，并分别在两个电极的表面形成紧密的电荷层，即双电层。

1）超级电容的结构组成。超级电容单体主要由电极、电解质、集电极、隔离膜连线极柱、密封材料和排气阀等组成（图 1-1-13）。电极材料一般有碳电极材料、金属氧化物及其水合物电极材料、导电聚合物电极材料。

对于超级电容，要求电极内阻小、导电率高、表面积大、尽量薄；电解质需有较高导电性（内阻小）和足够电化学稳定性（提高单体电压）。电解质材料分为有机类和无机类，或分为液态和固态类；集电极选用导电性能良好的金属和石墨等。

隔离膜防止超级电容相邻两电极短路，保证接触电阻较小，尽量薄，通常使用多孔隔膜。有机电解质通常使用聚合物或纸作为隔膜，水溶液电解质可采用玻璃纤维或陶瓷隔膜。

在电动汽车上广泛使用的主要是碳电极超级电容。

2）超级电容器的工作原理。超级电容器是利用双电层原理的电容器。当外加电压加到超级电容器的两个极板上时，与普通电容器一样，正极板存储正电荷，负极板存储负电荷，在超级电容器的两极板上电荷产生的电场作用下，在电解液与电极间的界面上形成相反的电荷，以平衡电解液的内电场，这种正电荷与负电荷在两个不同相之间的接触面上，以正负电荷之间极短间隙排列在相反的位置上，这个电荷分布层叫做双电层，电容量非常大。

电容器极板上所储集的电量 q 与电压成正比。电容的计量单位为"法拉"（F）。当电容器充上 1V 电压，如果极板上存储 1F 电荷量，则该电容器的电容量就是 1F。

$$C = \frac{\varepsilon A}{d}$$

式中　C——电容（F）；

　　　ε——电介质的介电常数（F/m）；

　　　A——电极表面积（m^2）；

　　　d——电容器间隙的距离（m）。

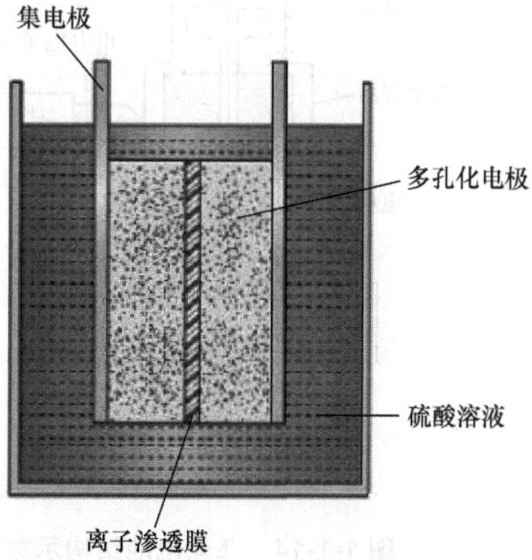

图 1-1-13　超级电容器结构原理图

3）超级电容的分类。超级电容可以按不同的方式进行分类：①按照储能原理分类；②按照结构形式分类；③按照电极材料分类；④按照电解液类型分类。

4）超级电容器的优点如下：

① 超级电容的内阻小，功率密度高，可达 300~5000W/kg，为蓄电池的 5~10 倍。

② 循环寿命长。充电次数从数十万次到百万次，没有"记忆效应"。

③ 充电速度快。可以用大电流给超级电容充电，充电 10s~10min 可达到其额定容量的 95%以上。

④ 工作温度范围宽。能在 -40~60℃的环境温度中正常工作。

⑤ 简单方便。充放电线路简单，无需充电电池那样的充电电路，安全系数高，长期使用免维护；检测方便，剩余电量可直接读出。

⑥ 绿色环保。它的自放电速率比化学电源要高。

5）超级电容器的缺点如下：

① 线性放电。超级电容线性放电的特性使它无法完全放电。

② 低能量密度。目前超级电容可储存的能量比化学电源少得多。

③ 低电压。超级电容单体电压低，需要多个电容串联才能提升整体电压。

④ 高自放电。

（2）飞轮电池

飞轮电池是一种物理储能电池，起源于 20 世纪 70 年代，最初研发将其应用在电动汽车上，但限于当时的技术水平，并没有得到发展。直到 20 世纪 90 年代由于电路拓扑思想的发展，碳纤维材料的广泛应用，以及能源日趋紧缺和全球对环境污染的重视，这种新型电池又得到了高速发展，并且伴随着磁轴承技术的发展，这种电池显示出更加广阔的应用前景，现正迅速地从研发实验走向社会应用。目前欧美国家已出现实用化的产品，而我国对飞轮电池的研究才刚刚起步。

1）飞轮的组成。飞轮电池系统主要包括三个核心部分：飞轮、电机（电动机/发电机）和电力电子变换装置（图 1-1-14）。

2）飞轮电池工作原理。电力电子变换装置从外部输入电能驱动电动机旋转，电动机带动飞轮旋转，飞轮储存动能（机械能），当外部负载需要能量时，用飞轮带动发电机旋转，将动能转化为电能，再通过电力电子变换装置变成负载所需的各种频率、电压等级的电能，以满足不同的需求（图 1-1-15）。

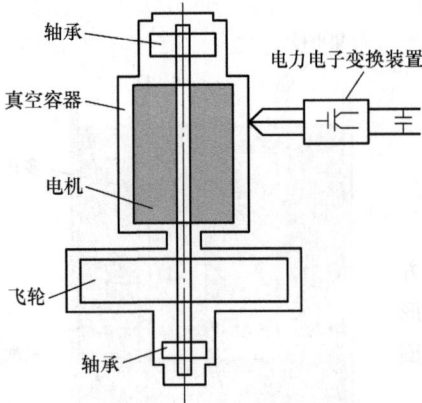

图 1-1-14　飞轮电池结构示意图

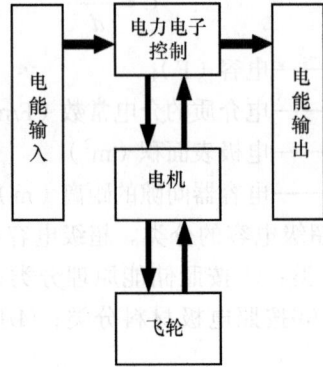

图 1-1-15　飞轮电池工作原理图

飞轮电机由于输入、输出工作状态不同，且彼此独立，因而其根据车辆的需要，工作在不同的状态（发电机和电动机状态）。

飞轮电池储能是基于飞轮以一定角速度旋转时，飞轮具有一定的转动惯量，可以将其以动能形式存储起来加以利用。飞轮作为储能的核心部件，飞轮电池存储能量 E 如下式：

$$E = \frac{j\omega^2}{2}$$

式中　j——飞轮的转动惯量，与飞轮的形状和质量有关；

ω——飞轮转动的角速度。

3）飞轮电池的优点如下：

① 能量密度高：储能密度可达 100~200W·h/kg，功率密度可达 5000~10000W/kg。

② 能量转换效率高：工作效率高达 90%。

③ 体积小、重量轻：飞轮直径约二十多厘米，总重在十几千克左右。

④ 工作温度范围宽：对环境温度没有严格要求。

⑤ 使用寿命长：不受重复深度放电影响，能够循环运行几百万次，预期寿命 20 年以上。

⑥ 低损耗、低维护：磁悬浮轴承和真空环境使机械损耗可以被忽略，系统维护周期长。

4）飞轮电池的缺点如下：

① 由于在实际工作中，飞轮的转速可达 40000~50000r/min，一般金属制成的飞轮无法承受这样高的转速，容易解体，所以飞轮一般都采用碳纤维制成，制造飞轮的碳纤维材料目前还很贵，成本比较高。

② 飞轮一旦充电，就会不停转动下去。

【任务实施】

1. 任务准备

安全防护：电池实训场地安全防护与隔离。

工具设备：多种类型电池。

辅助资料：维修手册、教材、实训工作页。

2. 实施任务

1）单体电池的识别（表 1-1-5）。

表 1-1-5　单体电池的识别

电池图片	电池类型	电池特点

2）主流动力电池的区别（表 1-1-6）。

表 1-1-6 主流动力电池的区别

动力电池组	电池类型	应用车型

学习任务二 动力电池组的认知

【任务导入】

一名客户想要购买一台比亚迪 E5 汽车，他来到 4S 店了解电动汽车，想要了解比亚迪 E5 汽车的动力电池组。作为一名销售顾问，请您为客户介绍比亚迪 E5 动力电池组的基础知识。

【学习目标】

1. 能够准确使用动力电池组的常见术语。
2. 能够识别动力电池组的结构组成。
3. 能够叙述动力电池组各部件的功能。

![理论知识图标]【理论知识】

一、动力电池组的结构与功能

1.动力电池组的功用

动力电池系统作为电动汽车的动力源，主要为整车提供持续、稳定的能量。作为整车的动力来源，其综合性能直接影响整车的续驶里程。

动力电池系统主要用于接收和存储由外置充电装置和制动能量回收装置提供的电能，并通过高压配电模块连接动力电池组件，为电动机、空调压缩机、空调加热器（PTC）、DC/DC变换器等用电设备提供电能。

2.动力电池组的安装位置

现在，电动汽车的动力电池组一般安装于汽车底盘底部，在早期的一些电动汽车中，由于其车身还是采用原来传统汽车车身，动力电池组也有安装于汽车行李舱内的。电动巴士的动力电池组一般体积巨大，常常安装于行李舱内部或后舱内，如图1-2-1所示。

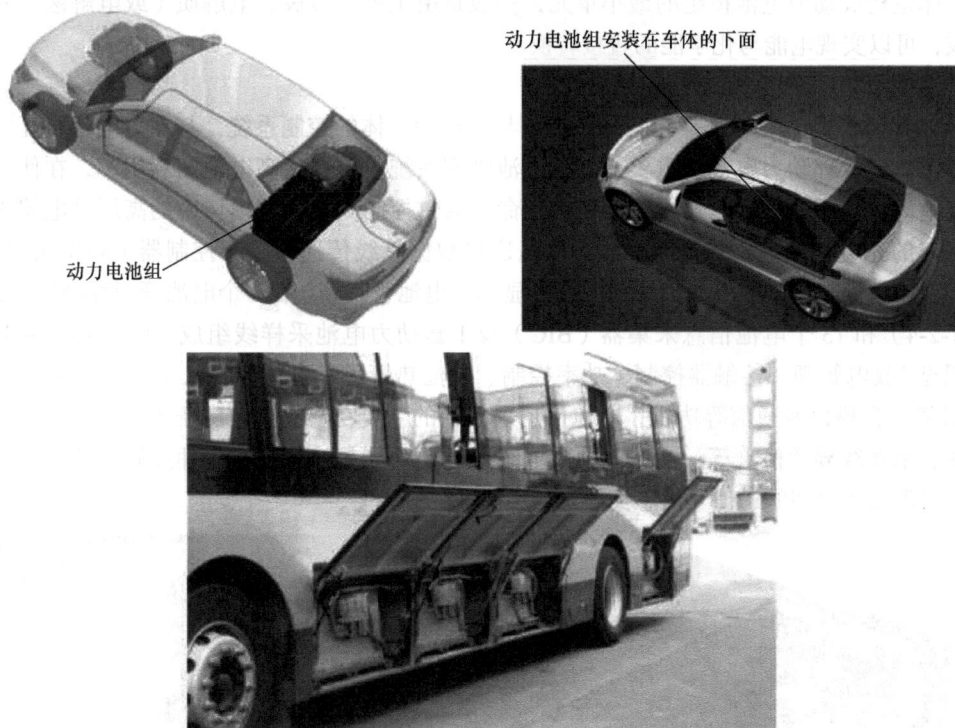

动力电池组

动力电池组安装在车体的下面

图1-2-1　动力电池组的安装位置

3.动力电池组的组成、结构

动力电池组一般由动力电池模组、电池管理系统（BMS）、动力电池托盘、辅助元器件、冷却系统等部分组成，如图1-2-2所示。

4. 动力电池系统控制原理

动力电池内部的 BMS 实时采集各单体电池的电压值、各温度传感器的温度值、电池系统的总电压值和总电流值，电池系统的绝缘电阻值等数据，实时监控动力电池的工作状态，通过数据分析判断当前动力电池系统工作是否正常，并对故障实时监控，如图 1-2-8 所示。

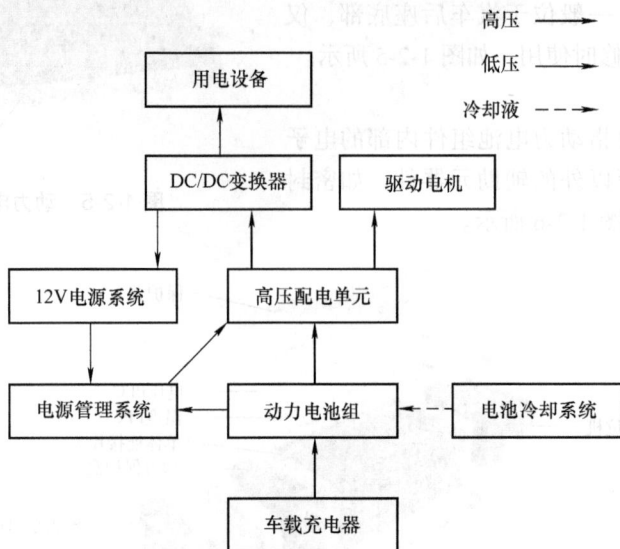

图 1-2-8　动力电池系统控制原理图

二、动力电池组的连接方式

将多个可作为能量来源使用的原电池互联起来被称为"蓄电池"。举例说明，一个 12V 的铅酸电池由 6 只单体电池串联组成，是作为一个单独的元件一起生产的。但是一个单独的原电池在普通术语中也被称为"蓄电池"。术语电池组（battery groups）的定义则更为宽泛，通常是指数量较多的电池单元组成的一个电池整体。这些电池单元可以是单体电池，还可以是由单体电池组成的电池模组（modules）。在泛指所有电池而且不强调其具体结构时，也有人以电池模组（battery packs）或电池串（battery strings）之类的名词指代电池组。

利用机械结构将众多单体电池通过串并联方式连接起来，并结合系统机械强度、热管理、BMS 匹配等技术，称之为电池 PACK 系统。其主要的技术体现在整体结构设计、焊接和加工工艺控制、防护等级、主动热管理系统等，国内目前 PACK 大多采用简单的风冷散热和主动的液体冷却系统，整个 PACK 技术壁垒也相对降低。

电池可以将其存储的化学能直接转换为电能。蓄电池分为可再次充电和不可再次充电两种。区别是可再次充电的蓄电池（充电型）放电时的反应可以逆转，这样就能够始终对蓄电池进行充电和放电。因此，其化学能和电能可以进行反复转换。

混合动力汽车和纯电动汽车的电池组是由电池模组组成的，这些电池模组又包括一个以上的单体电池。根据电池模组设计类型不同，其单体电池部件有两种构成方式：单体电池互相串联，这样能实现输出电压最大化；或者单体电池互相并联，增加电池的容量，这样能实现输出电流最大化。

单体电池或电池模组串联时，某个单体电池或电池模组的正极连接另外一个单体电池或电池模组的负极，以此类推。蓄电池的总电压与单体电池的电压之和相同。例如图 1-2-9 中的总电压 $U_{ges}=U_1+U_2+U_3$。

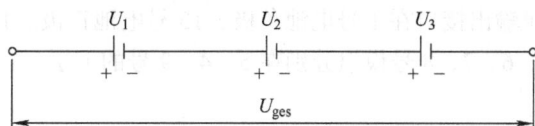

图 1-2-9　电池组的串联

串联电池组中的每个单体电池的开路电压为 U，内阻为 R_i，N 个单体电池串联组成的电池组的电压为 $N \cdot U$，电池组的总内阻为 $N \cdot R_i$。

通过电池的并联可以提高蓄电池的电容量。蓄电池电压则保持不变。电池组的性能通常比单体电池性能差。例如图 1-2-10 中的总电压 $U_{ges}=U_1=U_2=U_3$。

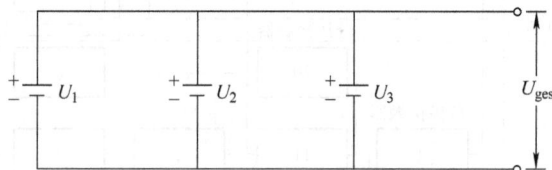

图 1-2-10　电池组的并联

某些带充电系统的电动汽车（插电式混合动力汽车和纯电动汽车），采用混联的方式将单体电池组成动力电池组，可同时增加电池的电压和容量，让供电输出最大化。例如，雪佛兰沃蓝达的动力电池组就是由 96 块电池模组串联而成，其中每块电池模组又包括了三个 3.7V 并联的单体电池。由于每个并联的单体电池输出电压为 3.7V，全部 96 组电池模组的总输出电压大约是 355V。

三、比亚迪 E5 动力电池

2016 款比亚迪 E5 电池组由电池模组、动力连接片、连接电缆、电池采集器、采样线束、电池模组固定压条、密封条等组成，如图 1-2-11 所示。

图 1-2-11　比亚迪 E5 电池组内部结构图

1. 电池模组

磷酸铁锂电池的单体电池标称电压是 3.2V，充电终止时的最高电压为 3.65V，放电截止电压 2.5V。图 1-2-12 所示 2016 款比亚迪 E5 由 13 个模组串联组成，标称总电压为 633.6V，容量为 75A·h；电池组高压输出接口在 1 号电池负极、13 号电池正极。13 号模组在 1 号的上层，12 号模组在 11 号的上层，6、7、8 号模组分别在 5、4、9 号的上层。

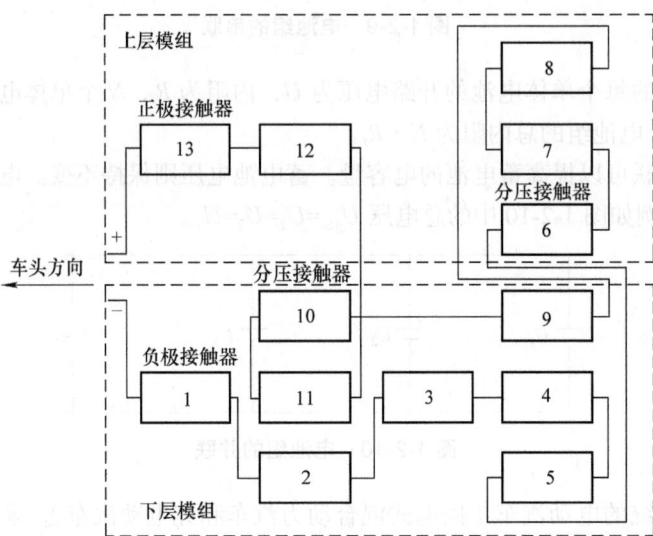

图 1-2-12 比亚迪 E5 电池模组结构

2016/2017 款比亚迪 E5 有两类电池模组：单列和双列模组，如图 1-2-13、图 1-2-14 所示。

图 1-2-13 比亚迪 E5 单列电池模组

温度FPC
保护盖
电压FPC
单体连接片
动力保护盒

下位机
C17单体
中间层板
扎带
面板
模组引出片

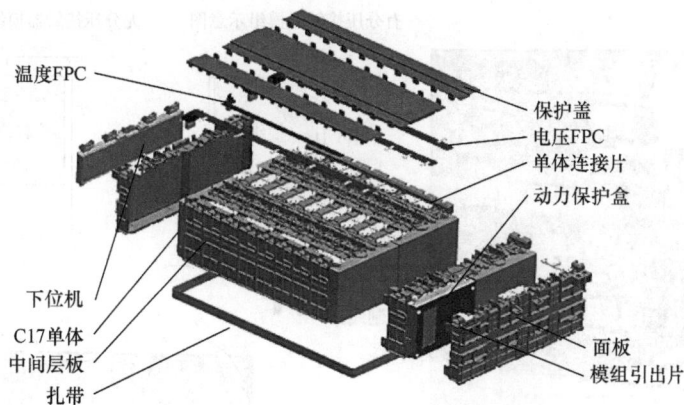

图 1-2-14　比亚迪 E5 双列电池模组

2. 电池信息采集器 BIC

比亚迪 E5 单列和双列模组图示中的下位机即 BIC 的安装位置，如图 1-2-15、图 1-2-16 所示，主要是进行电压、温度和通信信号的采集。

采样线束　　温度采样(白色插头)
电压采样
(两个黄色插头)
采集器通信接口

图 1-2-15　比亚迪 E5 单列电池模组 BIC

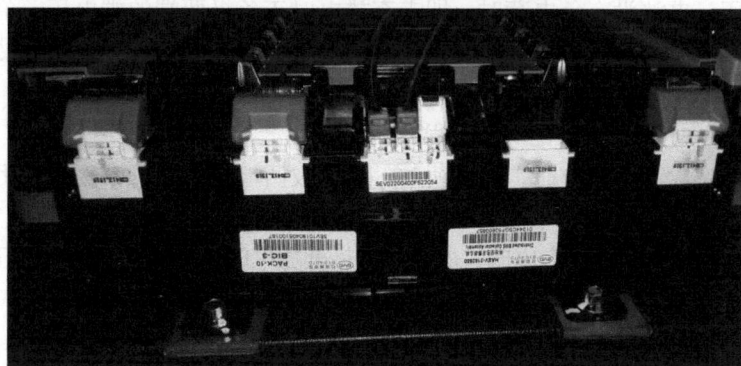

图 1-2-16　比亚迪 E5 双列电池模组 BIC

3. 接触器

2016 款比亚迪 E5 动力电池组内部含有 4 个接触器（影响电池组是否可以串联）和 2 个熔断器：2 个分压接触器和熔断器（6 号和 10 号模组内部各一个）、1 个正极接触器（13 号模组内部）、1 个负极接触器（1 号模组内部），如图 1-2-17 所示。

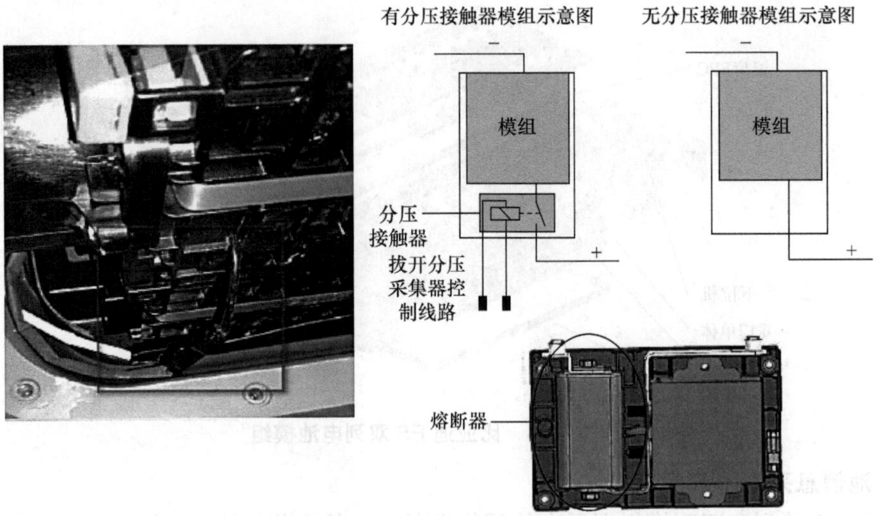

图 1-2-17　比亚迪 E5 接触器

四、常见术语

1）正极与负极：电位较高的电极为正极，电位较低的电极为负极；放电时，外电路电流从正极流经负载流入负极，在电池内部电流从负极流入正极。

实际上只有带负电荷的电子才能流动，放电时电子从电位较低的电极（负极）流出经外部电路即负载流入电位较高的电极（即正极）。放电时除可称之为正极，由于发生还原反应，也可称之为阴极；而在充电时，则不能称之为阴极，因为此时发生的是氧化反应，而应称之为阳极。

阳极发生氧化反应，即失掉电子的反应；阴极发生还原反应，即获得电子的反应。

2）活性物质：活性物质是指正负极中参加成流反应的物质，能通过化学反应产生电能的材料。

3）开路电压：电池没有负电荷时，即未充放电时正负极两端的端电压，单位为 V。开路电压值与电池体系及荷电状态有关，如锂离子电池充电的开路电压一般为 4.1~4.2V；充完电后的开路电压一般为 3.7~3.8V。

4）标称电压：电池 0.2C 放电时全过程的平均电压。

5）工作电压：电池在工作时（有负荷时）正负极两端的端电压，也叫做闭路电压。工作电压的具体值与电池体系、工作电流（即倍率）、工作温度、充电条件相关。

6）终止电压：电池放电或充电时，所规定的最低放电时间或最高的充电电压。

7）工作电压范围：工作电压范围由客户需求和电池能力相结合而确定。

8）额定容量：电池一定倍率放电时的放电容量，容量为 mA·h 或 A·h（1A·h = 1000mA·h）。电池组的额定容量值由厂家根据实际情况确定，一般都低于电芯的额定容量值（不同于手机电池），都留有较大的保险系数。

9）实际容量：电池在一定条件下放出的实际电量。

10）剩余容量：电池剩余的可再继续释放出来的容量。

11）荷电保持能力：电池充满电保存一段时间后，以一定倍率放电，放电容量与实际容量比值。

12）充电：利用外部电源使电池的电压和容量上升的过程，此时电能转化为化学能。

13）充电特性：电池充电时所表现出来的特性，例如充电曲线、充电容量、充电率、充电深度、充电时间等。

14）充电曲线：电池充电时其电压随时间的变化曲线。

15）过充电：超过规定的充电终止电压而继续充电的过程；此时电池的使用寿命及安全性等受到影响。

16）恒流充电：在恒定的电流下，对充电电池进行充电的过程。一般设置终止电压，当电压到达该值时，充电过程结束。

17）恒压充电：在恒定的电压下，对充电电池进行充电的过程。一般而言，该恒定的电压为充电终止电压。一般设置终止电流，当电流小于该值时，充电过程结束。

18）放电：电流从电池流经外部电路的过程，此时化学能转换为电能。

19）放电特性：电池放电时所表现出来的特性，例如放电曲线、放电容量、放电率、放电深度、放电时间等。

20）放电曲线：电池放电时其电压随时间变化的曲线。

21）放电容量：电池放电时释放出来的电荷量，一般用时间与电流的乘积表示，例如 $A \cdot h$、$mA \cdot h$（$1A \cdot h=3600C$）。

22）放电速率：表示放电快慢的一种量度。所用的容量 1h 放电完毕，称之为 $1C$ 放电；5h 放电完毕，则成为 $C/5$ 放电。

23）放电深度：表示电池放电程度的一种量度，为放电容量与额定容量的比值，单位为 %，例如，80%DOD，是指放电时放出额定容量的 80% 停止。

24）持续放电时间：电池在一定的外部负荷下在规定的终止电压前放电时间之和。

25）容量密度：单位质量或体积所能释放的电量，一般用 $mA \cdot h/g$ 或 $A \cdot h/kg$ 表示（通常用于表示电极材料的容量）。

26）能量密度：能量密度又称为比能量，单位质量或体积所能释放的能量，称为重量比能量或体积比能量，一般用 $W \cdot h/L$ 或 $W \cdot h/kg$ 表示。

27）功率密度：单位质量或体积所能释放的功率，一般用 W/L 或 W/kg 表示。

28）库仑效率：在一定的充放电条件下，放电时释放出来的电荷与充电时充入的电荷的百分比，也称为放电效率。

29）利用率：实际放电容量与理论容量的百分比。

30）内阻：电池正负极两端之间的电阻，电池内阻包括欧姆电阻和极化电阻，欧姆电阻和极化电阻之和为电池的内阻。欧姆电阻由集流体、电极材料、电解液、隔膜电阻及各部分零件的接触电阻组成。极化电阻是指电化学反应时由极化引起的电阻，包括电化学极化和浓差极化引起的电阻，其值越小性能越佳。大电流放电和低温放电时，内阻对放电特性的影响尤为明显。

31）漏液：漏液是电池内部压力增加，电池的安全阀开启后电解液从电池流出的现象。

32）内部短路：电池内部正极和负极形成电通路时的状态，主要是由于隔膜的破坏、混入导电性杂质、形成枝晶等造成。

33）过放电：超过规定的终止电压在低于终止电压时继续放电。此时容易发生漏液或使电池的使用寿命受到影响。

34）自放电：电池在（23±2）℃环境搁置过程中，没有与外部负荷相连接而产生容量损失的过程。

35）存储寿命：电池在没有负荷的一定条件下进行放置以达到性能劣化到规定的程度时所能放置的时间。

36）循环寿命：在一定条件下，将充电电池进行反复充放电，当容量等电池性能达到规定的要求以下时所能发生的充放电次数。

37）日历寿命：电池在使用及搁置条件下以达到性能劣化到规定的程度时所能需要的时间。

38）过充：蓄电池充电后，在（20±5）℃条件下搁置 1h。然后在同一温度条件下，以 $1C$ 电流充电，直至电池电压达到 5.0V 或以 $1C$ 的电流充电 90min（其中一个条件优先达到即停止试验）。

39）短路：蓄电池充电后，在（20±5）℃条件下搁置 1h。将蓄电池经外部短路 10min，外部线路电阻应小于 $10m\Omega$。

40）热箱：蓄电池充电后，在（20±5）℃条件下搁置 1h 后，在（85±2）℃条件下，搁置 2h。

41）针刺：在（20±5）℃条件下搁置 1h。用 3~8mm 直径的钢钉从垂直于蓄电池极板的方向迅速贯穿（钢针停留在蓄电池中）。最新国标中的动力电池测试取消了针刺测试。

42）挤压：蓄电池充电后，在（20±5）℃条件下搁置 1h，按下列条件进行试验：

① 挤压方向：垂直于蓄电池极板方向施压。

② 挤压面积：垂直于施压方向的外表面。

③ 挤压程度：直至蓄电池壳体破裂或内部短路（蓄电池电压变为 0V）为止。

43）冲击：在（20±5）℃条件下搁置 1h 后，在同一温度条件下，自 1.5m 高处跌落至木板上。

44）振动：蓄电池组充电后，紧固到振动试验台上，按下述条件进行试验：

① 振动方向：上下单振动。

② 振动频率：10~55Hz。

③ 最大加速度：$30m/s^2$。

④ 振动时间：1h。

⑤ 放电：以 $1C$ 电流放电至蓄电池以 $1C$ 恒流放电至终止电压（$n \times 3.0V$）。放电阶段若有单体电池电压低于 2.5V，则停止放电。

五、动力电池常见技术参数

带有电动驱动装置的车辆的动力电池组相当于内燃机驱动车辆的燃油箱。它是电动驱动装置的蓄能器。为使电动驱动达到预期可达里程，需要相应存储较多能量，因此蓄能器的容积和重量同样较大。但通过在行李舱内或底盘下方安装动力电池组对一些车辆特性产生了如下积极影响：

- 由于安装位置较低降低了车辆重心，因此尤其可减小转弯行驶时的侧倾。
- 车内空间不会因动力电池组受到限制。
- 维修时便于拆卸动力电池组，因此可减少修理费用。

从实际应用中看，新能源汽车动力电池组的性能好坏主要取决于以下几个技术参数：能量密度、功率密度、循环寿命和成本。

1. 能量密度

磷酸铁锂电池的能量密度与三元锂电池相差很多，目前新能源汽车的补贴标准以能量密度为重要指标，政策规定当电池系统能量密度超过 120W·h/kg，就可以享受 1.1 倍的补贴，介于 90W·h/kg 和 120W·h/kg 之间只能享受 1 倍补贴。

磷酸铁锂电池单体能量密度通常为 90~120W·h/kg，而三元锂电池单体能量密度可以达到 200W·h/kg 左右，故三元锂电池的能量密度优势较为明确，这也是近年国内大量上线三元锂电池生产线的原因所在。《中国制造 2025》明确了动力电池的发展规划：2025 年，电池能量密度达到 400W·h/kg；2030 年，电池能量密度达到 500W·h/kg。目前，我国主要厂家生产的动力锂电池能量密度如下：

1）比亚迪：除了磷酸铁锂电池，比亚迪也在同步开发三元锂电池，而如果将三元锂电池的技术结合到磷酸铁锂电池上，对原有用石墨作为负极材料的做法进行一些调整，比亚迪计划将磷酸铁锂电池的单体能量密度提升到 200W·h/kg。

2）国能电池：早在 2013 年，国能磷酸铁锂电池单体能量密度和三元电池单体能量密度就达到了 160W·h/kg 和 200W·h/kg。2017 年年底，磷酸铁锂电池单体能量密度达到 180W·h/kg、PACK 达到 134W·h/kg，三元锂电池能量密度也将突破 240W·h/kg。

3）捷威动力：公司目前已经量产的三元软包锂电池单体比能量达 210W·h/kg。在提高电池安全性的基础上，2020 年公司软包电池单体能量密度达 300W·h/kg，PACK 成组后可达 220W·h/kg；钛酸锂电池单体能量密度达到 110W·h/kg 以上。

4）智慧能源：公司量产的动力电池单体能量密度可达 220W·h/kg，PACK 成组后能量密度达 140W·h/kg。同时，公司 BMS 系统可做到 5 级防护，采用轻量化材料，并进行了结构优化。

5）比克电池：目前比克单体电池能量密度近 200W·h/kg，后续还将进一步提升至 300W·h/kg。

6）卡耐新能源：卡耐新能源已经可以批量供应能量密度 220W·h/kg 电芯，同时已经分别实现工艺 250W·h/kg、技术 300W·h/kg 产品储备。

2. 安全性

我们知道，就材料体系而言，三元锂电池正极材料的分解温度在 200℃左右，磷酸铁锂电池正极材料的分解温度在 700℃左右。实验室测试环境下短路磷酸铁锂电池单体基本不会出现着火的情况，三元锂电池则不然，在使用三元锂电池时需要对热管理提出较高的要求。通过 BMS 有效对锂电池进行管理，更加完善了整车的安全措施，保证电池在安全状态下工作。

3. 温度适应性

我国幅员辽阔，气候复杂，以北京为例，作为电动汽车的主力市场，北京夏季最高温度在 40℃左右，而冬季最低温度在 -16℃左右，甚至更低。这样的温度区间显然适合低温性能更佳的三元锂电池。而注重耐高温性能的磷酸铁锂电池在北京的冬季会显得有些乏力。更何况，三元锂电池耐高温方面与磷酸铁锂电池相比，差距并不大（表 1-2-1）。

表 1-2-1 三元锂电池与磷酸铁锂电池适应温度

三元锂电池			
温度 /℃	容量 /A·h	放电平台 /V	相对 25℃ 容量
55	8.581	3.668	99.36%
25	8.636	3.703	100.00%
-20	6.058	3.411	70.14%
磷酸铁锂电池			
温度 /℃	容量 /A·h	放电平台 /V	相对 25℃ 容量
55	7.870	3.271	100.20%
25	7.860	3.240	100.00%
-20	4.320	2.870	54.94%

从表 1-2-1 中能够看出，以 25℃ 为基准常温，两类电池在 55℃ 高温下放电与常温 25℃ 下放电，放电容量几乎没有差别。但在 -20℃ 时，三元锂电池与磷酸铁锂电池相比有比较明显的优势。常用动力电池组具体技术参数对比如表 1-2-2 所示。

表 1-2-2 动力电池组具体技术参数

电池类型	镍氢电池	锂离子电池				燃料电池
		锰酸锂	磷酸铁锂	镍钴铝酸锂	镍钴锰酸锂	
电压平台 /V	1.2	3.9	3.4	3.6	3.7	
能量密度 /(W·h/kg)	30~80	100~120	110~130	180~250	180~250	2~3kW·h/L
循环寿命 / 次	500~1000	>500	>2000	>800	>500	10000
成本 /(元 /W·h)	3~4	2.0	2.3	2.1	2.5	5~6
代表车型	普锐斯	聆风	秦	Model S	沃蓝达（PHEV）	Mirai（FCV）
电池生产企业	PEVE	AESC	比亚迪	松下	LG 化学	丰田

我国基本掌握了镍氢电池、锂离子电池和燃料电池关键技术，主要技术指标达到了国外同类产品的水平，如表 1-2-3 所示。

表 1-2-3 我国动力电池主要技术指标

项目	HEV		PHEV	EV	FCV
	镍氢电池	锂离子电池	锂离子电池	锂离子电池	燃料电池
能量密度 /(W·h/kg)	30~50	30~50	50~80	80~100	—
功率密度 /(W/kg)	250~1000	1000~1500	500~1000	500~1000	1.5~2kW/L
循环寿命 / 次	500~1000	2000~3000	1500~2000	1500~2000	
日历寿命 / 年	3~5	5~8	5~8	5~8	约 5000h
成本 /(元 /W·h)	3~4	3~5	3~5	3~5	—

【任务实施】

1. 任务准备

安全防护：做好车辆安全防护与隔离（车内外三件套、车轮挡块、警示隔离带等）。

工具设备：数字万用表、兆欧表、绝缘防护用品、绝缘工具套装、常规工具套装、动力电池拆装举升台等。

台架车辆：比亚迪 E5 动力电池组。

辅助资料：维修手册、教材、实训工作页。

2. 实施任务

识别与标注动力电池的结构（图 1-2-18、图 1-2-19）。

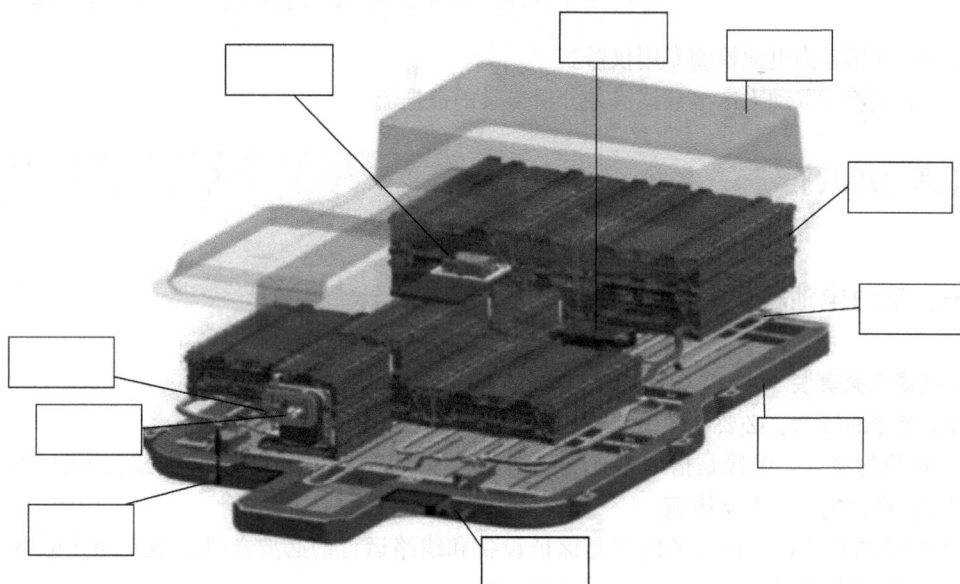

图 1-2-18　识别与标注动力电池的结构 1

图 1-2-19　识别与标注动力电池的结构 2

动力电池组的拆装与检测

学习任务一　动力电池检测专用仪器

【任务导入】

　　一辆比亚迪 E5，车主反映动力电池故障指示灯点亮，无法上高压电，初步判断为动力电池系统故障，需要进行检修，你作为一名维修人员，请严格按照相关的作业标准，使用动力电池检修仪器对该车辆的动力电池系统进行检修。

【学习目标】

1. 能够使用动力电池检测专用仪器。
2. 能够正确读取动力电池数据流并分析异常的数据流。

【理论知识】

一、动力电池检测专用仪器的分类

1. 绝缘工具套装

（1）绝缘的概念、必要性和绝缘材料

1）绝缘的概念。绝缘是指用不导电的物质（绝缘材料）将带电体隔离或包裹起来，以对触电起保护作用的一种安全措施。

2）绝缘的必要性。良好的绝缘是保证设备和线路运行的必要条件，也是防止触电事故、漏电、短路的重要措施。

3）绝缘材料的作用。绝缘材料除了上述作用外还起着其他作用：散热冷却、机械支撑和固定、储能、灭弧、防潮、防霉以及保护导体等。

（2）绝缘工具

1）绝缘工具的特点。绝缘工具是采用绝缘材料进行加工并适用于电气系统拆装等操作的

工具。使用绝缘工具可以有效防止意外触电事故的发生，新能源汽车涉及高压的部分零部件拆装必须使用绝缘拆装工具。绝缘拆装工具必须装有耐压1000V以上的绝缘柄。绝缘拆装工具包括常用的套筒、呆扳手、螺钉旋具、钳子、电工刀等，如图2-1-1所示。

2）绝缘工具的类型。我国的绝缘工具分为以下三种类型：

① Ⅰ类工具是指采用普通基本绝缘的电动工具。在防触电保护方面不仅依靠基本绝缘，而且还应附加一个安全预防措施，即对正常情况下不带电，而在其基本绝缘损坏时变为带电体的外露可导电部分作保护接零。为了可靠，保护接零应不少于两处，并且还要附加漏电保护，同时要求操作者使用绝缘防护用品。

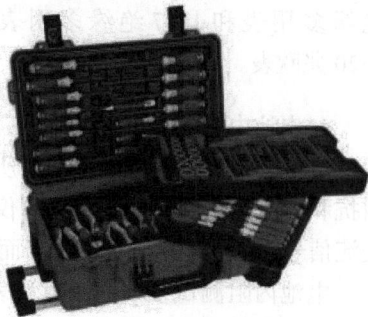

图 2-1-1　绝缘拆装工具

② Ⅱ类工具是指采用双重绝缘或加强绝缘的电动工具，在防触电保护方面不仅依靠其基本绝缘，而且有将其正常情况下的带电部分与可触及的不带电的可导电部分作双重绝缘或加强绝缘的隔离措施，相当于将操作者个人绝缘防护用品以可靠的、有效的方式设计制作在工具上。

③ Ⅲ类工具是指采用安全特低电压供电的电动工具，在防触电保护方面依靠安全隔离变压器供电。

在高电压新能源汽车维修时，要求使用Ⅱ类以上的工具类型。

3）绝缘工具。绝缘工具的使用方法与普通工具相同，但是以下注意事项要重点关注：

① 应有专门的工具存放室，室内应通风良好，清洁、干燥。

② 如发现绝缘工具损伤或受潮，应及时进行检修和干燥处理，试验合格后方可使用。

③ 绝缘工具必须按规定定期进行绝缘性能的试验，不符合试验要求的，禁止使用。

2. 万用表

万用表可以用来测量电路中的电流、电压及电阻，以及测试电路的通断和测试二极管等。数字万用表如图2-1-2所示。

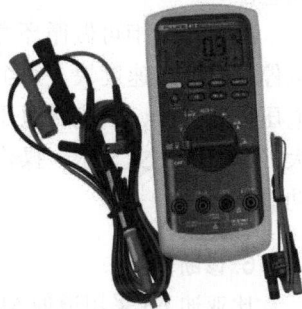

图 2-1-2　数字万用表

3. 绝缘测试仪

绝缘测试仪也叫兆欧表，是电工常用的一种测量仪器。兆欧表主要用来检查电器设备、家用电器或电气线路对地及相间的绝缘电阻，以保证这些设备、电器和线路工作在正常状态，避免发生触点伤亡及设备损坏等事故。图2-1-3所示为数字绝缘测试仪，常适用于变压器、电机、线缆、开关、电器等各种电气设备及绝缘材料的绝缘电阻测量，兆欧表的测试电压量程分别有50V/100V/250V/500V/1000V，绝缘电阻测试高达10GΩ。由于绝缘测试表笔输出高电压，因此进行绝缘测试时需要佩戴绝缘手套。

这类仪器通常是多功能的，除了绝缘电阻测试外，还可以用来进行其他的测量。利用数字万用表、兆欧表、绝缘测试多用表

图 2-1-3　数字绝缘测试仪

或耐压测试仪都可以完成绝大多数的绝缘测试。这些仪器具有不同的名称，但都可以被称为绝缘测试仪，如 Fluke1503 绝缘测试仪、1507 绝缘测试仪、1577绝缘多用表和 1587 绝缘多用表、Fluke1550B5KV 兆欧表和1520 兆欧表。

4. 电池内阻测试仪

电池内阻测试仪如图 2-1-4 所示，它是用于测量电池内部阻抗和电池酸化薄膜破损程度的仪器，是对被测对象施加 1kHz交流信号，通过测量其交流压降而获得其内阻。

图 2-1-4　内阻测试仪

电池内阻测试仪不同于万用表测量电阻的原理，它所测量的值是毫欧级，而万用表测量的值是欧姆级，且万用表只能测无电源对象的阻值，而内阻仪既可测无电源对象的阻值，也可测有电源对象的阻值，所以两者不得等同。它利用内阻阻值的大小来判断电池的劣化状态，（一般来说）其阻值越小电池的性能越好。因此，采用测量内阻进行电池检测的方法是速度快且可靠性高的一种好方法。

5. 电池分容柜

电池分容柜如图 2-1-5 所示，主要分为方形磷酸铁锂电池分容仓、圆柱形三元锂电池分容仓、线夹式电池分容仓三个不同仓位。

电池分容柜可做循环寿命测试，每个通道可单点启动、单点停止，反应速度快，每个通道有独立恒流源、恒压源，电流电压实时采样，恒流转恒压真正无扰动连续切换，自带键盘及大屏幕液晶中文显示，操作简单方便、直观，有智能断电保护功能。

图 2-1-5　电池分容柜

6. 诊断仪

比亚迪 E5 采用道通 MaxiSysMS908E 诊断仪，通过通信电缆与车辆的故障诊断座（OBD）连接，与车辆的控制模块通信进行故障诊断，如图 2-1-6 所示。

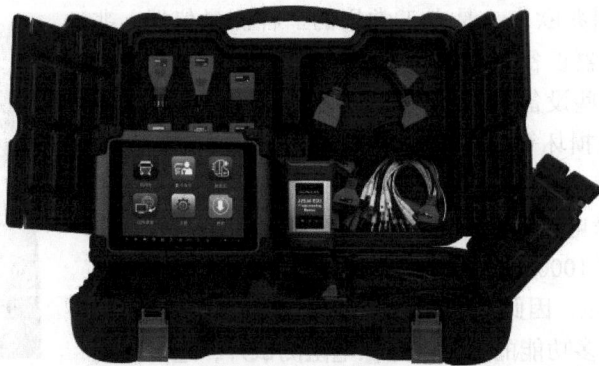

图 2-1-6　诊断仪

二、动力电池检测专用仪器的使用

1. 数字式万用表

新能源汽车使用的数字式万用表与普通车辆上使用的一样，但应该确保数字式万用表的型号符合 CAT Ⅲ 安全级别的要求。图 2-1-7 所示是 Fluke87 数字式万用表。

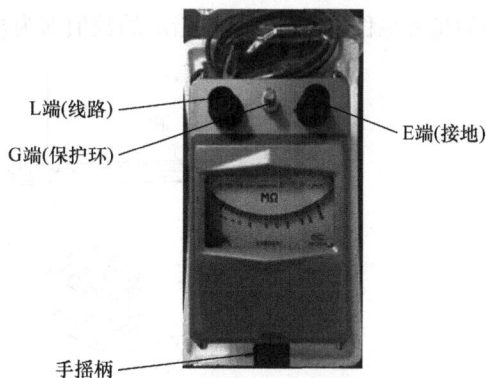

万用表通常具备以下检测功能：交流 / 直流（AC/DC）电压、电流，电阻，频率（Hz），温度（TEMP），二极管，连通性，电容，绝缘测试（低压）。

有些汽车专用的万用表还具有测量转速、百分比（占空比，%）、脉冲宽度（ms）功能以及其他功能（如利用蜂鸣器等进行故障码读取）。

2. 绝缘测试仪

（1）兆欧表的功能及使用方法

常用的兆欧表是手摇兆欧表，俗称摇表，是用来测量大电阻和绝缘电阻的，计量单位是兆欧（MΩ），故称兆欧表。

虽然兆欧表的种类有很多，但其作用大致相同，如图 2-1-8 所示是常见的手摇兆欧表及其接线柱的功能。兆欧表有三个接线柱，分别为有"接地"（E）、"线路"（L）和"保护环"或"屏蔽"（G）。

图 2-1-7　Fluke87 数字式万用表

图 2-1-8　手摇兆欧表及接线柱功能

1）E 端。接地端，接被测设备的接地部分或外壳。

2）L 端。接线端，接被测设备的导体部分。

3）G 端。保护环，主要用于电力电缆绝缘电阻的测量。

（2）兆欧表的选用

选用兆欧表时，一定要注意兆欧表的电压等级应高于被测物的绝缘电压等级。一般情况下，测量低压电气设备绝缘电阻时可选用 0~200MΩ 量程的兆欧表。测量额定电压在 500V 以下的设备或线路的绝缘电阻时，可选用 500V 或 1000V 兆欧表；测量额定电压在 500V 以上的设备或线路的绝缘电阻时，应选用 1000~2500V 兆欧表。

不论是 500V 还是 2500V 等额定电压的兆欧表，只要在指针不为零的情况下，匀速摇（约120r/min），指针就会稳定在表盘的某个位置，根据表盘的显示数值和空格，就可以正确读出所测线路的绝缘电阻。

（3）兆欧表的使用注意事项

1）使用前应作开路和短路试验。使 L、E 两接线柱处在断开状态，摇动兆欧表，指针应指向 "∞"；将 L 和 E 两个接线柱短接，慢慢地转动，指针应指向 "0" 处。这两项都满足要求，说明兆欧表是好的。

2）测量电气设备的绝缘电阻时，必须先切断电源，然后对设备进行放电，以保证人身安全和测量准确。

3）兆欧表测量时应放在水平位置，并用力按住兆欧表，防止在摇动中晃动，摇动的转速为 120r/min。

4）引接线应采用多股软线，且要有良好的绝缘性能，两根引线切忌绞在一起，以免造成测量数据的不准确。

5）测量完后应立即对被测物放电，在兆欧表的摇把未停止转动和被测物未放电前，不可用手触及被测物的测量部分或拆除导线，以防触电（不能将兆欧表的 L 端和 E 端直接短接放电）。

（4）兆欧表绝缘电阻的测量方法

1）线路对地的绝缘电阻。将兆欧表的 "接地" 接线柱（即 E 接线柱）可靠地接地（一般接到某一接地体上），将 "线路" 接线柱（即 L 接线柱）接到被测线路上，如图 2-1-9a 所示。连接好后，顺时针摇动兆欧表，转速逐渐加快，保持在约 120r/min 后匀速摇动，当转速稳定，表的指针也稳定后，指针所指示的数值即为被测物的绝缘电阻值。

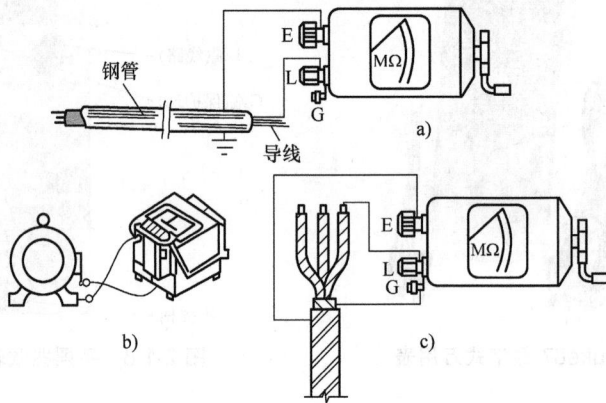

图 2-1-9　兆欧表的接线方法

2）测量电缆的绝缘电阻。测量电缆的导电线芯与电缆外壳的绝缘电阻时，将接线柱 E 与电缆外壳相连接，接线柱 L 与线芯连接，同时将接线柱 G 与电缆壳、芯之间的绝缘层相连接，如图 2-1-9c 所示。

实际使用中，E、L 两个接线柱也可以任意连接，即 E 可以与被测物相连接，L 可以与接地体连接（即接地），但 G 接线柱决不能接错。

3）测量电动机的绝缘电阻。将兆欧表 E 接线柱接机壳（即接地），L 接线柱接到电动机某一相的绕组上，如图 2-1-9b 所示，测出的绝缘电阻值就是某一相的对地绝缘电阻值。

（5）绝缘多用表的功能及使用方法

以下以应用广泛的 Fluke1587 数字式绝缘测试仪（图 2-1-10）为例，介绍绝缘多用表的功能和使用方法。

为了避免触电或人身伤害，请根据以下指南操作：

1）请严格按仪表使用手册操作，否则可能会破坏仪表提供的保护措施。

2）如果仪表或测试导线已经损坏，或者仪表无法正常操作，则请勿使用。若有疑问，请将仪表送修。

3）在将仪表与被测电路连接之前，始终记住选用正确的端子、开关位置和量程档。

4）用仪表测量已知电压来验证仪表操作是否正常。

5）端子之间或任何一个端子与接地点之间施加的电压不能超过仪表上标明的额定值。

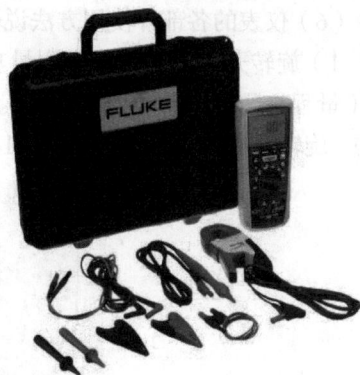

图 2-1-10　Fluke1587 数字式绝缘测试仪

6）电压在 $AC30V_{rms}$（交流方均根），AC42V（交流）峰值或 DC60V（直流）以上时应格外小心。这些电压有造成触电的危险。

7）出现电池低电量指示符时，应尽快更换电池。

8）测试电阻、连通性、二极管或电容以前，必须先切断电源，并将所有的高压电容器放电。

9）切勿在爆炸性气体或蒸汽附近使用仪表。

10）使用测试导线时，手指应保持在保护装置后面。

11）打开机壳或电池门以前，必须先把测试导线从仪表上拆下。不能在未安装好仪表顶盖或电池门打开的情况下使用仪表。

12）在危险的处所工作时，必须遵循当地及国家主管部门的安全要求。

13）在危险的区域工作时，依照当地或国家主管部门的要求，使用适当的保护设备。

14）不要单独工作，维修时必须设专职监护人。

15）仅使用指定的替换熔丝来更换熔断的熔丝，否则仪表保护措施可能会遭到破坏。

16）使用前先检查测试导线的连通性。如果读数高或有噪声，则不要使用。

仪表及使用手册上涉及的符号如表 2-1-1 所示。其中"警告"代表可能导致人身伤害或死亡的危险情况和行为；"小心"代表可能会损坏仪表、被测设备，或导致数据永久性丢失的情况和行为。

表 2-1-1　仪表及使用手册的符号

~	AC（交流）	⏚	接地点
⋯	DC（直流）	⊟	熔丝
⚠	警告：有造成触电的危险	▣	双重绝缘
🔋	电池（在显示屏上出现时表示电池低电量）	⚠	重要信息，请参阅手册

（6）仪表的各部件使用方法说明

1）旋转开关。选择任意测量功能档即可启动仪表。仪表为该功能档提供了一个标准显示屏（量程、测量单位、组合键等）。用蓝色按钮选择其他任何旋转开关功能档（用蓝色字母标记）。旋转开关的选择功能如图 2-1-11 所示，对应的功能介绍如表 2-1-2 所示。

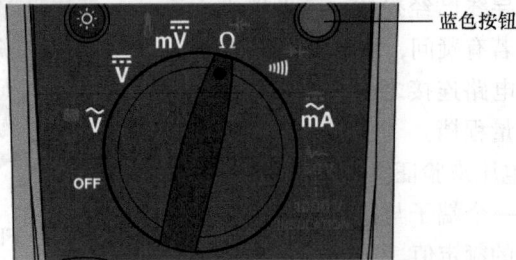

图 2-1-11　仪表旋转开关选择的功能档

表 2-1-2　旋转开关的选择功能介绍

开关位置	测量功能
$\widetilde{V}$	AC（交流）电压介于 30.0mV 至 1000V
⬛ （仅 1587 型）	AC（交流）电压及 800Hz "低通" 滤波器
$\overline{V}$	DC（直流）电压介于 1mV 至 1000V
$m\overline{V}$	DCmV（直流毫伏）电压介于 0.1mV 至 600mV
🌡 （仅 1587 型）	温度介于 −40℃ 至 +537℃（−40°F 至 +998.6°F） 摄氏度为默认测量单位，关闭仪表后，您所选择的温度测量参数仍会保留在内存中
Ω	Ohms（欧姆）介于 0.1Ω 至 50MΩ
⊣⊢ （仅 1587 型）	电容介于 lnF 至 9999μF
)))))	连通性测试，蜂鸣器在电阻小于 25Ω 时启动，在大于 100Ω 时关闭
⊣▷⊢ （仅 1587 型）	二极管测试，该功能档没有量程规定，超过 6.6V 以上时显示 OL
$\widetilde{\overline{V}}$ mA	AVmA（交流毫安）介于 3.00mA 至 400mA（600mA 过载最长持续 2min） DCmA（直流毫安）介于 0.01mA 至 400mA（600mA 过载最长持续 2min）
∿ INSULATION	Ohms（欧姆）介于 0.01Ω 至 2GΩ，1587 型选用 50V、100V、250V、500V（默认）和 1000V 电源进行绝缘测试，1577 型选用 500V（默认）和 1000V 电源进行绝缘测试，关闭仪表后，您最后一次选择的高压设置值仍会保留在内存中，在绝缘测试时，按蓝色按钮可激活仪表的 "平稳化" 功能

2）按钮。使用仪表按钮来激活可扩充旋转开关所选功能的特性。按钮如图 2-1-12 所示，对应的功能介绍如表 2-1-3 所示。

图 2-1-12   仪表按钮功能图

表 2-1-3   仪表按钮的功能介绍

按钮	说明
HOLD	该按钮可冻结显示值，再按一次释放显示屏，当读数改变时，显示屏会自动更新，仪表发出蜂鸣声，在 MIN, MAX, AVG（最小值、最大值、平均值）或 Hz（赫兹）模式下，该按钮控制显示保持。在 INSULATION TEST（绝缘测试）模式下，该按钮用来确定下一次您按仪表或远程探头上的 INSULATION TEST 键时启动测试锁的时间，测试锁的作用是把按钮按住，直到您再按一次 HOLD 或 INSULATION TEST 来开锁
MINMAX	按此按钮开始记录最大值、最小值和平均值。持续按此按钮可显示最大值、最小值和平均值。按住此按钮取消 MIN, MAX, AVG（最大值、最小值、平均值）
Hz （仅 1587 型）	激活频率测量
RANGE	将量程模式从 Auto Ranging（自动量程模式，默认）改为 Manual Ranging（手动量程）模式。按住该按钮可返回 Auto Ranging（自动量程）模式
 ☀	打开或关闭背光灯，背光灯在 10min 后熄灭
INSULATION TEST	当旋转开关处于 INSULATION（绝缘）位置时，启动绝缘测试，使仪表供应（输出）高电压并测量绝缘电阻
 ◯	蓝色按钮，其功能相当于 Shift 键，按此按钮可使用旋转开关上有蓝色标记的功能

3）显示屏。仪表的显示屏指示符号如图 2-1-13 所示，对应的信息介绍如表 2-1-4 所示。

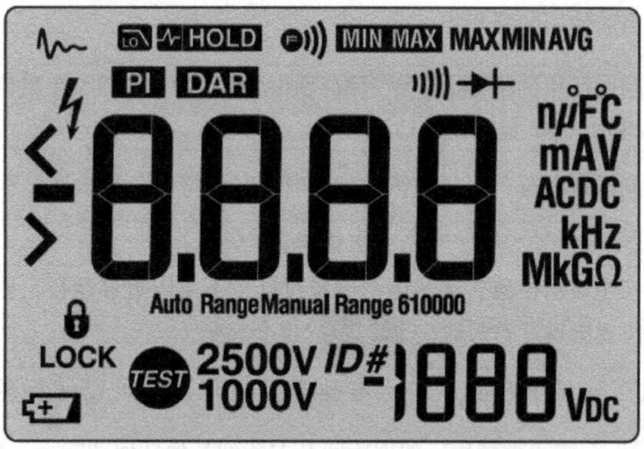

图 2-1-13   仪表显示屏指示符号

表 2-1-4　仪表显示屏信息介绍

符号	说　　明
显示屏指示符	
▬➕	电池低电量，指示应何时更换电池，当显示此符号时，背光灯按钮被禁止以延长电池寿命 警告：为了避免因读数出错导致触电或人身伤害，当显示电池低电量指示符时，应尽快更换电池
🔒 LOCK	表示下一次您按下仪表或远程探头上的 ⬭INSULATION TEST⬭ 键时，测试锁将被投入使用，测试锁的作用是将按钮按住，直到您再按一次 ⬭HOLD⬭ 或 ⬭INSULATION TEST⬭ 键
⁻>	负号，或大于符号
⚡	危险电压警告，表示在输入端检测到30V或更高电压（交流或直流取决于旋转开关的位置）；当 OL 显示在显示屏上，以及 bdtt 显示在显示屏上时，同样会出现该指示符；当绝缘测试正在进行，或处于 Hz 模式时，此符号也会出现
∿	平稳化功能被启用。平稳化功能是利用数字过滤消除快速变化的输入值的显示波动，仅1587型仪表的绝缘测试可使用平稳化功能，有关平稳化功能的更详细信息，请参阅开机通电选项
LO	表示选择了 AC（交流）电压的低通滤波功能
⚡HOLD　HOLD	表示 Autohold（自动保持）功能已启用 表示 Displayhold（显示保持）功能已启用
MIN MAX MAX MIN AVG	表示已经使用 MINMAX 按钮选择了最小读数、最大读数或平均数
)))))	已选择连通性测试功能
➤⊢ （仅1587型）	已选择二极管测试功能
nf、uF、℃、°F、AC、DC、Hz、kHz、Ω、kΩ、MΩ、GΩ	测量单位
0.0.0.0	主显示
V_DC	伏特 V
1000	辅显示
AutoRangeManual-Range610000mV	显示当前使用的量程档
2500V 1000V	绝缘测试所用的电源电压额定值：50V/100V/250V/500V（默认）或1000V（1587型）。500V（默认）和1000V量程档（1577型）
TEST	绝缘测试指示符，当施加绝缘测试电压时该符号会显示在显示屏上
出错信息	
bdtt	出现在主显示位置，表示电池电量过低，不足以可靠运行，更换电池之前仪表不能使用。当主显示位置出现此符号时，▬➕ 也会显示
bdt	出现在辅显示位置，表示电池电量过低，不足以运行绝缘测试，在更换电池之前，⬭INSULATION TEST⬭ 按钮被禁用，如把旋转开关转到其他任何功能档，该信息消失

（续）

符号	说　明
OL	表示超出量程范围的数，当检测到开路的热电偶时，也会出现此符号
LEAd	测试导线警告，当您将开关调至或移开位置时，该信息将会短暂显示在显示屏上，并且仪表发出一声蜂鸣声
dɪϲ	仪表不能将电容放电
EPPr Err	EEPROM 数据无效，请将仪表送修
CAL Err	校准数据无效，请校准仪表

4）仪表输入端子。仪表输入端子如图 2-1-14 所示，对应的端子功能介绍如表 2-1-5 所示。

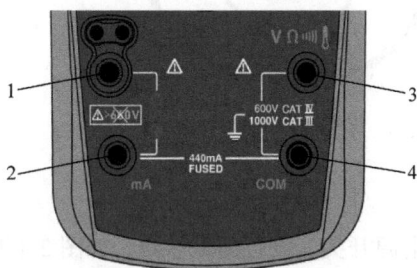

图 2-1-14　仪表输入端子

表 2-1-5　仪表输入端子功能介绍

按钮	说　明
1	+用于绝缘测试的输入端子
2	−用于绝缘测试的输入端子。用于 400A 以内的 AC（交流）和 DC（直流）毫安测量，以及电流频率测量
3	用于电压、连通性、电阻、二极管、电容、电压频率及温度（仅 1587 型）测量的输入端子
4	用于绝缘测试以外的所有测量的公共（返回）端子

5）测量操作步骤。在将测试导线与电路或设备连接时，在连接带电导线之前先连接公共（COM）测试导线；当拆下测试导线时，要先断开带电的测试导线，再断开公共测试导线。以下只介绍绝缘测试步骤，其他测试参照仪表的使用说明书。

绝缘测试只能在不通电的电路上进行。测试之前先检查熔丝。绝缘测试步骤如下：

① 将测试探头插入"+"和"−"端子，如图 2-1-15 所示。

② 将旋钮转至"INSULATION（绝缘）"位置。当开关调至该位置时，仪表将启动电池负载检查。如果电池未通过测试，显示屏下部将出现"电池"符号，在更换电池前不能进行绝缘测试。

③ 按"RANGE"选择电压。

④ 将探头与待测的电路连接。仪表会自动检查电路是否通电。

⑤ 主显示位置显示"----"，直到按下 INSULATION TEST 按键，此时将获取一个有效的绝缘电阻读数。

⑥ 如果电路电源超过 30V（交流或直流），主显示区显示超过 30V 以上警告同时，显示高压符号，测试被禁止，必须立即关闭电源。

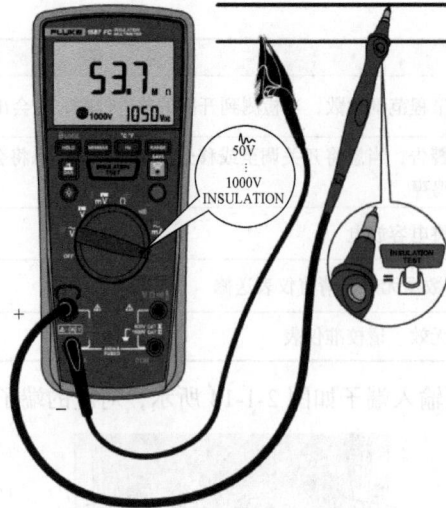

图 2-1-15　绝缘测试方法

3. 内阻测试仪

1）打开电池内阻测试仪电源开关，设置测试参数，如图 2-1-16 所示，内阻测试仪需设置比较参数：内阻 1.1（1±10%）mΩ、电压 3.2（1±10%）V。

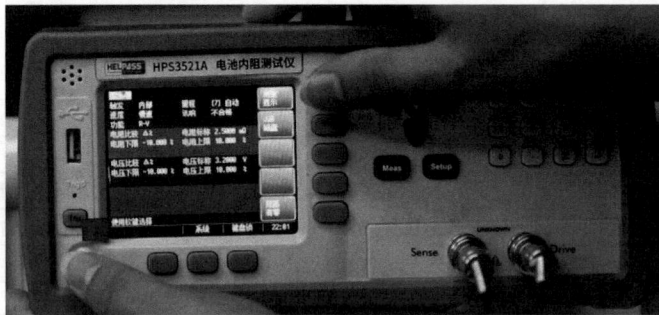

图 2-1-16　参数设置

2）参数设置完成后进行单体电池测试，观察电池内阻测试仪数据（图 2-1-17），测试合格的电池放在合格电池放置区，测试不合格的电池放在不合格电池放置区。把所有电池测试完后将不合格的电池安装到分容柜上进行分容测试。

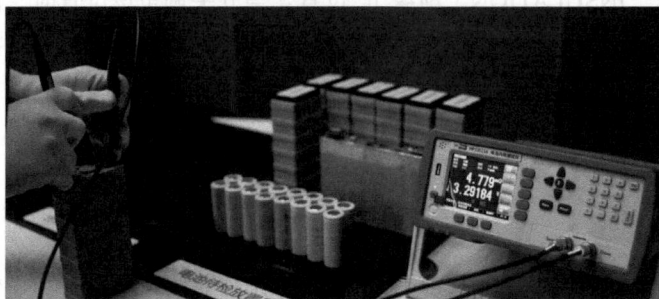

图 2-1-17　电池内阻测试

4. 分容柜

如图 2-1-18 所示，打开漏电保护开关，显示屏正常开启，指示灯点亮，当出现故障时按下紧急开关强制断电，当出现显示屏死机时长按电源开关强制关机。

图 2-1-18　启动分容柜

1）对于磷酸铁锂电池的安装（图 2-1-19），在安装前先确定电池的正负极位置，安装时注意分容柜的极性，外为正极，内为负极。单体电池装好后，进入菜单操作界面。

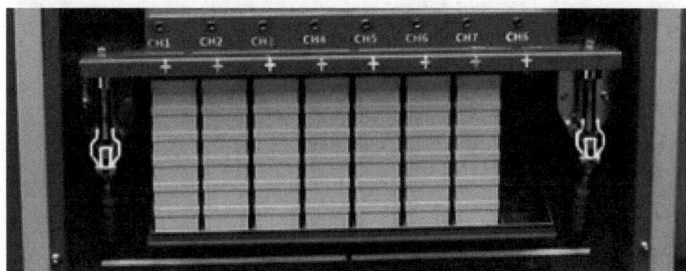

图 2-1-19　磷酸铁锂电池安装

2）长按界面选择分容通道进行参数设置（图 2-1-20），参数设置完成后，点击〈启动〉，自动完成充 / 放电测试。

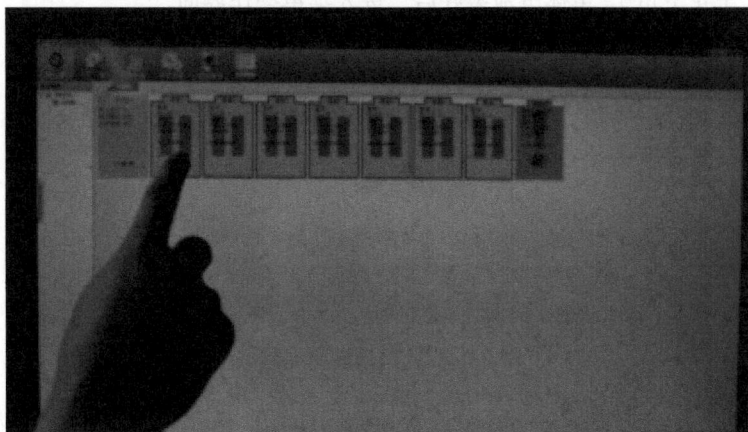

图 2-1-20　参数设置

图 2-1-20　参数设置（续）

3）容量分选：按恒流充 / 放电操作方法对电池进行分容，如图 2-1-21 所示。观察数据与指示灯，灯亮时表示其正常工作，当某个灯熄灭时，表示其电池自检不能通过。

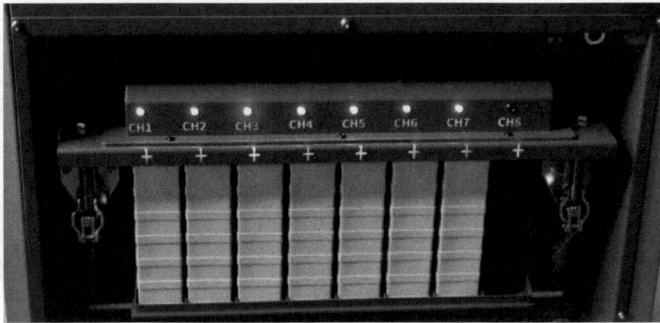

图 2-1-21　容量分选

4）对于三元锂电池的安装（图 2-1-22），在安装前先确定电池的正负极位置，安装时注意分容柜的极性（上正下负）。单体电池装好后，进入菜单操作界面。

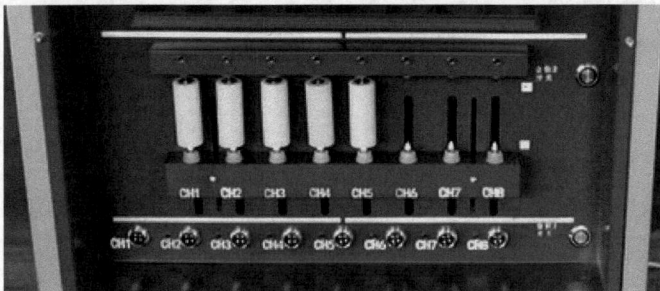

图 2-1-22　三元锂电池安装

5）长按界面选择分容通道进行参数设置，如图 2-1-23 所示，参数设置完成后，点击〈启动〉，自动完成充 / 放电测试。

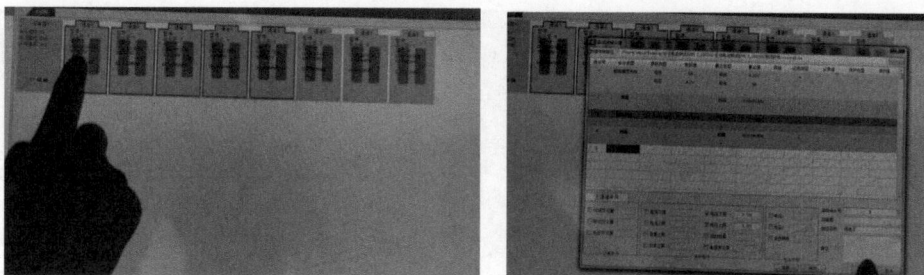

图 2-1-23　参数设置

6）容量分选：按恒流充 / 放电操作方法对电池进行分容，如图 2-1-24 所示。
观察数据与指示灯，灯亮时表示其正常工作，当某个灯熄灭时，表示其电池自检不能通过。

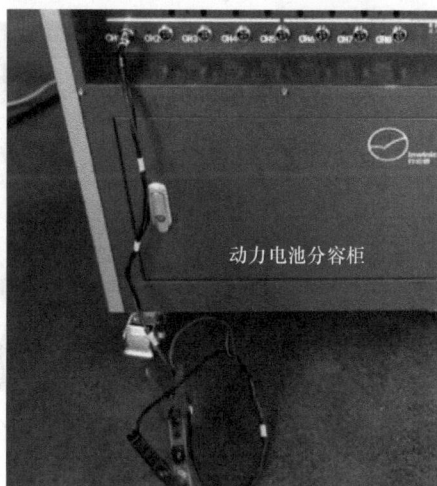

图 2-1-24　容量分选

7）对于线夹式电池分容仓安装（图 2-1-25），在安装前先确定单体电池的正负极位置，安装时注意分容柜线夹的极性，红色为正，黑色为负。电池装好后，进入菜单操作界面。

图 2-1-25　线夹式电池分容仓安装

8）长按界面选择分容通道进行参数设置，如图 2-1-26 所示，参数设置完成后，点击〈启动〉，自动完成充 / 放电测试。

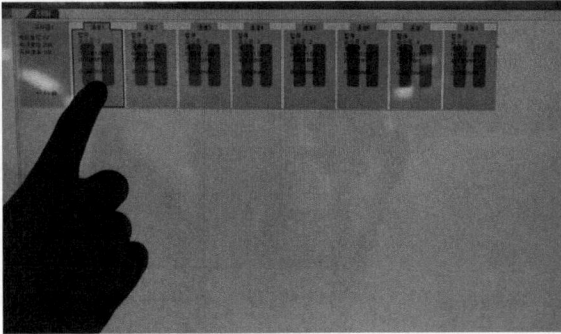

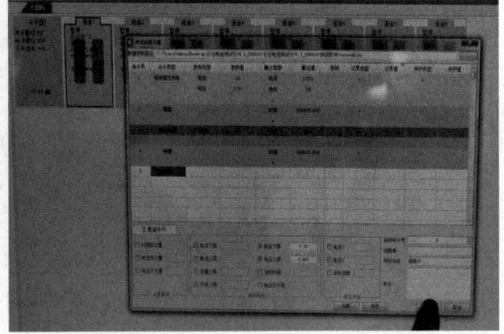

图 2-1-26　参数设置

9）容量分选：按恒流充／放电操作方法对电池进行分容（图 2-1-27）。

观察数据与指示灯，灯亮时表示其正常工作，当某个灯熄灭时，表示其电池自检不能通过。

5. 新能源诊断仪器

（1）连接诊断仪器

1）将测试主线的母转接头连接到 VCI（蓝牙诊断接口设备）的车辆数据接口，并拧紧外加螺钉。

2）将测试主线的 16 针公转接头与车辆诊断座连接，诊断座通常位于车辆仪表板的下部，如图 2-1-28 所示。

3）开启 MaxiSys 平板诊断设备，请确保平板内置电池电量充足或已连接直流电源。

4）通过蓝牙配对建立 MaxiSys 平板诊断设备和 VCI 设备之间的通信。

5）VCI 设备与车辆和 MaxiSys 平板诊断设备连接好后，屏幕底部导航栏上的 VCI 按钮上将会显示一个绿色的图标，表示设备已准备就绪，可随时开始车辆诊断。

6）MS908E 汽车智能诊断系统准备就绪，可以使用。

（2）启动系统软件

启动系统软件，点击汽车诊断图标，如图 2-1-29 所示。

（3）打开车型诊断程序

选择需要的车型，进入对应车型诊断程序，如图 2-1-30 所示。

（4）进入动力模块

进入控制单元选择动力模块，如图 2-1-31 所示。

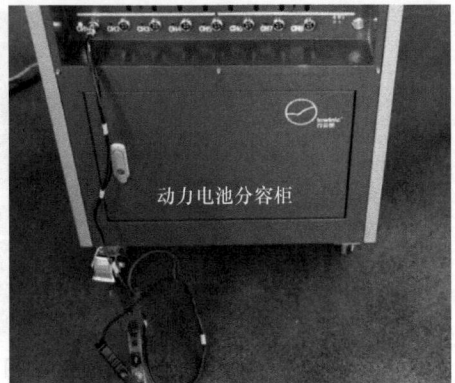

图 2-1-27　容量分选

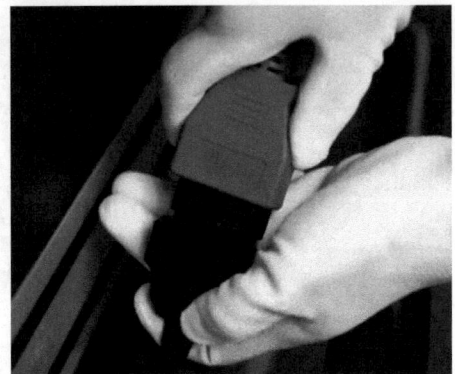

图 2-1-28　将 16 针公转接头与车辆诊断座连接

图 2-1-29　点击汽车诊断图标

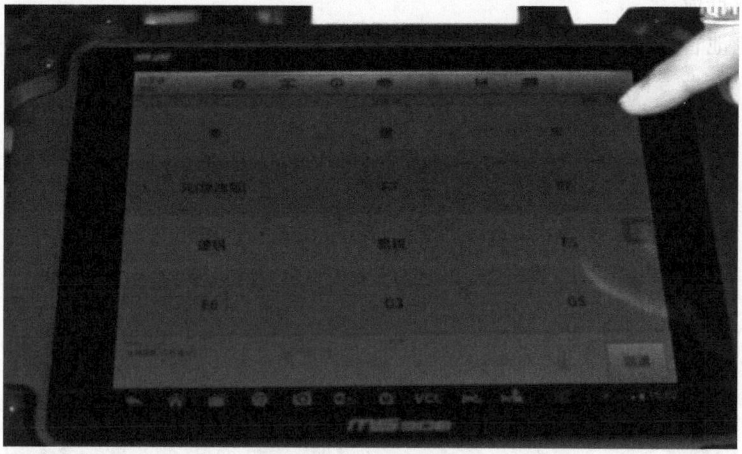

图 2-1-30　选择车型

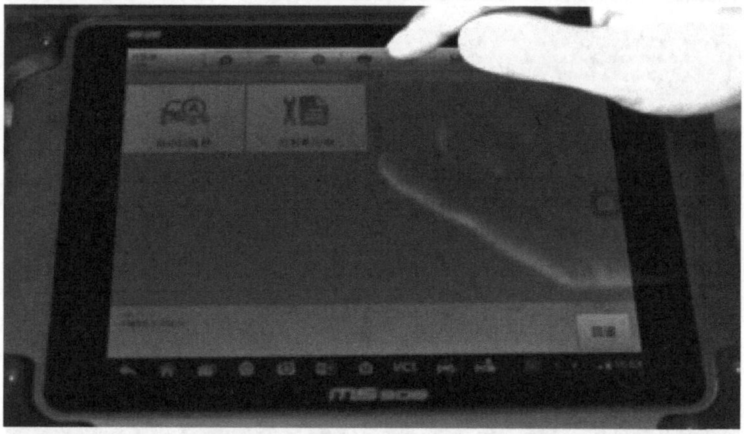

图 2-1-31　进入动力模块

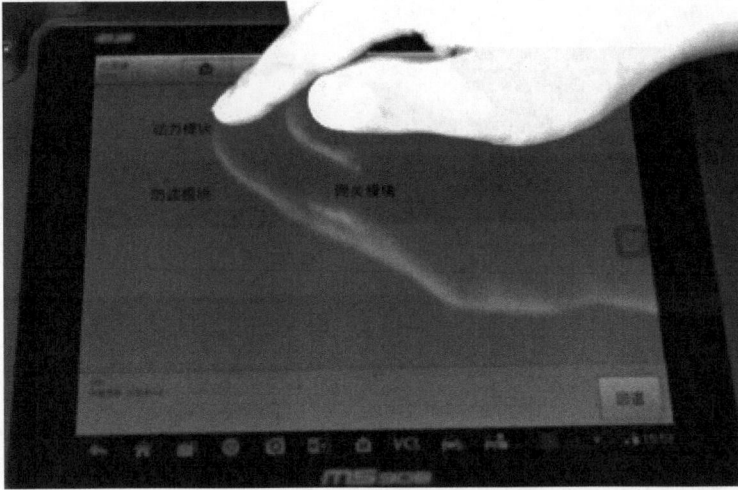

图 2-1-31　进入动力模块（续）

（5）读取数据流

进入动力电池管理系统读取数据流，如图 2-1-32 所示。

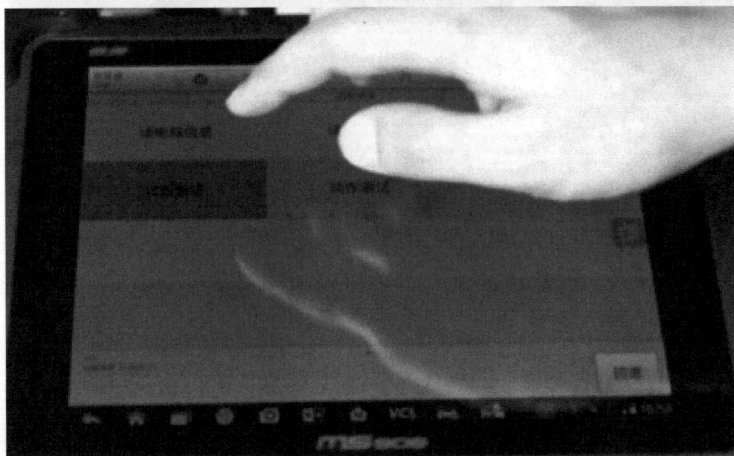

图 2-1-32　读取数据流

（6）查阅数据流

查阅数据流判断动力电池故障，如图 2-1-33 所示。

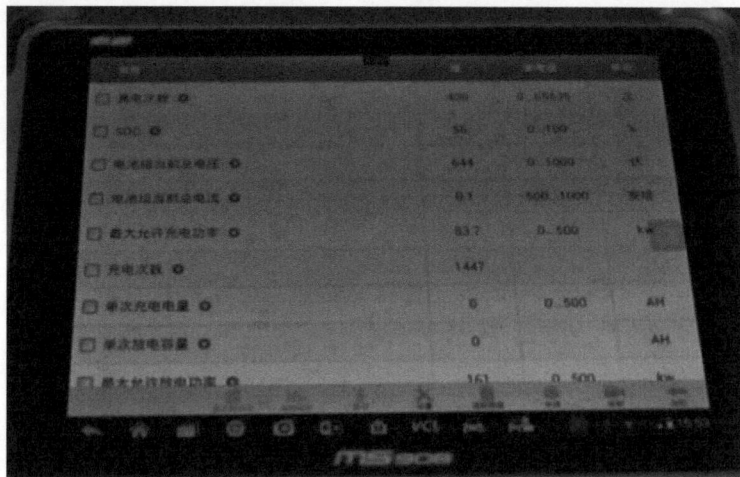

图 2-1-33　查阅数据流

【任务实施】

1. 任务准备

安全防护：做好车辆安全防护与隔离（车内外三件套、车轮挡块、警示隔离带等）。

工具设备：诊断仪、数字万用表、兆欧表、绝缘防护用品、绝缘工具套装、常规工具套装、动力电池拆装举升台等。

台架车辆：比亚迪 E5 整车。

辅助资料：维修手册、教材。

2. 实施任务

实施步骤如下：

步骤 1：启动车辆，仪表上显示动力电池故障指示灯▆▆▆点亮，OK 灯不亮，无法上高压（图 2-1-34）。

图 2-1-34　OK 灯不亮，无法上高压

步骤 2：使用解码仪扫描故障，如图 2-1-35 所示，BMS 显示故障，读取故障码发现 BIC 通信故障，如图 2-1-36、图 2-1-37 所示。接下来就要使用检测工具对 BMS 的电路进行测试来验证。

图 2-1-35　显示 BMS 存在故障

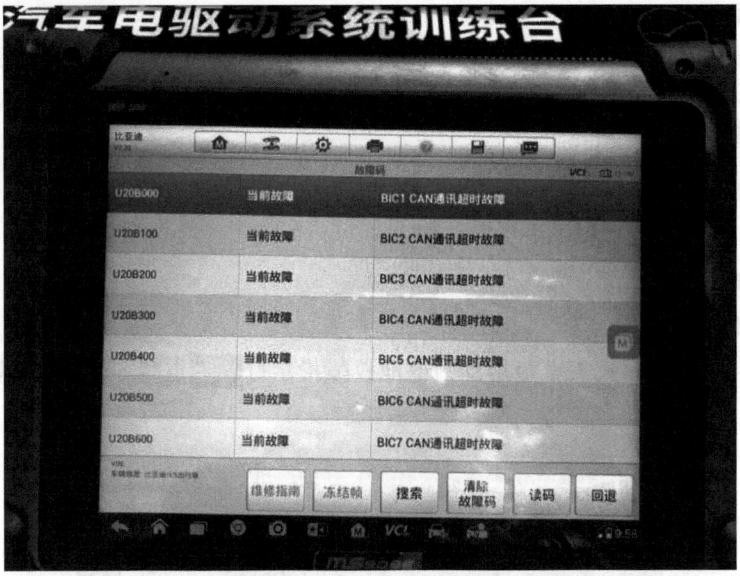

图 2-1-36　显示 BIC 通信故障 1

步骤 3：测量 BMS 供电正极与搭铁电压值。

步骤 4：测量级联模块电源正极与搭铁电压值。

步骤 5：将汽车下电并断开低压电池负极，万用表调至电阻档，测量电池子网 CAN-H 与电池子网 CAN-L 终端电阻值。

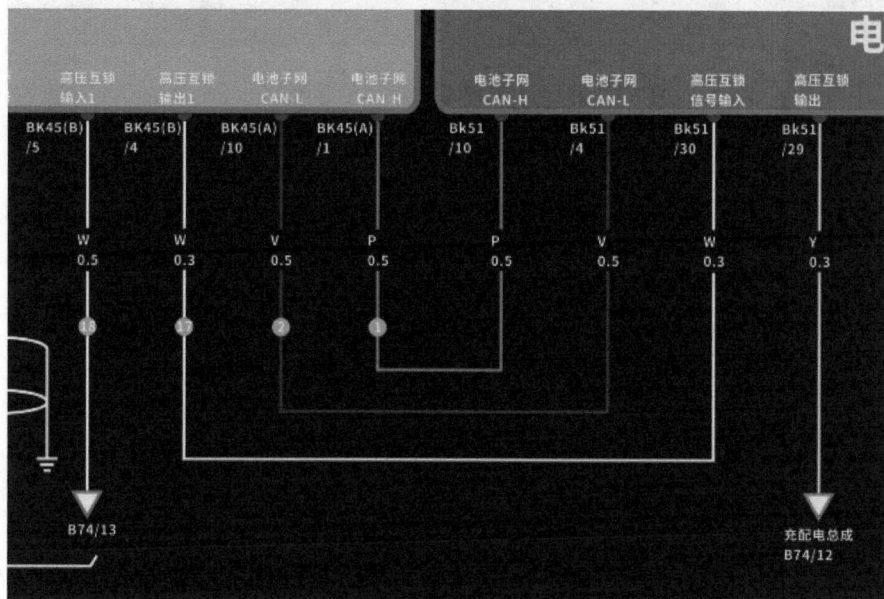

图 2-1-37　显示 BIC 通信故障 2

步骤 6：查阅电路图进行故障分析。

步骤 7：确定故障，将故障排除，重新启动车辆，仪表显示正常，如图 2-1-38 所示，汽车正常上电，用解码仪扫描故障，显示无故障，如图 2-1-39 所示，故障排除。

图 2-1-38　仪表显示正常

图 2-1-39　解码仪扫描显示无故障

学习任务二　动力电池组拆卸

【任务导入】

某 4S 店今天早上接到一辆比亚迪 E5 故障车，故障是无法行驶。经检查，该车辆需要更换动力电池组。你知道如何安全、规范地进行动力电池组拆卸吗？

【学习目标】

1.能够安全正确地使用工具和设备。

2.掌握动力电池组拆卸注意事项。

3.能够规范地进行动力电池组的拆卸。

【理论知识】

一、系统概述

动力电池系统是电动汽车动力能源，它为整车驱动和其他用电器提供电能。

比亚迪 E5 的动力电池系统由动力电池组、电池信息采集器、串联线、托盘、密封罩、电池采样线组成。其额定总电压为 633.6V，总电量为 47.5kW·h。

二、动力电池位置

动力电池布置在整车地板下面，如图 2-2-1 所示。

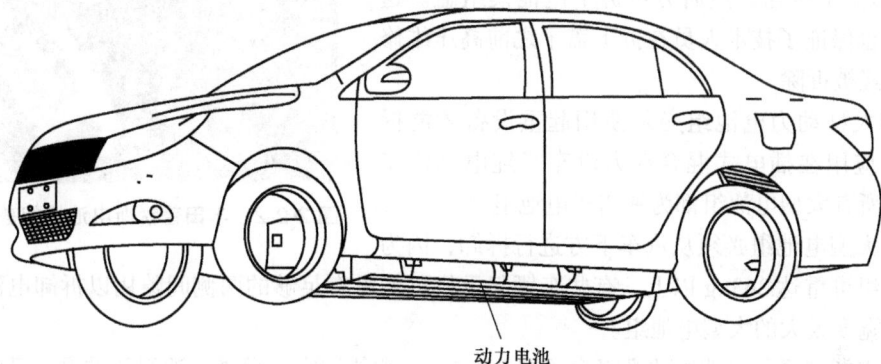

动力电池

图 2-2-1　动力电池位置示意图

三、动力电池组的拆卸注意事项

原则上只应遵守汽车厂家维修说明中的规定和说明。负责修理动力电池组的维修人员同样必须满足以下重要前提条件：具有相应资质；只允许具备动力电池组修理资质的维修人员进行这项工作，如通过"高电压本车型车辆作业专业人员"培训、高电压系统培训，特别是动力电池组修理培训的人员。精准使用诊断系统和专用工具；进行故障查询时应在拆卸和打开动力电池组前使用诊断系统。只有符合检测计划且满足"外部没有机械损伤"前提条件时，才能打开动力电池组并根据检测计划更换损坏组件。严格遵守维修说明。除更换损坏组件外，不允许对动力电池组内部进行任何修理工作。例如导线束损坏时不允许进行维修，而是只能进行更换。更换损坏组件时，必须严格遵守维修说明中规定的工作要求。使用维修说明中规定的专用工具也非常重要。维修人员满足所有上述前提条件时，可准确并高质量地进行动力电池组修理。

（1）信息收集

必须满足一些组织前提才允许对动力电池组进行有针对性的修理工作。这些前提条件既涉及经销商也涉及维修人员。拆卸动力电池组之前，技术人员应查看汽车厂家维修信息里有关该部件的拆卸和更换（R&R）内容。有些维修信息数据库单独列出了拆卸更换程序中的具体部件注意事项。技术人员还应当查看已发布的车辆技术服务公告（TSB），并查看是否有任何 TSB 相关的最新问题可能会影响到拆卸更换程序。

只允许在具有动力电池组维修资质的经销商处对动力电池组进行修理。在具有"基本服务"服务形式的经销商处可拆卸和安装动力电池组，但不能在动力电池组上或内部进行修理。如果根据诊断系统内的检测计划需要进行修理，必须将车辆或动力电池组运送至具有"扩展型蓄电池服务"或"全方位服务"服务形式的经销商处进行修理。

在部件拆卸和/或更换时可能需要使用专用维修工具（Specific Service Tool，SST）。许多动力电池组，包括一些小型电池组，必须弯下身去才能顺利取下。有些电池组则必须使用起重机或专用的带吊钩的电池组举升装置才能拆下来。比如，必须使用动力电池组的维修开关作为专用工具，才能拆卸图2-2-2所示安全按钮，然后方可拆下电池模组盖。这样的设计也保证了技术人员在拆下盖子之前高压维修开关就已经被拆除。

图 2-2-2　丰田普锐斯电池模组盖拆卸工具

拆卸大型动力电池组必须使用起重设备才能拆卸，通常应用在插电式混合动力汽车或纯电动汽车上。几乎所有大型电池组都为锂离子电池组。

许多大型电池组必须从汽车下方进行拆卸，因为大型电池组可重达 363kg 以上。有些车辆起重机可能没有足够的两侧间隙用以拆卸电池组，特别是拆卸宽度太大的大型电池组。

用于支撑和降落电池组的升降台（图 2-2-3）必须能够完全承受电池组的重量。升降台的平台要足够长、足够宽，能够支撑电池组。许多汽车制造商对其动力电池组适用什么规格的升降台有明确的资料介绍。

车辆制造商可能建议或要求在动力电池和升降台之间加一个托盘，以减少拆卸和安装过程中动力电池组的挠曲变形。有很多制造商要求将电池组绑在升降台上，然后才能将其落下。在拆卸电池组之前，请务必查看生产商关于动力电池组的拆卸和存储操作步骤。

图 2-2-3　动力电池组拆装升降台

最重要的专用工具包括：

- 可移动总成升降台以及用于拆卸和安装动力电池组的适配接头套件；
- 动力电池组电池模组充电器；
- 用于修理动力电池组后进行试运行的性能测试仪；
- 用于拆卸和安装电池模组的起重工具；
- 用于松开动力电池组内部卡子的塑料专用装配工具；
- 用于整个动力电池组的起重横梁；
- 隔离带；
- 带发光条的黄色警示锥筒。

（2）工作区准备

拆卸动力电池组时，该技术人员必须准备一个绝缘的台面用于放置拆下来的动力电池组。如果不使用绝缘的台面，发生电解质泄漏的动力电池组就会通过工作台短接到地面。有些销售高压绝缘手套的厂家也销售绝缘垫，用于铺设在工作台上起绝缘作用。

如果动力电池组的冷却系统为水冷式冷却系统，在拆卸动力电池组之前必须小心确保尽可能将其冷却回路内的冷却液完全排空。技术人员应将汽车的膨胀水箱出口盖住，使其中的冷却液无泄漏，并在排空动力电池组的冷却液后将其冷却回路的入口和出口盖住，以确保没有异物进入冷却系统的入口和出口或该高压系统的任何暴露区域。

动力电池组修理工位必须洁净（无油脂、无污物、无碎屑）、干燥（无溢出液体）且无飞溅火花（不靠近车身维修区域）。因此必须避免紧靠车辆清洗场所（清洗车间）或车身修理工位。如有可能，应使用活动隔板进行隔离，如图 2-2-4 所示。

图 2-2-4　维修工位隔离

为了防止未经授权进入工位（资质不够、客户、到访者等），以及无法确保高电压本质安全或出现不明状态时，应使用隔离带。离开工作区域时建议竖立发光黄色警告提示。

（3）准备车辆

技术人员在准备车辆时通常应做好以下工作：

- 确保拉上车辆的驻车制动器；
- 关闭车辆的驱动系统（READY OFF）；
- 断开车辆的 12V 辅助电池；
- 留出足够的时间让变频器电容充分放电；
- 拆下车辆的维修开关。

许多混合动力汽车和纯电动汽车须在车辆 12V 辅助电池断开连接之前和 / 或之后采取特殊的防护措施。这些防护措施包括但不限于：

- 关闭车辆的驱动系统后（READY OFF），须等待维修手册中规定的时间长度，然后方可断开 12V 辅助电池；
- 断开 12V 辅助电池后，须等待规定的时间长度，然后方能进行车辆作业。

某些客车或货车的舱门须保持打开，才能将车辆的辅助电池重新连接上，而且舱门不能用机械钥匙打开。这种情况下，技术人员必须让舱门保持打开状态，并采取措施以确保舱门不会无意中被其他人关上。

有些汽车制造商要求锂离子电池组在拆卸之前必须放电到规定的荷电量（SOC）以下。有些制造商要求技术人员在电池组拆卸之前必须检查电池组温度传感器的温度显示，确保电池组温度降至规定温度以下。

【任务实施】

1. 任务准备

安全防护：做好车辆安全防护与隔离（车内外三件套、车轮挡块、警示隔离带等）。

工具设备：数字万用表、兆欧表、绝缘防护用品、绝缘工具套装、常规工具套装、动力电池拆装举升台、充电桩等。

台架车辆：比亚迪 E5 整车。

辅助资料：维修手册、教材。

2. 实施任务

实施步骤如下：

步骤 1：打开发动机舱盖，先铺设车外三件套，可避免修车时把车漆弄脏或把车刮花，如图 2-2-5 所示。

图 2-2-5　铺设车外三件套

步骤 2：打开车门，铺设车内四件套，即转向盘套、变速杆套、座椅套和脚垫，如图 2-2-6 所示。

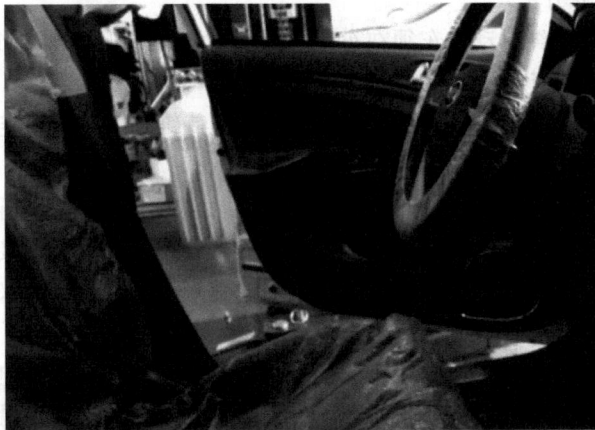

图 2-2-6　铺设车内四件套

步骤 3：连接解码仪，打开点火开关，如图 2-2-7 所示。

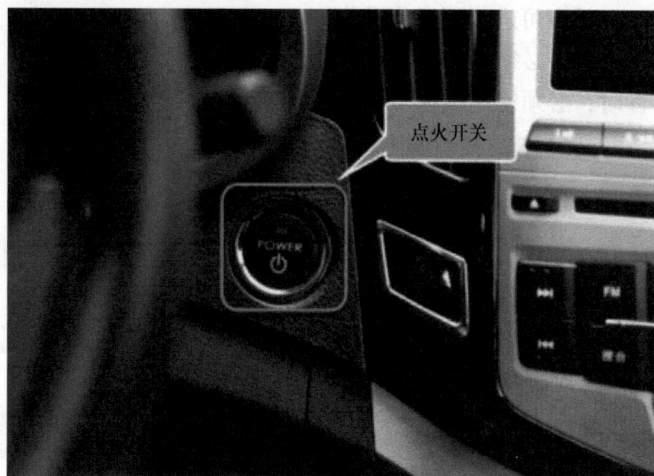

图 2-2-7　连接解码仪，打开点火开关

步骤 4：读取故障码并进行记录，具体操作如图 2-2-8 所示：

1）在诊断仪显示屏界面中选中"诊断"功能，品牌选择"比亚迪"，车型选择"E5"。

2）选择"诊断"功能，选择"自动扫描"，即可读取故障码，将故障码记录到实训工单中。

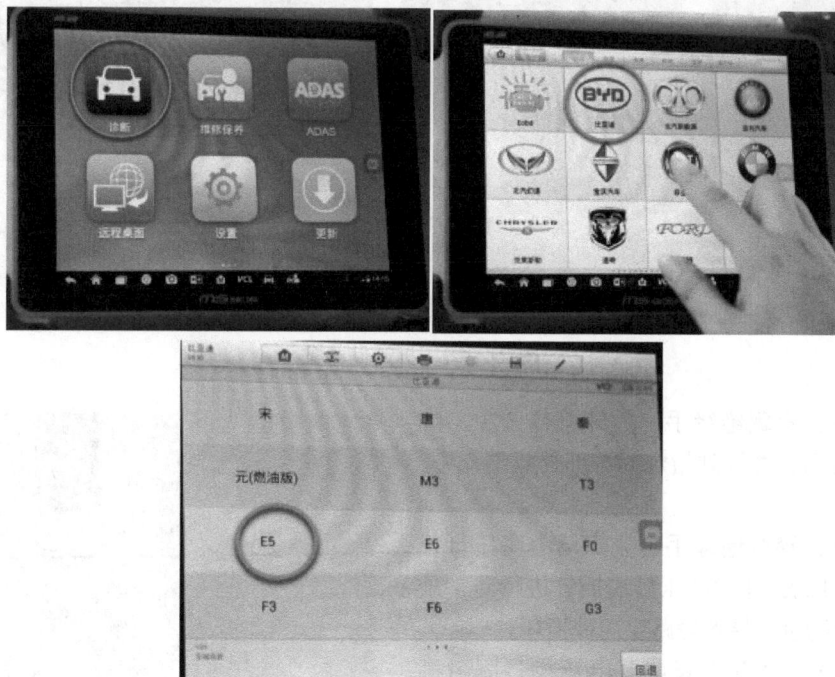

图 2-2-8　读取故障码并进行记录

步骤 5：关闭车辆点火开关。

步骤 6：选用 10 号扳手拧松蓄电池负极线固定螺栓（图 2-2-9），取下负极线，并用绝缘胶缠绕的方式对负极端子做好防护。拆卸蓄电池负极时要注意：

1）拆卸蓄电池负极前，必须确保点火开关处于关闭状态，并将车钥匙放在口袋。

2）必须等待 15min 后方可进行下一步操作。

3）拆卸高压零部件前，必须做好防护措施。

4）拆卸高压零件时，必须使用绝缘工具。

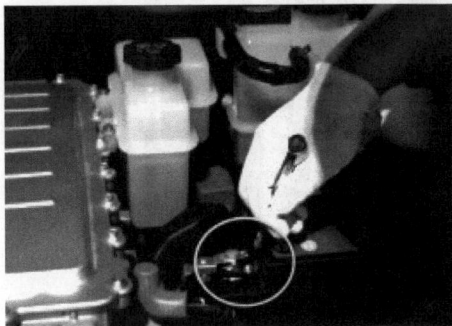

图 2-2-9　蓄电池负极线固定螺栓

步骤 7：选用十字螺钉旋具拆卸储物盒，如图 2-2-10 所示，取走储物盒后，可见到底部的维修开关。

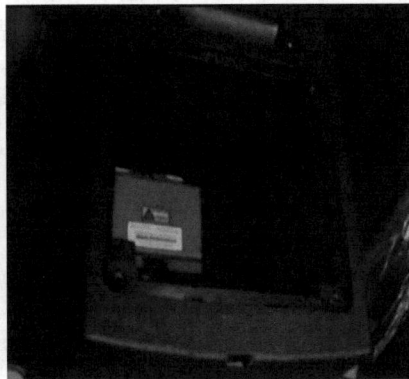

图 2-2-10　拆卸储物盒

步骤 8：穿戴绝缘手套拆卸维修开关，如图 2-2-11 所示，并放到指定的零部件收纳盒中，避免丢失。

步骤 9：穿戴绝缘手套拔出两个高压母线头（图 2-2-12），并对高压母线插件进行防护处理，防止异物进入导致短路或插件损坏。

步骤 10：将万用表调至电压档，测量高压母线是否存在危险。注意单手握住两只表笔，测得电压为 0V 则正常，如图 2-2-13 所示。

步骤 11：确定整车下电无误，放下发动机舱盖，收走车轮挡块，如图 2-2-14 所示。

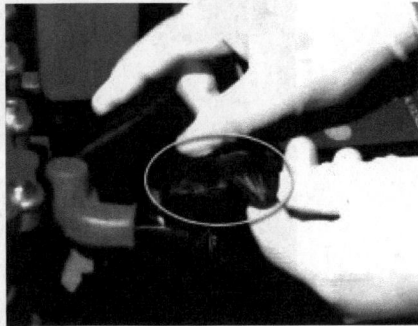

图 2-2-11　拆卸维修开关

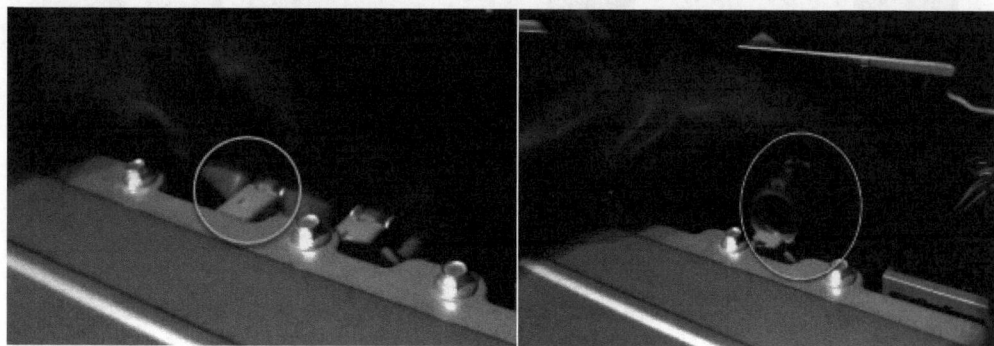

图 2-2-12　拔出高压母线头

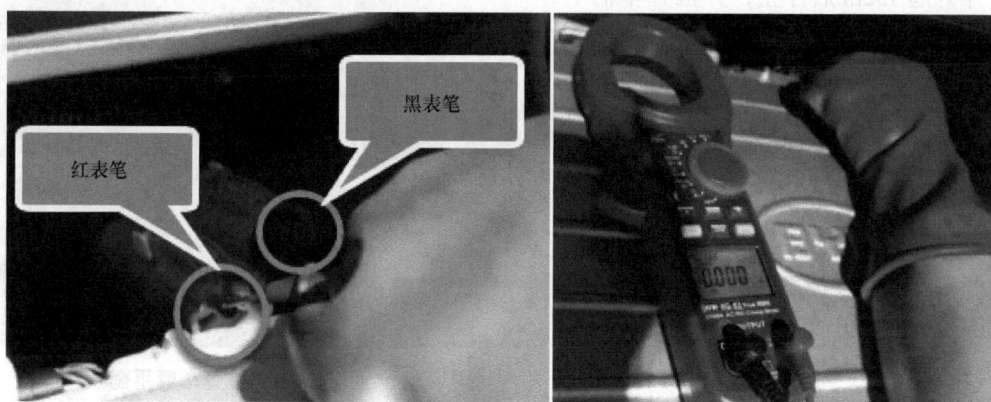

图 2-2-13　测量高压母线

图 2-2-14　放下发动机舱盖，收走车轮挡块

步骤 12：用手拧下防冻液盖子，并在配件收纳盒里放置好，如图 2-2-15 所示。

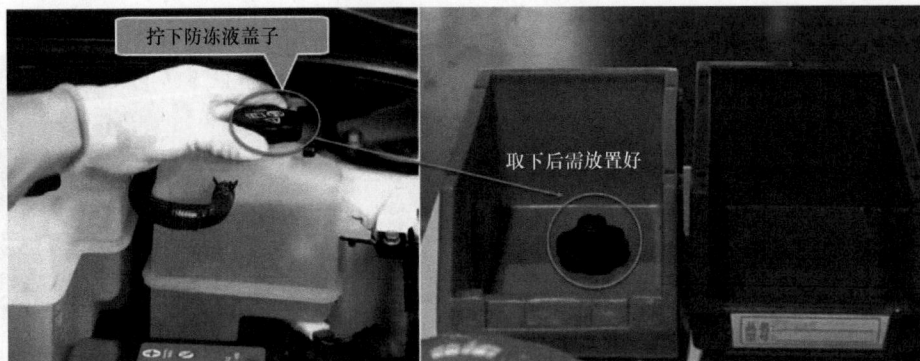

图 2-2-15　拧下防冻液盖子

步骤 13：将举升臂对准车辆四个支撑点并升起 15cm 后停止，并检查车辆平衡（图 2-2-16），确认平衡良好后继续举升车辆至合适位置，最后锁止举升机。举升车辆前，应将举升机支撑块调整移动对准比亚迪 E5 规定的举升点，举升臂应尽量缩到最小长度，并调节举升脚垫以便均匀接触；支车时，四个支角应在同一平面上，调整支脚胶垫高度使其接触车辆底盘支撑部位，使举升臂升至举升脚垫完全接触车辆，注意检查是否已牢固负载。

图 2-2-16　检查车辆平衡

步骤 14：拆卸电池组挡块时，先取扭力扳手与 17 号套筒松开电池组挡块螺栓，再取快速扳手与 17 号套筒将螺栓完全拧出，取下全部固定螺栓后再取下电池组挡块，并放置好电池组挡块与螺栓，如图 2-2-17 所示。

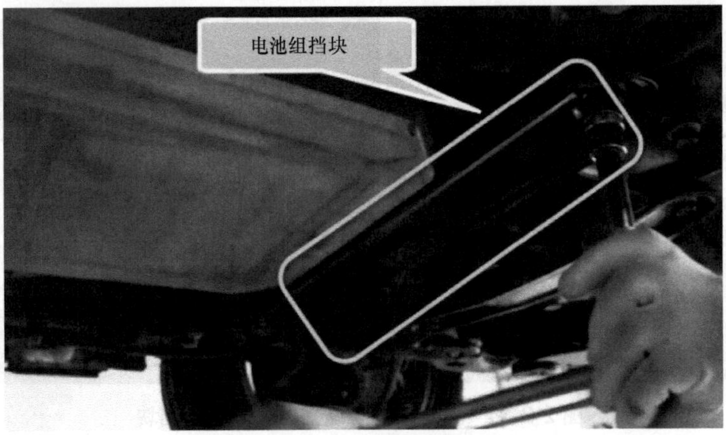

图 2-2-17　拆卸电池组挡块

步骤 15：拔出电池组高压与低压插接件（左边为低压），如图 2-2-18 所示，注意拔高压插接件时需戴绝缘手套。

图 2-2-18　拔出电池组高压与低压插接件

步骤 16：拔出电池组水管（图 2-2-19），用水桶接住流出的防冻液，待防冻液流尽，用抹布擦拭水管，然后用抹布堵住水管出水口（图 2-2-20）。

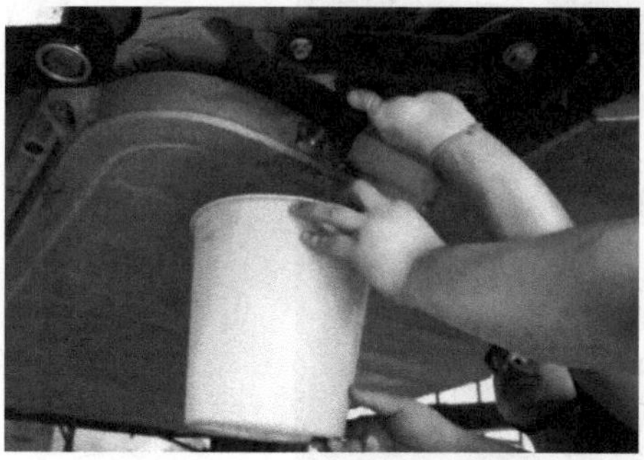

图 2-2-19　拔出电池组水管

图 2-2-20　堵住水管出水口

步骤 17：移动举升平台至电池组下方合适位置，将举升平台升至合适高度，使用扭力扳手与 18 号套筒拧松电池组固定螺栓，如图 2-2-21 所示。比亚迪 E5 电池组有 10 个固定螺栓，先对角松开螺栓，再使用快速扳手对角拆下电池组螺栓，如图 2-2-22 所示，最后将螺栓放置好。

图 2-2-21　拧松电池组固定螺栓

图 2-2-22　对角拆下电池组螺栓

步骤 18：检查螺栓是否拆卸完毕，确定已拆卸完毕则缓缓降下电池组，如图 2-2-23 所示。降到需要的高度后将电池举升平台推出。

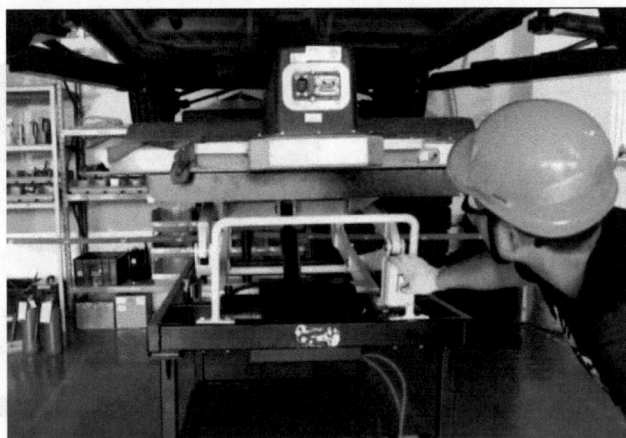

图 2-2-23　降下电池组

步骤 19：取抹布清洁电池组表面，然后取工单记录电池组数据，如图 2-2-24 所示。

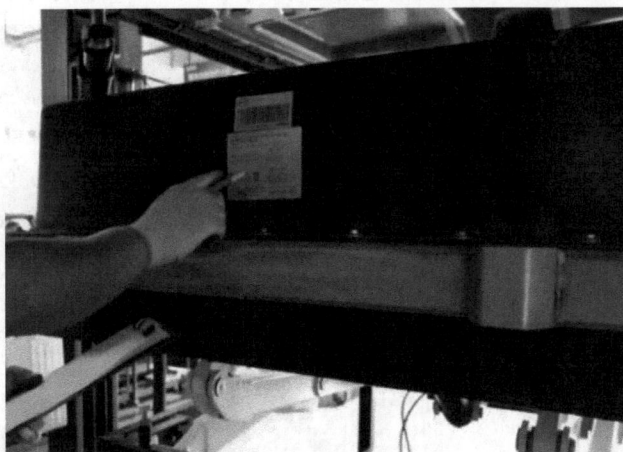

图 2-2-24　取工单记录电池组数据

学习任务三　动力电池均衡与废弃处理

【任务导入】

比亚迪某 4S 店的服务顾问接待了一个客户，报修原因是近日用车时动力电池出现警告，导致车辆无法充 / 放电。客户报修车型为比亚迪 E5，购于 2016 年 10 月，在问诊过程中，客户自述习惯于在电量低至 30% 左右时进行充电，充电至 80% 左右即止，初步诊断为动力电池内部单体电池出现故障。你作为一名维修人员，请严格按照相关的作业标准，对该车的动力电池进行检修。

【学习目标】

1. 了解电池均衡的定义及意义。
2. 掌握主动均衡的定义、原理及优缺点。
3. 掌握被动均衡的定义、原理及优缺点。
4. 能够叙述动力电池均衡方法。
5. 能够进行废电池的回收处理。

【理论知识】

一、电池均衡的定义

电池均衡是指对串联电池组中不同的电池采用差分电流。串联电池组中每个电池的电流通常是一样的，因此必须给电池组增加额外的元件和电路来实现电池均衡。只有当电池组中的电池是串联的，同时串联电池等于或大于三级时才会考虑电池均衡问题。

二、电池均衡的意义

由于生产制造和工作环境的影响会造成电池单体的不一致性，在电压、容量、内阻等性质上出现差别，导致每个单体电池在实际使用过程中有效容量和充放电电量是不一样的。为保证电池系统的整体性能和延长使用寿命，为减少单体电池之间的差异性而对电池进行均衡控制是十分必要的。

均衡管理有助于电池容量的保持和放电深度的控制。根据电池自身储电与放电特性，当某个电池单体充满电时其他电池单体没有充满，或者某个最小电量的单体电池放电截止时其他电池还没有达到放电截止限制的现象，这是一种电池自我保护的特性，也是为了防止出现电池过充或者过放电的现象，导致电池内部会发生一些不可逆的化学反应使电池的性质受到影响，从而影响电池的使用寿命。

按照均衡管理中的电路结构和控制方式这两个方面来归纳，前者分为集中式均衡和分布式均衡，后者分为主动均衡和被动均衡。集中式均衡是指电池组内所有的电池单体共用一个均衡器来进行均衡控制，而分布式均衡是一个或若干个电池单体专用一个均衡器。前者通信简单直接，进行均衡速度快。但电池单体与均衡器之间的线束排布复杂，不适合单体数量多的电池系统。后者能够解决前者线束方面的问题，缺点是成本高。主动均衡又称非耗散型均衡，形象说就是进行电池单体之间的能量转移，将能量高的电池单体中的能量转移到能量低的单体上以达到能量均衡目的。被动式则是耗散型均衡，利用并联电阻等方式将能量高的单体中能量消耗至与其他单体均衡的状态。主动式均衡效率高、能量转移而不是被消耗，但结构复杂，带来成本的上升。

目前主流的均衡指标主要有电池实际容量、电池端电压和电池荷电状态三种。

电池实际容量均衡是以使电池实际容量趋于一致为目的。其办法是将充满状态的电池组继续小电流充电，即用过充办法直到正负极板上出现气泡，消除小容量电池对整体电池性能的影响，但是过充影响电池寿命，不安全。

电池端电压均衡是以使电池端电压趋于一致为目的。但实际情况下，电池内阻的不同对端电压的影响是不可避免的，因此充电时内阻大的电压端电压大，需要对其放电均衡，内阻小的端电压小，需要对其充电均衡；而在放电时候情况完全相反，内阻大的端电压小，需要对其充电均衡，内阻小的端电压大，需要对其放电均衡。这样整个充放电均衡过程非常混乱，效果并不理想。

电池荷电状态均衡是以使电池 SOC 值一致为目的，提高功率输出，保证安全性。但是难点也在 SOC 不确定影响因素太多，如何精确估算 SOC 是关键。有了精确的 SOC，便能放心减少额外冗余，提高电池可使用容量，增加续驶里程。

三、动力电池的均衡方法

BMS 均衡管理主要分为被动均衡（有损均衡）和主动均衡（无损均衡）。

1. 被动均衡

通过能量消耗，限制电压最高的电池单元的充电电流，来实现和电压较低的电池单元的充电平衡。

（1）优缺点

被动均衡的优点是电路架构简单、实现成本低廉，但是缺点也很明显。因为其均衡方式是通过功率电阻消耗电量实现均衡，所以能量损耗极大，同时会产生大量的热量，而且触发方式死板，均衡效率低下。

（2）触发方式及原理

1）被动均衡的触发方式。当锂电池充电至恒压充电阶段时，电压小于 15% 后充电至 100% 且每节电池电压大于 3V 才会触发被动均衡。

2）被动均衡的原理。被动均衡一般通过电阻放电的方式，对电压较高的电池进行放电，以热量形式释放电量，为其他电池争取更多充电时间。这样整个系统的电量受制于容量最少的电池。充电过程中，锂电池一般有一个充电上限保护电压值，当某一串电池达到此电压值后，锂电池保护板会切断充电回路，停止充电。如果充电时的电压超过这个数值，也就是俗称的"过充"，锂电池就有可能燃烧或者爆炸。

被动均衡的具体原理如下：

如图 2-3-1 所示，充电过程中②号电池先被充电至保护电压值，触发锂电池保护板的保护机制，停止电池系统的充电，这样直接导致①号、③号电池无法充满。整个系统的满充电量受限于②号电池，这就是系统损失。为了增加电池系统的电量，锂电池保护板会在充电时均衡电池。

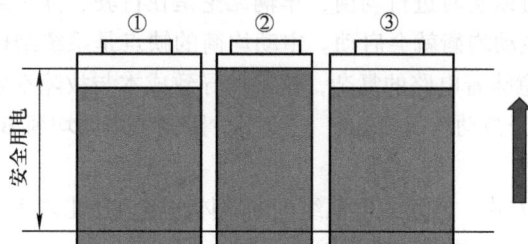

图 2-3-1　电池保护造成系统损失的原因

如图 2-3-2 所示，均衡启动后，锂电池保护板会对②号电池进行放电，延迟其达到保护电压值的时间，这样①号、③号电池的充电时间也相应延长，进而提升整个电池系统的电量。但是，②号电池放电电量 100% 被转换成热量释放，造成了很大的浪费（②号电池的散热是系统的损失，也是电量的浪费）。

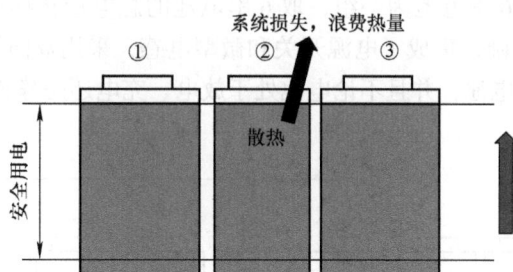

图 2-3-2　被动均衡原理图

如图 2-3-3 所示，除了过充对电池会有严重影响外，过放也会造成电池严重损坏。同样，锂电池保护板具备过放保护功能。放电时，②号电池的电压到达放电保护值时，触发锂电池保护板的保护机制，停止系统放电，直接导致①号、③号电池的电池余量无法被完全使用，均衡启动后会改善系统过放。

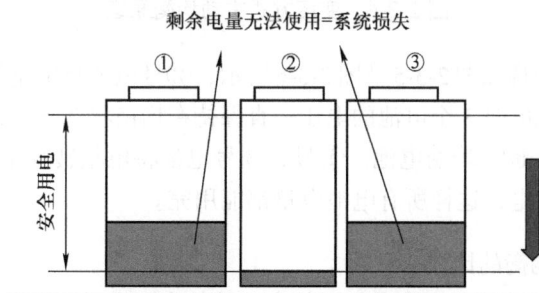

图 2-3-3　被动均衡放电时无法均衡

2.主动均衡

通过能量补充，补充电压最低的电池单元的充电电流，来实现和电压较高的电池单元的充电平衡。

（1）优缺点

主动均衡的优点是可以实时进行均衡，车辆无论是在行驶、停止或充电过程中，只要动力电池处于不均衡状态，主动均衡就会启动。主动均衡的缺点是系统结构复杂，无法完全集成进专用 IC。而结构的复杂意味着电路的复杂，这必然导致成本与故障率攀升。目前市面上应用的主动均衡 BMS 售价远高于被动均衡 BMS，这也多少限制了主动均衡 BMS 的推广。

（2）触发方式及原理

1）主动均衡的触发方式。当动力电池组内的单体电池电压出现大于 30mV 以上的静态压差时，就会自动启动均衡措施，进行削峰填谷。

2）主动均衡的原理。削峰填谷就是把电压高的动力电池单体的能量转移一部分出来，给电压低的动力电池单体，从而推迟最低动力电池单体电压触及放电截止阈值和最高动力电池单体电压触及充电终止阈值的时间，获得系统提升充入电量和放出电量的效果。削高填低型的实施方案包括电容式均衡、电感式均衡、变压器式均衡。此三种均衡方式包括锂电池在充电过程中的均衡以及静置过程的均衡。

主动均衡的工作原理如下：

如图 2-3-4 所示，每 6 串电池为一组，取 6 串电池的总电量转移给容量小的电池。电感式主动均衡以物理转换为基础，集成了电源开关和微型电感，采用双向均衡方式，通过相近或相邻电池间的电荷转移均衡电池，并且不论电池处于放电、充电还是静置状态，都可以进行均衡，均衡效率高达 92%。

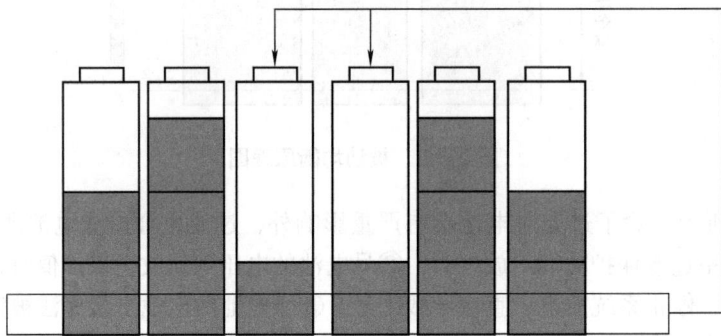

图 2-3-4　变压方式主动均衡原理

其放电和充电工作原理如图 2-3-5 及图 2-3-6 所示，②号电池将电量转移给①号、③号电池。高效的电荷转移，使得充电时 3 个电池的电压一直保持在均衡状态下，这样所有电池都能充满。锂电池保护板在放电时，也可均衡电池。①号、③号电池将电量转移给②号电池，三个电池的电压一直在均衡状态下放电，这样所有电池电量都能用完。

3.主动均衡与被动均衡的比较

由于主动均衡系统相对复杂，成本相对较高，目前市面上的主流依然还是被动均衡。两者之间的区别如表 2-3-1 所示。

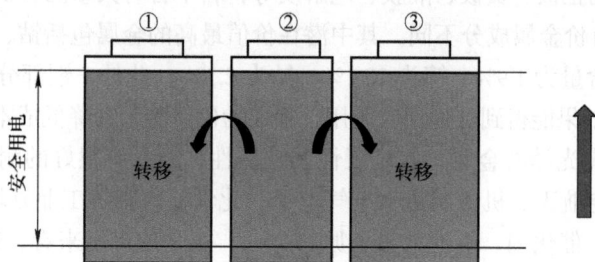

图 2-3-5　电感式主动均衡充电时的工作原理

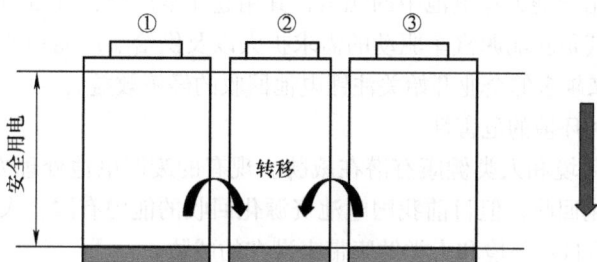

图 2-3-6　电感式主动均衡放电时的工作原理

表 2-3-1　两种均衡方式的比较

对比项	被动均衡	主动均衡
均衡方式	电阻消耗	电感等转移
均衡效率	低	高
方案成熟度	成熟	较成熟
系统复杂度	低	高
系统成本	低	高

四、废电池的回收处理

1. 废旧锂电池的资源性和对环境的危害性

（1）废旧锂电池的资源性

近些年来我国新能源汽车产销量均处持续上升态势，汽车保有量持续增长，目前已成为全球第一大汽车生产国和消费市场，动力电池的报废量也迅速增加。但是目前我国动力电池的回收拆解行业仍处于起步发展阶段，尚有许多问题亟待解决。

2015 年中国锂电池总产量 47.13GW·h，其中，动力电池产量 16.9GW·h；消费锂电池产量 23.69GW·h；储能锂电池产量 1.73GW·h。预计到 2023 年，报废量将达到 101GW·h，约 116 万 t。规模庞大的动力锂电市场伴生的将是锂电池回收和下游梯次利用的行业机遇，发展锂电池回收和梯次利用在避免资源浪费和环境污染的同时也将产生可观的经济效益和投资机会。

组成锂离子电池的正极、负极、隔膜、电解质等材料中含有大量的有价金属。不同动力锂电池正极材料中所含的有价金属成分不同，其中潜在价值最高的金属包括钴、锂、镍等。例如，三元锂电池中锂的平均含量为1.9%、镍为12.1%、钴为2.3%；此外，铜部分、铝部分等占比也达到了3.3%和12.7%，如果能得到合理回收利用，将成为创造收入和降低成本的一个主要来源。

钴是一种银灰色有光泽的金属，有延展性和铁磁性。因具有很好的耐高温、耐腐蚀、磁性性能，被广泛用于航空航天、机械制造、电气电子、化学、陶瓷等工业领域，是制造高温合金、硬质合金、陶瓷颜料、催化剂、电池的重要原料之一。从全球市场来看，钴的需求42%集中在锂电池领域，其次是高温合金（16%）和硬质合金（10%）；从中国市场来看，电池材料占比高达69%。随着新能源汽车下游需求逐步明确，国内动力电池厂商近年纷纷扩大产能，对于钴的需求将进一步提升。因此从废旧电池中回收再利用钴也越来越具有经济性。

锂元素作为广泛用于动力锂电池中的元素，其用途非常广泛，且目前市场上碳酸锂的价格不断走高，需求端尤其是新能源汽车驱动的需求扩大以及供给端产能释放的难度共同作用于碳酸锂的价格，促使越来越多的企业开始关注锂电池回收的经济效益。

（2）废旧锂电池对环境的危害性

废旧动力电池对环境和人类健康有潜在威胁。现有的废旧电池处理方式主要有固化深埋、存放于废矿井和资源化回收，但目前我国电池资源化回收的能力有限，大部分废旧电池没有得到有效的处置，将会给自然环境和人类健康带来潜在的威胁。

虽然动力电池中不包含汞、镉、铅等毒害性较大的重金属元素，但也会带来环境污染。例如，其电极材料一旦进入到环境中，电池正极的金属离子、负极的碳粉尘、电解质中的强碱和重金属离子，可能造成重环境污染等，包括提升土壤的pH值，处理不当则可能产生有毒气体。此外动力电池中含有的金属和电解液会危害人体健康，例如钴元素可能会引起人们肠道紊乱、耳聋、心肌缺血等症状。动力电池回收问题影响到了社会经济的可持续发展。电动汽车有应对环境污染和能源短缺的优势，如果动力电池在其报废之后不能得到有效回收，会造成环境污染和资源浪费，有违发展电动汽车的初衷。对企业来说，动力电池的回收蕴藏着巨大的商机，经过回收处理，可以为电池生产商节约原材料成本。此外，动力电池回收还关系到政府建设低碳经济和环境友好型社会。

2. 动力电池回收渠道及商业模式

动力电池的生命周期包括生产、使用、报废、分解以及再利用。动力电池在其报废后除了化学活性下降之外，电池内部的化学成分并没有发生改变，只是其充放电性能不能满足车辆的动力需求，但是可以运用到比汽车电能要求更低的地方。动力电池的梯次利用因此也成为目前业内探讨较多的回收利用方式之一。将汽车的动力电池淘汰后利用在储能或者相关的供电基站以及路灯、低速电动车上，最后再进入回收体系，这种商业模式还面临着是否能够盈利的考量，涉及渠道和技术的问题。

动力电池的回收利用可以分为两个循环过程：

梯次利用主要针对电池容量降低使电池无法向电动汽车提供足够电能运行，但是电池本身没有报废，仍可以在别的途径继续使用，如用于电力储能。拆解回收主要针对电池容量损耗严重，使得电池无法继续使用，只有将电池进行资源化处理，回收有利用价值的再生资源。

动力电池的回收渠道目前主要以回收小作坊为主，专业回收公司和政府回收中心较少，体系有待重整。目前我国动力电池回收市场的废旧动力电池大多流入了缺乏资质的翻新小作坊，这些公司工艺设备落后，但如果交由依法注册纳税的正规企业，取得资质并按照国家标准排放，势必会造成价格高、竞争力的缺失，因此如何更进一步地完善政策来保障电池回收产业的可持续发展是非常必要的。

（1）回收小作坊

回收成本低廉，可以抬高回收价格，高价回收是他们最大的竞争优势。但是这些小作坊在经过回收后，仅对废旧动力电池进行简单修复并重新包装后就流回市场，扰乱了动力电池市场的正常秩序。此外，由于这些小作坊不具备相关资质，容易产生安全隐患及环保问题。

（2）专业回收公司

专业回收公司是国家批准专门回收处理废旧动力电池的专业企业，综合实力雄厚、技术设备先进、工艺规范，既能最大化回收可用资源，又能够降低对环境的影响。目前，我国专门的动力电池回收公司包括乾泰技术、深圳格林美、邦浦循环科技、超威集团和芳源环保等。目前来看虽然进行锂电池回收方面布局的企业越来越多，但缺乏政府系统的支持和政策激励。

（3）政府回收中心

各地方政府依照国家相关法律，设置政府回收中心，有利于科学规范地管理电池回收市场、完善回收网络、合理布局回收网络和回收市场，提高正规渠道的回收量。目前我国还没有动力电池的政府回收中心，但未来可以根据我国现实情况，有选择地发展。

（4）商业模式比较

1）生产商回收。从欧美发达国家的电池回收经验可以看出，在建立废旧电池的回收体系时，动力电池生产商承担电池回收的主要责任。当动力电池配套电动汽车一起销售给运营商、集团客户或者个人客户等消费者，消费者拥有动力电池的所有权，也有义务交回报废的动力电池。该模式下的回收网络由动力电池生产商利用电动汽车生产商的销售服务网络改建，而且电动汽车生产商有责任配合对其产品中所使用的动力电池进行回收。生产商在产品全生命周期中最具控制力，占有多种资源，负责产品的设计架构，可以说生产商掌握着产品的全部信息，决定了产品对环境的影响程度。

回收流程为动力电池生产商利用电动汽车生产商的销售网络，以逆向物流的方式回收废旧电池。消费者将报废的电池交回附近的电动汽车销售服务网点，依据电池生产商和电动汽车生产商的合作协议，电动汽车生产商以协议价格转运给电池生产企业，由其进行专业化的回收处理，电池生产商可以继续利用回收的金属材料。另外，报废汽车拆解企业在回收废弃电动汽车时，也需要将拆解的废旧动力电池直接销售给动力电池生产商。

在回收形式上，实施"以旧换新"的制度促使更多的消费者交回废旧电池，保证动力电池的回收量。在消费者更换新电池时，旧电池可以抵扣新电池的部分价格。报废汽车拆解企业在回收带有动力电池的电动汽车时，应给予消费者一定的现金补偿，之后将废旧动力电池销售给动力电池生产商。

2）行业联盟回收。行业联盟回收动力电池模式是指由行业内的动力电池生产商、电动汽车生产商或电池租赁公司组成，并共同出资设立专门的回收组织，负责动力电池的回收。这种方式可以避免由于电池生产商单个企业实力有限导致的回收电池数量不够、资金有限和回收渠道少的问题。该模式的主要特点是在行业内成立统一回收组织，影响力强、覆盖广泛、独立运营；且回收网络庞大，易于消费者交回电池；利用回收所得的收益建设和运营回收网络。

3）第三方回收模式。需要独自构建回收网络和相关物流体系，负责回收委托企业售后市场生产的废旧动力电池，之后运回回收处理中心，进行专业化的回收处理。在电动汽车最终报废进入汽车拆解企业后，汽车拆解企业可以将废旧动力电池销售给第三方企业。回收模式的建立，需要投入大量的资金进行回收设备、回收网络及人力资源的建设；成本也是其中的重要影响因素之一。在生产者责任延伸制的体系下，不同动力电池回收模式适用于不同类型的企业。

对于大型动力电池生产商，其产品种类繁多、产销量较大，有较强的技术、经济实力自己回收电池；对于中小型企业，产品种类、产销量都较少，自己回收需要大量的投资，会影响企业核心业务的发展，所以可以选择和其他组织合作回收。

比较而言，行业联盟回收成本经济性最佳，但因为需要行业中各企业协同合作，目前在法律法规还没有很完善的情况下，可操作性较小。综合成本方面，动力电池生产商直接回收的模式成本较低，而第三方回收模式成本较高。

3. 动力电池的回收技术

废旧锂离子电池的资源化技术，是将废旧锂离子电池中有价值的成分，依据其各自的物理化学性质，将其分离。一般而言，整个回收工艺分为四个部分：预处理部分、电极材料修复、有价金属的浸出和化学纯化。

在回收过程中，按照不同的提取工艺分类，可将锂离子电池的回收技术分为三大类：干法回收技术、湿法回收技术和生物回收技术。

1）干法回收技术。干法回收主要包括机械分选法和高温热解法（或称高温冶金法）。干法回收工艺流程较短，回收的针对性不强，是实现金属分离回收的初步阶段。干法回收是指不通过溶液等媒介，直接实现材料或有价金属的回收方法，主要是通过物理分选法和高温热解法，对电池破碎进行粗筛分类，或高温分解除去有机物以便于进一步的元素回收。

它以物理上的拆解粉碎为主，剥离外壳后进行焙烧，回收电池其他辅助有价值材料，如铜铝箔等。这种方法工艺较简单，成本低，但回收的产品纯度也低，目前来看，比较适合现阶段磷酸铁锂的回收。其分解流程如图 2-3-7 所示。

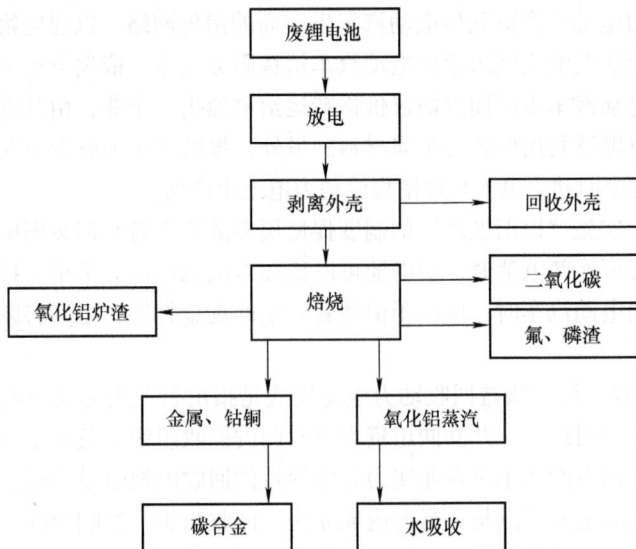

图 2-3-7　干法回收技术

2）湿法回收技术。湿法回收技术工艺比较复杂，但各有价金属的回收率较高，是目前处理废旧镍氢电池和锂离子电池的主要技术。湿法回收技术是以各种酸碱性溶液为转移媒介，将金属离子从电极材料中转移到浸出液中，再通过离子交换、沉淀、吸附等手段，将金属离子以盐、氧化物等形式从溶液中提取出来。

湿法冶金通过溶解的方法，得到含钴镍等贵金属元素的溶液，再利用液相合成等工艺得到新的三元正极材料。这种方法工艺难度较高，但回收的元素纯度更高，适合更高纯度有价值金属的提取，因此较为适用于三元材料的回收。其分解流程如图 2-3-8 所示。

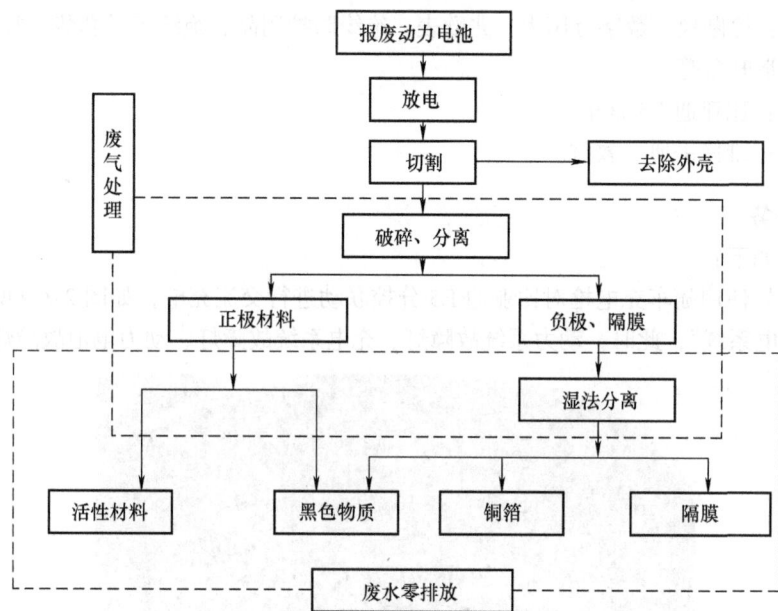

图 2-3-8　湿法回收技术

3）生物回收技术。生物回收技术具有成本低、污染小、可重复利用的特点，是未来锂离子电池回收技术发展的理想方向。生物回收技术主要是利用微生物浸出，将体系的有用组分转化为可溶化合物并选择性地溶解出来，得到含有效金属的溶液，实现目标组分与杂质组分离，最终回收锂等有价金属。目前，关于生物回收技术的研究刚刚起步，之后将逐步解决高效菌种的培养问题、周期长的问题以及对于浸出条件的控制问题。

4）回收工艺流程。从回收工艺的次序来看，第一步是预处理过程，其目的是初步分离回收旧锂离子电池中的有价部分，高效选择性地富集电极材料等高附加值部分，以便于后续回收过程顺利进行。预处理过程一般结合了破碎、研磨、筛选和物理分离法。主要的几种预处理方法包括预放电、机械分离、热处理、碱液溶解、溶剂溶解、手工拆解等。

第二步是材料分离。预处理阶段富集得到了正极和负极的混合电极材料，为了从中分离回收 Co、Li 等有价金属，需要对混合电极材料进行选择性提取。材料分离的过程也可以按照干法回收、湿法回收和生物回收的分类技术分为无机酸浸出、生物浸出、机械化学浸出。

第三步是化学纯化，其目的在于对浸出过程得到的溶液中的各种高附加值金属进行分离和提纯并回收。浸出液中含有 N、Co、Mn、Fe、Li、Al 和 Cu 等多种元素，其中 Ni、Co、Mn、Li 为主要回收的金属元素。通过调节 pH 值将 Al 和 Fe 选择性沉淀出后，再对浸出液中的 Ni、

Co、Mn、Li 等元素进行下一步的处理回收。常用的回收方法有化学沉淀法、盐析法、离子交换法、萃取法和电沉积法。

【任务实施】

1. 任务准备

安全防护：做好车辆安全防护与隔离（车内外三件套、车轮挡块、警示隔离带等）。

工具设备：诊断仪、数字万用表、兆欧表、绝缘防护用品、绝缘工具套装、常规工具套装、动力电池拆装举升台等。

台架车辆：比亚迪 E5 整车。

辅助资料：维修手册、教材。

2. 实施任务

实施步骤如下：

步骤 1：先使用随车充电枪对比亚迪 E5 分控联动进行交流充电，如图 2-3-9 所示，仪表提示"请检查充电系统"，此时，动力系统故障灯、充电系统故障灯、动力电池故障灯全亮。

图 2-3-9　交流充电

步骤 2：接入汽车故障诊断仪，如图 2-3-10 所示，打开其主机左面的诊断软件进行诊断，诊断仪界面会提示电池管理系统存在一条故障码。此时进入电池管理系统，可查看动力电池故障码。

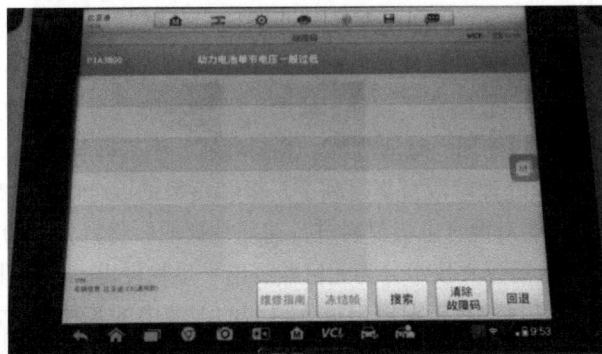

图 2-3-10　接入汽车故障诊断仪

步骤 3：记录故障码后，点击回退，读取数据流，如图 2-3-11 所示，将最低电池电压和最高电池电压以及最低电压电池的编号记录至实训手册的工单中。

图 2-3-11 读取数据流

步骤 4：计算出最高单体电池电压与最低单体电池电压差值，判断差值是否超过 NEDC 标准 50mV，如已超过该值则属于电池组压差过大故障，动力电池管理系统此时不会允许电池组充电，由于最高单体电池电压 3.246V 属于磷酸铁锂电池正常静置电压，所以维修此故障需要为最低电压单体电池补充电量。

步骤 5：记录此时仪表显示的 SOC 值，关闭车辆点火开关，收回汽车故障诊断仪。

步骤 6：依次断开维修开关、动力电池低压控制插头，拔下动力电池高压母线，用万用表电压档分别测量高压母线 + 与壳体之间、高压母线 – 与壳体之间的电压，并记录至实训手册中。

步骤 7：拆下动力电池组并取下电池组外壳，根据电池组的内部结构，结合各模组单体电池的数量推测出有故障的单体电池所在的电池模组位置，再在电池模组中确定故障电池的具体位置，如图 2-3-12 所示。

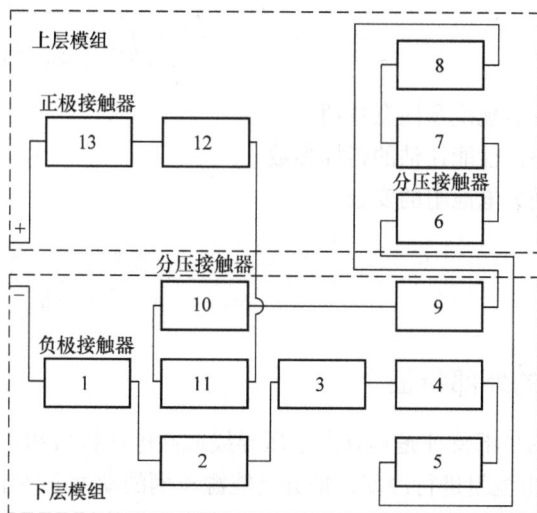

图 2-3-12 确定故障电池的具体位置

步骤 8：佩戴护目镜和绝缘手套，拆除故障电池的外围电池盖板，测量其对应电池号电压，电压值与数据流中最低电压值一致，则电池位置判断无误。

步骤 9：接入可调式直流稳压电源，设置电压为 3.2V、电流为 2A，为故障电池进行充电。充电时，会先启动 CC 模式，以 2A 的恒定电流输出充电；待到电池电压上升到 3.2V 后，会自动切换至 CV 模式，以 3.2V 的恒定电压输出充电；充电电流降为 0A 时自动停止充电（也可等到充电电流降至 0.75A 时，手动停止充电）。

步骤 10：静置 15min 后，佩戴绝缘手套和护目镜，使用万用表测量故障电池电压，观察均衡后的单体电池是否有明显的电压降，测量值为 3.2V，均衡结束。

步骤 11：装回故障电池的电池组外壳，正确安装动力电池组。

步骤 12：依次插回电池组高压母线插头、电池组 kxk51 插接件、电池组维修开关。

步骤 13：接回低压启动电池负极桩头。

步骤 14：使用 7kW 以下的交流充电桩为动力电池充电至跳枪为止。

步骤 15：利用车载电加热器放电，循环 3 次，也可以用直流充电桩进行 3 次充放电循环：第一次充满之后放电至 10%，第二次充满之后再放电至 10%，第三次充满之后再放电至 50%。

学习任务四　动力电池组的安装

【任务导入】

一辆比亚迪 E5 轿车出现动力电池故障，拆下了动力电池进行了检查，发现故障为动力电池内部故障，需要更换整个动力电池组，你作为一名维修人员，请严格按照相关的作业标准，对该车辆的动力电池组进行安装。

【学习目标】

1. 掌握动力电池组拆装规范及注意事项。
2. 掌握动力电池组整体性能评估的指标参数。
3. 能够正确地完成动力电池组的安装。

【理论知识】

一、动力电池组的外部特征

动力电池组最重要的外部特征是具有高电压导线或高电压接口和 12V 车载网络接口，如图 2-4-1 所示。为了对动力电池组进行冷却，部分新能源车辆的动力电池组还具有冷却系统（冷却鼓风机、冷却液泵或制冷剂）接口。可在不拆卸动力电池组的情况下断开导线（高电压导线和 12V 车载网络接口）和制冷管路。动力电池组上的提示牌向进行相关组件作业的人员说明所用技术及可能存在的电气和化学危险。动力电池组位于车内空间以外，如果由于严重故障导致电池产生过压，不必通过排气管向外排出所产生的气体，通过动力电池组壳体上的一个排气口便可进行压力补偿。

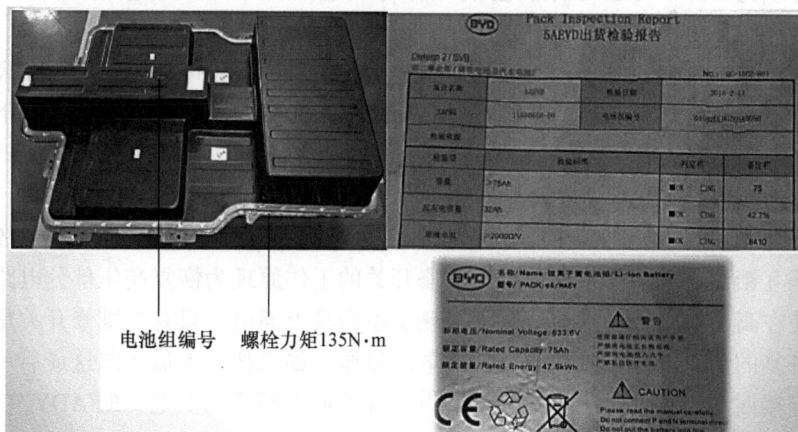

图 2-4-1　比亚迪 E5 动力电池组外部结构

1. 机械特征

动力电池组的密封盖一般通过几十个螺栓加密封胶以机械方式与托盘连接在一起。在动力电池组上密封盖上一般粘贴有几个提示牌，包括一个型号铭牌和两个警告提示牌，如图 2-4-2 所示。型号铭牌提供逻辑信息（例如电池参数标签和电池编号）和最重要的技术数据（例如额定电压）。两个警告提示牌提醒注意动力电池组采用锂离子技术且电压较高以及可能存在的相关危险。展示了动力电池组上提示牌的安装位置和托盘螺栓紧固力矩。

图 2-4-2　比亚迪 E5 动力电池组密封盖上的提示牌

2. 电气接口

（1）高电压接口

在动力电池组上带有一个 2 芯高电压接口，动力电池组通过该接口与高电压车载网络连接，如图 2-4-3 所示。

图 2-4-3　比亚迪 E5 动力电池组高电压接口

围绕高电压导线的两个电气触点还各有一个屏蔽触点。这样可使高电压导线屏蔽层（每根导线各有一个屏蔽层）一直持续到动力电池组密封盖内，从而有助于确保电磁兼容性 EMV。

此外高电压接口还可防止接触导电部件。实际触点带有塑料外套，因此人员无法直接接触。只有连接导线时才压开外套并进行接触。塑料滑块用于机械锁止插头。此外它还是安全功能的组成部分：未连接高电压导线时，滑块盖住高电压触点监控电桥的接口。只有按规定连接高电压导线且插头已锁止时，才能接触到该接口并插上电桥。这样可以确保，只有连接了高电压导线时高电压触点监控电路才闭合。该原理适用于新能源汽车的所有高电压接口，即动力电池组上、电机控制器上、车载充电器和电机装置上的高电压接口。因此只有连接所有高电压导线后，高电压系统才会启用。这样可以额外防止接触可能带电的接触面。

（2）高压互锁电路

高压互锁电路是一种低压电路，在被断路时向控制模块发出信号，或者当动力电池组的维修开关被部分或完全拆下时主动断开电路。然而，维修开关上的互锁电路通常并不是汽车上唯一的互锁电路。

新能源汽车基本都会在整车的关键连接部件上使用低压互锁电路，比如说在高压电缆连接插头处或保护盖上。这样做的目的是确保在高压系统某部分被断接或暴露的情况下，车辆高压系统能够立刻断开（READY OFF）。有些车辆还设有冗余设计：只有互锁电路断开，同时车辆以小于每小时几千米的速度行驶或者停车时，汽车才会断电。

为了防止维修开关被意外装回，在维修开关安装回车辆后，车辆的高压电路能够连接恢复，但是低压互锁仍处于断开状态。因为维修开关的工作原理为恢复高压部分电路，而互锁装置需确保即使在高压电路被恢复的情况下车辆也不会马上通电，只有在维修开关重新装回且互锁开关也被恢复的情况下，才能完成全部的电路复原。如果技术人员疏忽这最后一步，即便把电池组重新连接回车辆，也无法打开车辆的点火开关使车辆成功上电（READY ON）。而且在这种情况下，汽车的显示屏可能会显示故障码（DTC）。关于重新安装高压维修开关的正确步骤，还需参见汽车厂家的维修信息。

像动力电池组的所有其他组件一样，高电压接口可作为独立部件进行更换。前提条件是具有经过培训认证的售后服务人员并严格遵守维修说明。

（3）12V 车载网络接口

12V 车载网络（低电压）接口为集成式控制单元提供电压、总线信号、传感器信号和监控信号，如图 2-4-4 所示。

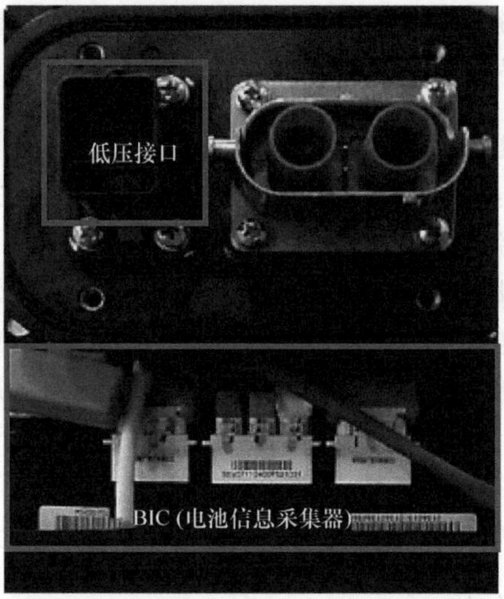

图 2-4-4　比亚迪 E5 动力电池组低电压接口

二、动力电池组的安装

1. 注意事项

在将大型动力电池组从原包装中取出前，必须确保包装良好，并且所有说明书和资料都完整不缺。有些制造商要求技术人员在安装电池组之前要对电池组外壳进行低压力测试。技术人员通常使用手泵或烟雾机进行检测，目的是确保外壳不会发生泄漏。有些汽车制造商使用特殊的定位销，用以帮助引导大型动力电池组安装到位。这些定位销作为专用维修工具（SST），可从车辆制造商那里购买。

2. 安装前的准备工作

组装新电池模组前必须使新电池模组的充电状态达到之前读取剩余电池模组的水平。更换所有电池模组时，可使用一个电池模组的电压作为所有其他电池模组的额定充电电压，从而确保充电时间最小化（通过专用充电机读取）。将已拆卸电池组的电池管理器（或电池采集器）安装到新电池组上。

使用经过批准的清洁剂，如酒精、风窗玻璃清洗液、蒸馏水清洁冷却通道部分和下部电池模组。存在粗杂质时，可在确定原因后使用带塑料盖的普通吸尘器进行清洁。将导热剂涂覆于露出的冷却通道部分。将新电池模组的序列号记录在位置图上，因为稍后需要将其输入诊断系统内。对于带有冷却模块的电池，更换所有电池模组时也要更换冷却模块。

3. 安装电池模组

使用专用工具小心抬起电池模组包括电池管理器（或电池采集器），在此要注意相邻部件，特别是高电压导线。使用绝缘套筒头安装电池模组的螺母并按规定力矩拧紧。将 BMS 导线束的插头与 BMS 连接在一起。安装并固定拆下的隔板。插上相关电池模组的高电压插头。连接电池模组与壳体上所固定导线之间的高电压导线。

应将新电池模组的序列号及其在动力电池组内的安装位置记录在从诊断系统中打印的单子

上。在诊断系统内有一项服务功能用于修理后进行动力电池组试运行。在此必须将新电池模组的序列号输入电池管理系统内。

4. 安装动力电池组的密封盖

检查密封盖下部件的密封面并清除可能存在的污物。在第二个人的帮助下小心放上密封盖。在此必须注意不要让尖锐棱边接触密封垫。

由于采用自攻螺栓，因此使用工具继续工作前必须用手小心安装，否则存在密封盖下部件螺纹损坏危险。不允许使用电动螺钉旋具，否则可能会导致螺栓/螺纹断开。

维修时必须在密封盖下部件内部内螺纹损坏的情况下将壳体开孔钻成直径6.5mm的通孔。为了避免壳体内部产生碎屑，只允许放上密封盖后进行钻孔。进行密封盖钻孔后必须用螺母固定螺栓。

按规定力矩拧紧螺栓。将单独提供的警告信息安放在密封盖上。

5. 将动力电池组安装在车上

佩戴绝缘手套，用万用表测试更新的动力电池组母线是否有电压输出，没有电压输出就更换装车。在第二个人的帮助下使用总成升降台小心使动力电池组移回车辆下方。抬起动力电池组时必须注意锁止件和中间位置，而且不允许将总成升降台抬得过远，要确保平整、密封，如图2-4-5所示。佩戴绝缘手套，安装托盘的紧固件，比亚迪E5的紧固力矩为135N·m。

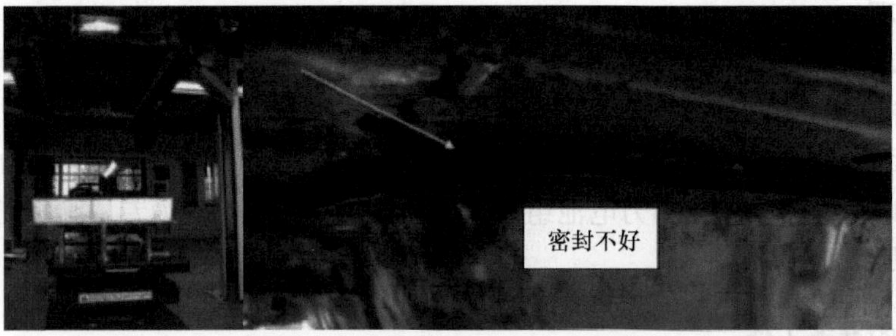

图2-4-5　动力电池组安装上车

如果是通过动力电池组托底和底盘之间进行电位补偿的，最后还需要拧入电位补偿螺栓（线），如图2-4-6所示。

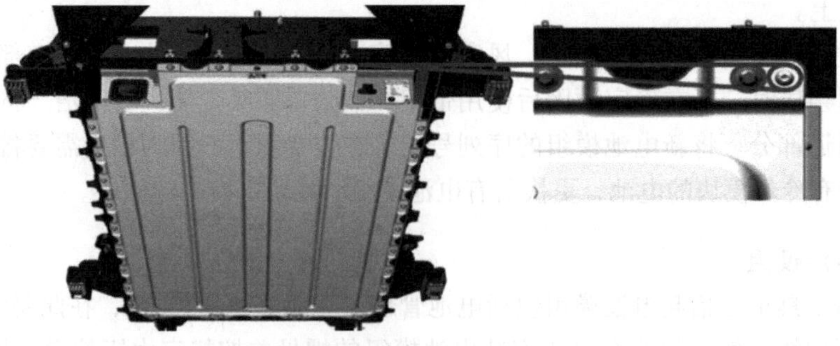

图2-4-6　安装电位补偿螺栓（线）

6. 电气诊断与试运行

佩戴绝缘手套，接动力电池组直流母线插接件，然后接电池管理系统或电池信息采样通信线插接件，装上低压电池负极，整车上电，在诊断系统内进行动力电池组检测诊断（写入该电池组的实际容量及 SOC、删除故障码等），最后对整车进行试运行，确保无故障。

三、动力电池组性能测试

1. 动力电池组装车前的性能测试

为确保一次性安装，部分新能源汽车在动力电池组装车前，需要使用专用测试仪进行最终测试，以宝马新能源车为例，如图 2-4-7 所示。

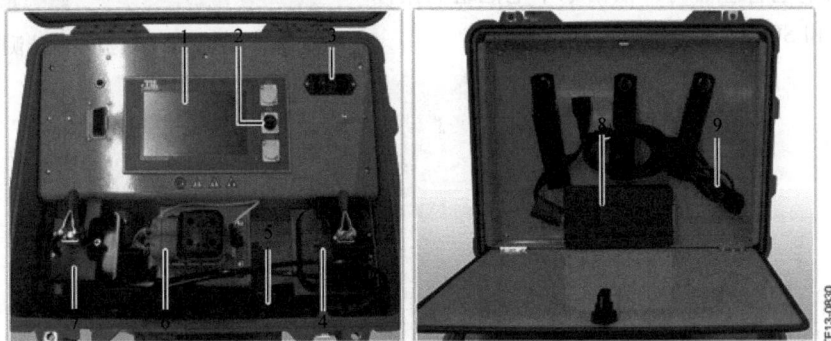

图 2-4-7　专用测试仪

1—用于操作的触摸屏　2—用于更新的 USB 接口　3—网络电缆和主开关接口　4—i3 加压钟形罩
5—连接电缆　6—高电压插头　7—i8 加压钟形罩　8—用于高电压测试的继电器盒　9—网络电缆

安装前必须使用专用测试仪（End of Service "维修结束"）进行测试。安装适用于排气单元的检测适配器。连接用于压力接口、高电压插头和 12V 车载网络插头的检测接口，如图 2-4-8 所示。

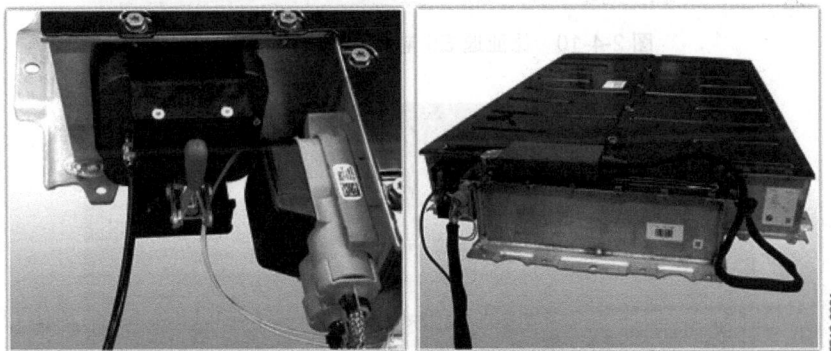

图 2-4-8　动力电池组上的接口

如图 2-4-9 所示，开始进行整体性能测试。首先进行密封性测试，随后进行耐压强度、绝缘电阻和绝缘监控测试。然后读取故障码存储器记录，如果没有故障就会输出测试代码。识别出故障码存储器记录时，如果是从车上拆下动力电池组前通过诊断系统读取时便存在这些故障，可在诊断系统内重新将其调出，可询问客户是否增项处理。如果增加了新的故障码存储器记录，必须为了明确识别以及出于安全原因将动力电池组装入车内，从而通过诊断功能调出相关故障及进行故障排除。

2. 动力电池组装车后的容量标定

比亚迪 E5 车辆更换电池模组或者电池管理器时，必须使用诊断设备在 BMS 中写入该电池模组的实际容量及 SOC，否则将引起行驶掉电快、SOC 跳变等问题。更换电池模组时，根据电池模组出货检验报告单（图 2-4-10）上的数据标定电池容量和 SOC；更换电池管理器时，根据原车电池组数据标定电池容量和 SOC（图 2-4-11）。

图 2-4-9　整体性能测试

图 2-4-10　比亚迪 E5 电池组出货检验报告单

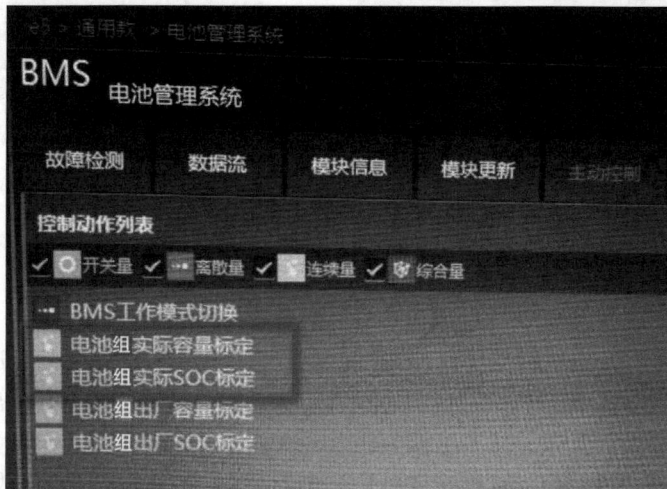

图 2-4-11　电池组容量标定界面

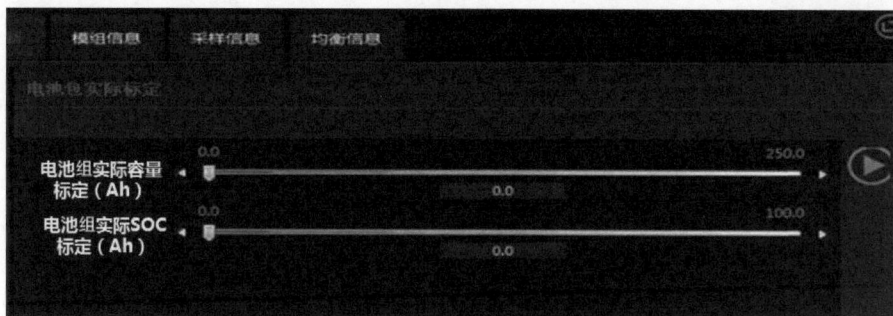

图 2-4-11 电池组容量标定界面（续）

【任务实施】

1. 任务准备

安全防护：做好车辆安全防护与隔离（车内外三件套、车轮挡块、警示隔离带等）。

工具设备：数字万用表、兆欧表、绝缘防护用品、绝缘工具套装、常规工具套装、动力电池拆装举升台、充电桩等。

台架车辆：比亚迪 E5 整车。

辅助资料：维修手册、教材、实训工作页。

2. 实施任务

实训步骤如下：

步骤 1：检测高压母线绝缘性，如图 2-4-12 所示。用绝缘电阻测试仪测量电池组高压母线绝缘性，红表笔搭极柱，黑表笔搭外壳。将档位调至 1000V，按下测试按钮，显示 OL（无穷大），表示正常。

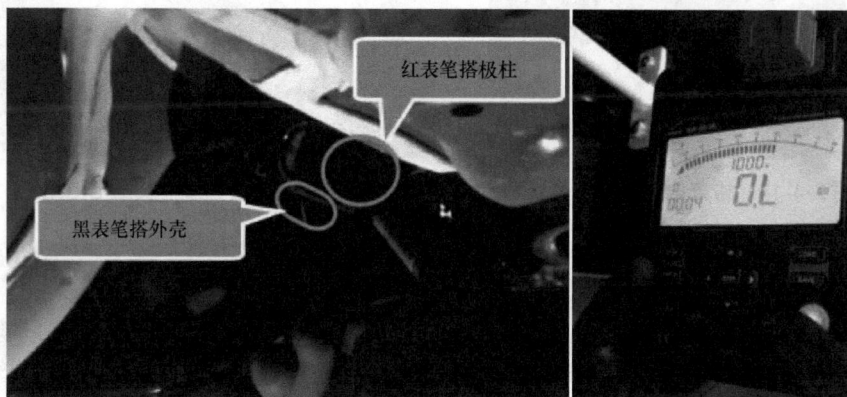

图 2-4-12 检测高压母线绝缘性

步骤 2：检测电池组绝缘性，如图 2-4-13 所示。测量电池组绝缘性，注意，电池组插接件共有 2 个极柱，都需要进行测试。红表笔搭插接件极柱，黑表笔搭外壳，档位仍保持在 1000V，按下测试按钮，显示 OL（无穷大），表示正常。

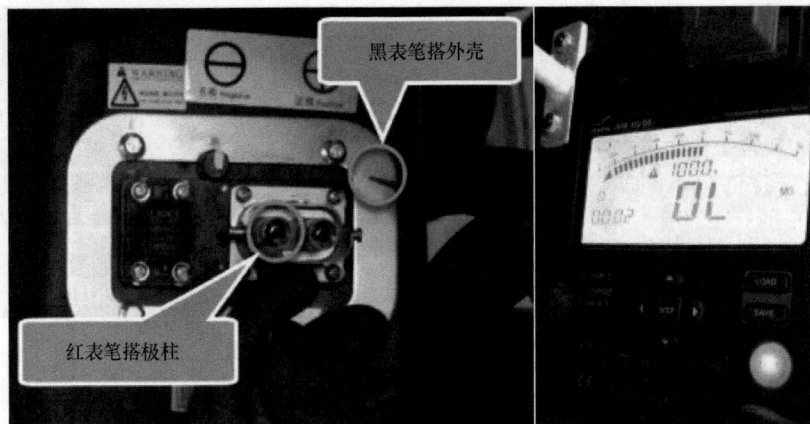

图 2-4-13　检测电池组绝缘性

步骤 3：检查电池组螺栓，如图 2-4-14 所示。用手电筒检查电池组螺栓螺纹，检查螺栓配件是否齐全。

步骤 4：装上电池组，如图 2-4-15 所示，电池组的安装与拆卸步骤相反，具体如下：

1）用升降平台将更换的电池组推至车身下方，然后缓慢匀速升起升降平台，上升至合适高度，调整至合适的位置，确保电池组对准车身电池箱体槽位，并仔细检查周边线束摆放位置防止摩擦。

图 2-4-14　检查电池组螺栓

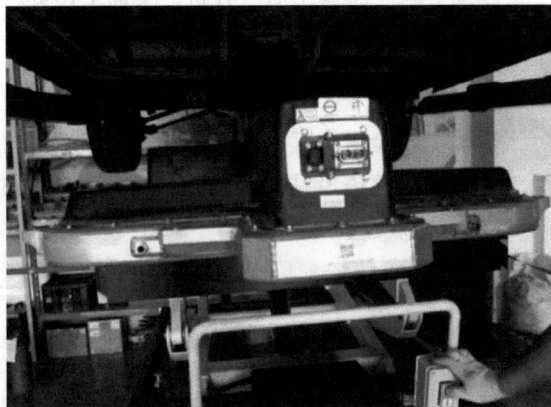

图 2-4-15　装上电池组

2）确保电池组箱体上的定位销与底盘上的定位孔已对准，再用快速扳手与 18 号套筒对角拧紧电池组固定螺栓（图 2-4-16），再用预置扭力扳手紧固螺栓力矩至 135N·m，最后下降举升台，再将举升台从车辆下方拉开。

3）安装电池组水管，如图 2-4-17 所示。

4）安装电池组高低压插接件，如图 2-4-18 所示。

图 2-4-16　拧紧电池组固定螺栓

图 2-4-17　安装电池组水管　　　　　图 2-4-18　安装电池组高低压插接件

5）安装电池组挡块时，使用快速扳手与接杆和 17 号套筒先预紧，然后使用预置扭力扳手与接杆和 17 号套筒，将力矩紧固至 135N·m，如图 2-4-19 所示。

图 2-4-19　安装电池组挡块

6）拉开举升机保险杠，按下下降按钮，如图 2-4-20 所示，使车辆缓慢下降至举升臂放至最低位置为止，移开举升臂。

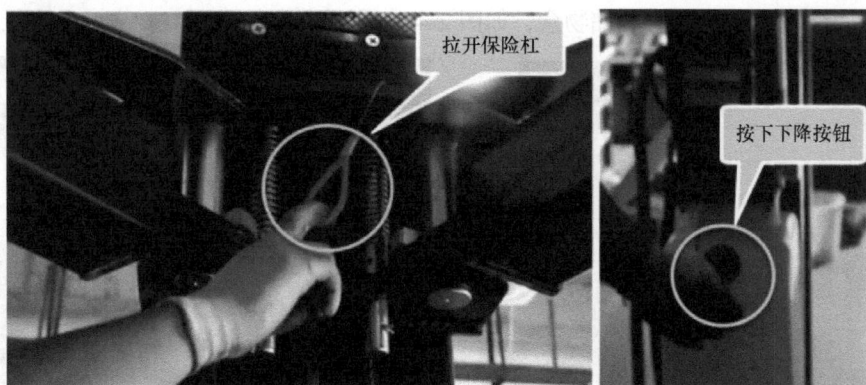

拉开保险杠

按下下降按钮

图 2-4-20　拉开举升机保险杠并按下下降按钮

7）加注防冻液至合适位置（介于最高与最低之间），如图 2-4-21 所示。

最高

最低

图 2-4-21　加注防冻液

8）安装动力电池母线，如图 2-4-22 所示。

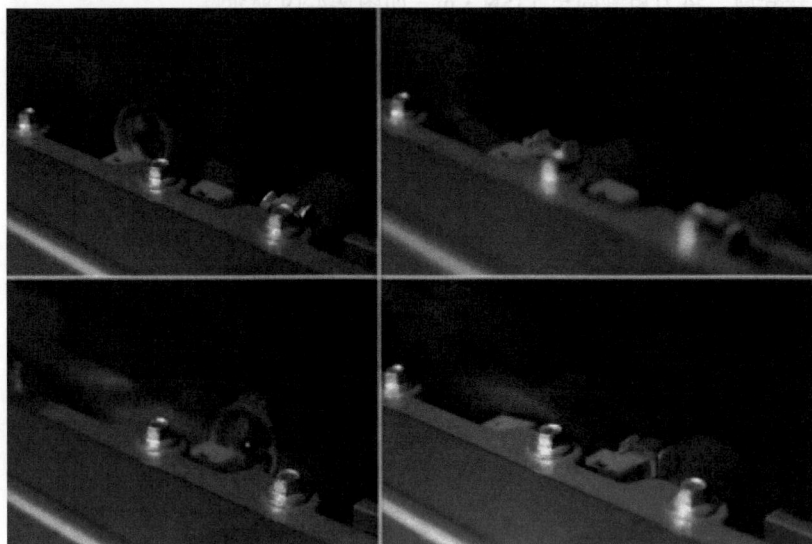

图 2-4-22　安装动力电池母线

9）安装维修开关，如图 2-4-23 所示。

10）使用十字螺钉旋具安装储物盒，如图 2-4-24 所示。

4个螺钉

图 2-4-23　安装维修开关　　　　图 2-4-24　安装储物盒

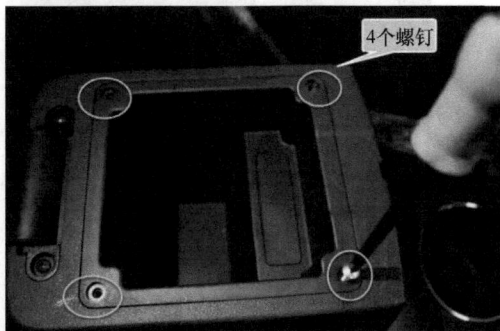

11）先拆开缠绕在蓄电池负极的绝缘胶带，再用 10 号扳手将其安装好，如图 2-4-25 所示。

12）清除故障码，如图 2-4-26 所示，根据之前记录在工单的数据标定电池组。具体操作如下：

① 连接故障诊断仪，在诊断仪显示屏界面中选中"诊断"功能，品牌选择"比亚迪"，车型选择"E5"。

② 选择"诊断"功能，选择"自动扫描"，点击"清除故障码"，最后点击"确定"即可清除故障码。

③ 在图 2-4-26 所示界面中点击"回退"，出现如图 2-4-27 所示界面，再点击"回退"，弹出退出对话框之后，选择"确定"，即可退出功能菜单。

④ 在"诊断菜单"界面点击"控制单元"→选中"动力模块"→进入选中"电池管理系统"→选中"特殊功能"，分别按照如下步骤设置电池组参数：

图 2-4-25 安装蓄电池负极

a. 选中"电池组出厂容量标定"→填入电池组出厂 SOC 标定值"51"，点击"确定"→填入电池组出厂容量标定值"75"，点击"确定"。

b. 选中"电池组实际容量标定"→填入电池组实际 SOC 标定值"51"，点击"确定"→填入电池组实际容量标定值"75"，点击"确定"。

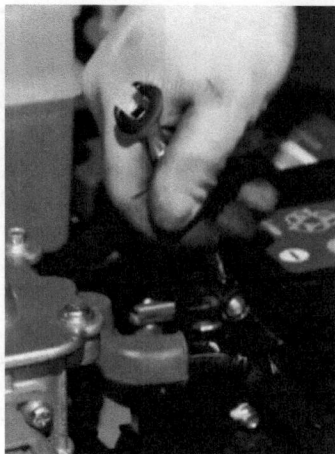

图 2-4-26 清除故障码

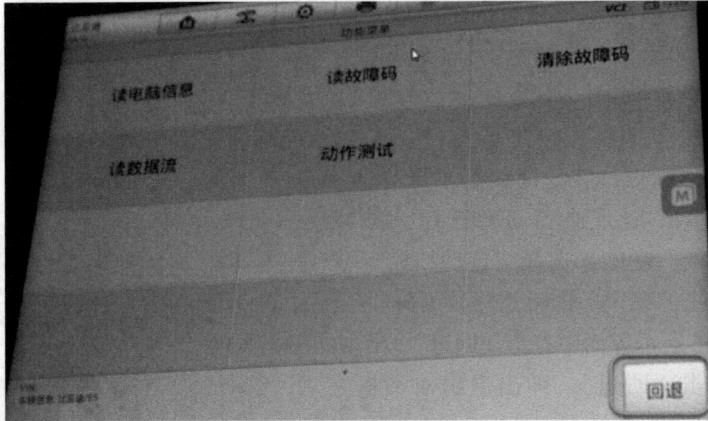

图 2-4-27　退出功能菜单

13）运转 5min 后观察动力电池冷却液是否足够，关闭点火开关，补充冷却液至正常位置，如图 2-4-28 所示。

图 2-4-28　补充冷却液

单体电池故障诊断与维修

学习任务一　单体电池性能参数及充放电方法

【任务导入】

一辆比亚迪 E5 在打开点火开关时，仪表显示"请检查动力系统"同时点亮动力电池故障指示灯，使用诊断仪查看动力电池组故障码，并查看所有单体电池的数据流，出现某个单体电池电压过低现象，你作为一名维修工，应该如何进行单体电池充电？

【学习目标】

1. 能够熟悉单体电池性能参数定义。
2. 能够叙述单体电池的充放电方法。
3. 能够分析单体电池充放电的曲线图。

【理论知识】

一、电池的性能参数

1. 电压参数

1）电动势。电动势是反映电源把其他形式的能转换成电能的物理量，电动势使电源两端产生电压。电池的电动势是热力学的两极平衡电极电位之差，常用 E 表示，单位是伏（V）。电动势是电池在理论上输出能量大小的度量之一。如果其他条件相同，那么电动势越高，理论上能输出的能量就越大。实际上，电池的开路电压在数值上接近电池的电动势，所以在工程应用上，常常认为电池在开路条件下，正负极间的平衡电势之差，即为电池的电动势。

2）开路电压。开路电压是指在开路状态下（几乎没有电流通过时），电池的正极电位与负极电位之差。电池的开路电压取决于电池正负极材料的活性、电解质和温度条件等，而与电池的几何结构和尺寸大小无关。例如，无论铅酸电池的大小尺寸如何，其单体开路电压都是近似一致的。一般情况下，电池的开路电压要小于（但接近）它的电动势，因此人们一般近似认为电池的开路电压就是电池的电动势。

3）额定电压。额定电压也称公称电压或标称电压，是指在规定条件下电池工作的标准电压。不同电化学类型的电池单体额定电压是不同的，根据额定电压也能区分电池的化学体系。表 3-1-1 为常用不同电化学体系电池的单体额定电压值。

表 3-1-1　常用不同电化学体系电池的单体额定电压值

电池类型	单体额定电压 / V
铅酸电池（VRLA）	2.0
镍镉电池（Ni-Cd）	1.2
镍锌电池（Ni-Zn）	1.6
镍氢电池（Ni-MH）	1.2
锌空气电池（Zn/Air）	1.2
铝空气电池（Al/Air）	1.4
钠氯化镍电池（Na/NiCl$_2$）	2.5
钠硫电池（Na/S）	2.0
锰酸锂电池（LiMn$_2$O$_4$）	3.7
磷酸铁锂电池（LiFePO$_4$）	3.2

4）工作电压。工作电压是指电池在接通负载放电过程中所显示出的电压，又称负荷（负载）电压或放电电压。在电池放电初始时刻，即开始有工作电流时的电压称为初始电压。电池在接通负载后，由于欧姆内阻和极化内阻的存在，电池的工作电压低于开路电压。其电压计算公式为：

$$U=E-IR=E-I(R_\Omega+R_f)$$

式中　I——电池的工作电流；

　　　E——电池的电动势；

　　　R_f——极化内阻；

　　　R_Ω——欧姆内阻。

从以上公式中可以看出，工作电压随着负载和电流的变化，也将发生变化。

5）放电终止电压。放电终止电压也称为放电截止电压，是指电池在放电时，电压下降到不宜再继续放电的最低工作的电压值。由于对电池的容量和寿命要求的不同，以及不同的电池类型和放电条件，各种电池规定的放电终止电压也不同。一般而言，在低温或大电流放电时，终止电压规定得高些；小电流长时间或间歇放电时，终止电压值规定得低些。对于所有蓄电池（即充电电池），放电终止电压都是必须严格规定的重要指标。

2. 容量参数

电池在一定的放电条件下所能放出的电量称为电池容量，以符号 C 表示，其单位常用 A·h 或 mA·h 表示。

1）理论容量（C_0）。理论容量是假定全部活性物质参加电池的成流反应所能提供的电量。理论容量可根据电池反应式中电极活性物质的数量，按法拉第定律计算的活性物质的电化学当量求出。

2）额定容量（C）。额定容量即按照国家或有关部门规定的标准，保证电池在一定的放电条件（如温度、放电率、终止电压等）下放出的最低限度容量。

3）实际容量（C_x）。实际容量是指在实际应用情况下电池实际放出的电量，它等于放电电流与放电时间的积分。实际放电容量受放电率的影响较大，所以常在字母 C 的右下角以阿拉伯数字标明放电率，如 C_{20}=50A·h，表明在 20h 放电率下的容量为 50A·h，其计算方法如下：

恒定电流放电时

$$C=IT$$

变电流放电时

$$C=\int_0^T I(t)\mathrm{d}t$$

式中　　I——放电电流，是放电时间 t 的函数；

　　　　T——放电至终止电压所用的时间。

由于内阻的存在，以及其他各种原因，活性物质不可能完全被利用，即活性物质的利用率总是小于 1，电池的实际容量、额定容量总是低于理论容量。活性物质的利用率定义为：

$$\eta = \frac{m_1}{m} \times 100\% = \frac{C}{C_0} \times 100\%$$

式中　　m_1——放出实际容量时消耗的活性物质的质量；

　　　　m——活性物质的质量。

电池的实际容量与放电电流密切相关，大电流放电时，电极的极化增强，内阻增大，放电电压下降很快，电池的能量效率降低，因此实际放出的容量较低。在低倍率放电条件下，放电电压下降缓慢，电池实际放出的容量常常高于额定容量。

4）剩余容量。剩余容量是指在一定放电倍率下放电后，电池剩余的可用容量。剩余容量的估计和计算受到电池前期应用的放电率、放电时间等因素以及电池老化程度、应用环境等多种因素影响，所以在准确估算上存在一定的困难。

3. 内阻参数

（1）电池内阻的定义

电流通过电池内部时受到阻力，使电池的工作电压降低，该阻力称为电池内阻，由于电池内阻的作用，电池放电时端电压低于电动势和开路电压。充电时充电的端电压高于电动势和开路电压。电池内阻是化学电源的一个极为重要的参数，它直接影响电池的工作电压、工作电流、输出能量与功率等，对于一个实用的化学电源，其内阻越小越好。

电池内阻不是常数，它在放电过程中根据活性物质的组成、电解液浓度、电池温度以及放电时间而变化。电池内阻包括欧姆内阻和电极在化学反应时所表现出的极化内阻，两者之和称为电池的全内阻。

欧姆内阻主要由电极材料、电解液、隔膜的内阻及各部分零件的接触电阻组成。它与电池的尺寸、结构、电极的成形方式（如铅酸电池的涂膏式电极与管式电极，碱性电池的有盒式电极和烧结式电极）以及装配的松紧度有关。

（2）极化内阻的原因

极化内阻是指化学电源的正极与负极在电化学反应进行时由于极化所引起的内阻，它是电化学极化和浓差极化所引起的电阻之和。极化内阻与活性物质的本性、电极的结构、电池的制造工艺有关，尤其是与电池的工作条件密切相关，放电电流和温度对其影响很大。

在大电流密度下放电时，电化学极化和浓差极化均增加，甚至可能引起负极的钝化，极化内阻增加。低温对电化学极化、离子的扩散均有不利影响，故在低温条件下电池的极化内阻也增加。因此极化内阻不是一个常数，而是随放电率、温度等条件的改变而改变。

电池内阻较小，在许多工况常常忽略不计，但电动汽车用动力电池常常处于大电流、深放电工作状态，内阻引起的压降较大，此时内阻对整个电路的影响不能忽略。

对应于电池内阻的构成，电池产生极化现象有以下三个方面的原因。

1）欧姆极化。欧姆极化是由电解液、电极材料以及导电材料之间存在的接触电阻引起的。充放电过程中，为了克服欧姆内阻，外加电压就必须额外施加一定的电压，以克服阻力推动离子迁移。该电压以热的方式转化给环境，就出现了所谓的欧姆极化。随着充电电流急剧加大，欧姆极化将造成电池在充电过程中温度升高。

2）浓差极化。当电流流过电池时，为了维持正常的反应，最理想的情况是电极表面的反应物能及时得到补充，生成物能及时离去。实际上，生成物和反应物的扩散速度远远比不上化学反应速度，从而造成极板附近电解质溶液浓度发生变化。也就是说，从电极表面到中部溶液，电解液浓度分布不均匀。这种现象称为浓差极化。

3）电化学极化。电化学极化是由电极上进行的电化学反应的速度落后于电极上电子运动的速度造成的。不管哪种极化，如果极化现象严重，都将对电池造成不可逆的损坏。

4. 能量与能量密度

电池的能量是指在一定放电制度下，电池所能释放出的能量，通常用 W·h 或 kW·h 表示。电池的能量分为理论能量和实际能量。

1）理论能量。假设电池在放电过程中始终处于平衡状态，其放电电压保持电动势（E）的数值，而且活性物质的利用率为 100%，即放电容量为理论容量，则在此条件下电池所输出的能量为理论能量 W_0，即

$$W_0 = C_0 E$$

式中　　C_0——电池的理论容量；

　　　　E——放电电压保持电动势。

2）实际能量。实际能量是指电池放电时实际输出的能量。它在数值上等于电池实际放电电压、放电电流与放电时间的积分，即

$$W = \int U(t)I(t)\mathrm{d}t$$

在实际工程应用中，作为实际能量的估算，经常采用电池组额定容量与电池放电平均电压乘积进行电池实际能量的计算。

由于活性物质不可能完全被利用，电池的工作电压总是小于电动势，电池的实际能量总是小于理论能量。

电池的能量密度是指单位质量或单位体积的电池所能输出的能量（W/G 或 W/V，W 表示电池的能量；G 表示电池的质量；V 表示电池的体积），相应地称为质量能量密度（W·h/kg）或体积能量密度（W·h/L），也称质量比能量或体积比能量。在电动汽车应用方面，动力电池质量比能量将影响电动汽车的整车质量和续驶里程，而体积比能量会影响到动力电池的布置空间，因而比能量是评价动力电池能否满足电动汽车应用需要的重要指标。同时，比能量也是比较不同类型电池性能的一项重要指标。

比能量还可分为理论比能量和实际比能量。理论比能量对应于理论能量，是指单位质量或

单位体积电池反应物质完全放电时理论上所能输出的能量；实际比能量对应于实际能量，是单位质量或单位体积电池反应物质所能输出的实际能量，由电池实际输出能量与电池质量（或体积）之比来表征，由于各种因素的影响，电池的实际比能量远小于理论比能量。

动力电池在电动汽车的应用过程中，由于电池组安装需要相应的电池箱、连接线、电流电压保护装置等元器件，实际的电池组比能量小于电池比能量。电池组比能量是电动汽车应用中最重要的参数之一，电池比能量与电池组比能量之间的差距越小，电池的成组设计水平越高，电池组的集成度越高。因此，电池组的质量比能量常常成为电池组性能的重要衡量指标。一般而言，电池组的质量比能量与电池比能量相比低 20% 以上。

5. 功率与功率密度

1）功率。电池的功率是指在一定的放电制度下，单位时间内电池输出的能量，单位为瓦（W）或千瓦（kW）。理论上电池的功率可以表示为

$$P_0 = \frac{W_0}{t} = \frac{C_0 E}{t} = IE$$

式中　t——放电时间；

　　C_0——电池的理论容量；

　　I——恒定的放电电流；

　　E——放电电压保持电动势。

电池的实际功率应当为

$$P_0 = IU = I(E - IR_W) = IE - I^2 R_W$$

式中　$I^2 R_W$——消耗于电池内阻上的功率，这部分功率对负载是无用的。

2）功率密度。单位质量电池输出的功率称为功率密度，又称比功率，单位为 kW/kg 或 W/g。功率密度的大小，表征电池所能承受的工作电流的大小，电池功率密度大，表示它可以承受大电流放电。功率密度是评价电池及电池组是否满足电动汽车加速和爬坡能力的重要指标。对电化学电池，功率和功率密度与电池的放电深度（DOD）密切相关。因此，在表示电池功率和功率密度时还应该指出电池的放电深度。

6. 荷电状态

电池荷电状态（State of Charge，SOC）用于描述电池的剩余电量，是电池使用过程中的重要参数，此参数与电池的充放电历史和充放电电流大小有关。荷电状态值是个相对量，一般用百分比的方式来表示。SOC 的取值为：$0 \leqslant SOC \leqslant 100\%$。

目前较统一的是从电量角度定义 SOC，如美国先进电池联合会（USABC）在其《电动汽车电池实验手册》中定义 SOC 为：电池在一定放电倍率下，剩余电量与相同条件下额定容量的比值。剩余电量与相同条件下额定容量的关系式为

$$SOC = \frac{C_\mu}{C_额}$$

式中　$C_额$——额定容量；

　　C_μ——电池剩余的按额定电流放电的可用容量。

由于 SOC 受充放电倍率、温度、自放电、老化等因素的影响，实际应用中要对 SOC 的定义进行调整。例如，日本和韩国的电动汽车公司将 SOC 定义为

$$SOC = \frac{剩余容量}{额定容量 \times 容量衰减因子}$$

其中，剩余容量等于额定容量减去净放电量、自放电量、温度补偿容量后的差值。动力电池的充放电过程是个复杂的电化学变化过程，电池剩余电量受到动力电池的基本特征参数（端电压、工作电流、温度、容量、内部压强、内阻和充放电循环次数）和动力电池使用特性因素的影响，使得对电池组的荷电状态（SOC）的测定很困难。目前关于电池组电量的研究，较简单的方法是将电池组等效为一个电池单体，通过测量电池组的电流、电压、内阻等外界参数，找出 SOC 与这些参数的关系，以间接地测试电池的 SOC 值。应用过程中，为确保电池组的使用安全和使用寿命，常使用电池组中性能最差电池单体的 SOC 来定义电池组的 SOC。

7. 放电深度

放电深度（Depth of Discharge，DOD）是放电容量与额定容量之比的百分数，它与 SOC 之间存在如下数学计算关系：

$$DOD = 1 - SOC$$

放电深度的高低对蓄电池的使用寿命有很大的影响，一般情况下，蓄电池常用的放电深度越深，其使用寿命就越短，因此在电池使用过程中应尽量避免蓄电池深度放电。

8. 使用寿命

1）使用寿命的概念。动力电池单体在充放电循环使用过程中，由于一些不可避免的副反应的存在，电池可用活性物质逐步减少，性能逐步退化，其退化程度随着充放电循环次数的增加而加剧，其退化速度与动力电池单体充放电的工作状态和环境有着直接的联系。

循环寿命是评价蓄电池寿命性能的一项重要的指标。蓄电池经历一次充电和放电，称为一次循环，或者一个周期。按一定测试标准，当电池容量降到某一规定值（一般规定为额定值的 80%）以前，电池经历的充放电循环总次数，称为蓄电池的循环寿命或使用周期。各类蓄电池的循环寿命都有差异，即使同一系列、同一规格的产品，循环寿命也可能有很大差异。目前常用的蓄电池中，锌银电池的循环寿命最短，一般只有 30 ~ 100 次；铅酸电池的循环寿命为 300 ~ 500 次；锂离子电池的使用周期较长，循环寿命可达 1000 次。

2）使用寿命的影响因素。影响动力电池寿命的因素主要包括充放电速率、充放电深度、环境温度、存储条件、电池维护过程、电流波纹以及过充电量和过充频度等。电池成组应用中，动力电池单体不一致性、单体所处温区不同、车辆的振动环境等都会对电池寿命产生影响。

在动力电池成组使用中，由于各电池单体间的不一致性和串联动力电池组的短板效应，电池组的最大可用容量与单体的可用容量下降速度不同步，也将导致各单体的 SOC 状态各不相同，使得电池组寿命和电池单体相比明显降低。过充电或过放电都会对电池造成额外的损伤，致使动力电池的容量衰减加剧，此时的动力电池组寿命降低更加明显。

9. 自放电率

自放电率是指电池在存放时间内，在没有负荷的条件下自身放电，使得电池容量损失的速度。自放电率采用单位时间（月或年）内电池容量下降的百分数来表示。

$$自放电率 = \frac{C_a - C_b}{C_a t} \times 100\%$$

式中　C_a——电池储存时的容量（A·h）；

　　　C_b——电池储存以后的容量（A·h）；

　　　t——电池储存的时间（天或月）。

自放电率通常与时间和环境温度有关，环境温度越高，自放电现象越明显，所以电池久置时要定期补电，并在适宜的温度和湿度下储存。

10. 不一致性

（1）电池不一致性的概念

电池不一致性的概念是指同一规格、同一型号的电池单体组成电池组后，在电压、内阻及其变化率、荷电量、容量、充电接受能力、循环寿命、温度影响、自放电率等参数方面存在的差别。在现有的电池技术水平下，电动汽车必须使用多块电池单体构成的电池组来满足使用要求。由于不一致性的影响，动力电池组在电动汽车上使用的性能指标往往达不到电池单体原有水平，使用寿命甚至可能缩短至十几分之一，严重影响电动汽车的性能和应用。

（2）电池不一致产生的原因

1）在制造过程中，由于工艺上的问题和材质的不均匀，使得电池极板活性物质的活化程度和厚度、微孔率、联条、隔板等存在很微小的差别，这种电池内部结构和材质上的不完全一致性，就会使同一批次出厂的同一型号电池的容量、内阻等参数不可能完全一致。

2）在装车使用时，由于电池组中各个电池的温度、通风条件、自放电程度、电解液密度等差别的影响，在一定程度上导致电池电压、内阻及容量等参数的不一致性。

（3）电池不一致性的分类

根据使用中电池组不一致性扩大的原因和对电池组性能的影响方式，可以把电池的不一致性分为容量不一致性、电压不一致性和电池内阻不一致性。

1）容量不一致性。容量不一致性主要体现在起始容量和实际容量两个方面。起始容量不一致性是指电池组在出厂前的分选试验后单体初始容量不一致性，实际应用的容量不一致性是指电池在放电过程中剩余电量不相等。初始容量不一致可在使用过程中通过电池单体充放电来调整，使之差异性较小，而实际容量不一致则有可能与电池单体内阻等参数有关。电池起始容量受电池循环工作次数影响显著，越接近电池寿命周期后期，实际容量不一致就越明显。同时电池起始容量还与电池容量衰减特性有关，受到电池储存温度、电池荷电状态（SOC）等因素影响。电池组实际放电容量不一致性还与电池放电电流有关。所以，在电池组实际使用过程中，容量不一致主要是电池起始容量不一致和放电电流不一致综合影响的结果。

2）电压不一致性。电压不一致的主要影响因素在于并联组中电池的互相充电，当并联组中一节电池电压低时，其他电池将给此电池充电。图 3-1-1 所示为并联电压不一致性连接方式，低压电池容量小幅增加的同时高压电池容量急剧降低，能量将损耗在互充电过程中而达不到预期的对外输出。

若低压电池和正常电池一起使用，将成为电池组的负载，影响其他电池的工作，进而影响整个电池组的寿命。所以，在电池组不一致明显增加的深放电阶段，不能再继续行车，否则会造成低容量电池过放电，影响电池组使用寿命。

3）电池内阻不一致性。电池内阻一般要求是一致的，电池内阻不一致使得电池组中每个单体在放电过程中热损失的能量各不一样，最终会影响电池单体能量状态。

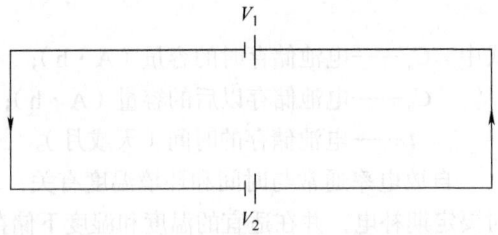

图 3-1-1　并联电压不一致性连接方式

11. 放电制度

放电制度就是电池放电时所规定的各种条件，主要包括放电倍率（电流）、终止电压和温度等。

1）放电电流。放电电流是指电池放电时的电流大小。放电电流的大小直接影响到电池的各项性能指标，因此，介绍电池的容量或能量时，必须说明放电电流的大小，指出放电的条件。

2）放电终止电压。终止电压值与电池材料直接相关，并受到电池结构、放电倍率、环境温度等多种因素的影响。一般来说，低温大电流放电时，电极的极化大，活性物质不能充分利用，电池的电压下降较快。因此，在低温或大电流（高倍率）放电时，终止电压可规定得低些；小电流放电时，电极的极化小，活性物质能够得到充分利用，终止电压可规定得高些。

除上述主要性能指标外，还要求电池无毒性，不对周围环境造成污染或腐蚀，使用安全，有良好的充电性能，充电操作方便，耐振动，无记忆性，对环境温度变化不敏感，易于调整和维护等。

二、单体电池的充放电

1. 单体电池充电

锂电池充电方式是限压恒流。检测待充电电池的电压，若检测单体电压低于 3V，要先进行预充电，充电电流为设定电流的 1/10，电压升到 3V 后，进入标准充电过程。图 3-1-2 所示为单体电池充电曲线图。下面以 18650 三元电池为例进行说明。

阶段 1：涓流充电

涓流充电用来先对完全放电的电池单元进行预充（恢复性充电）。在电池电压低于 3V 左右时采用涓流充电，涓流充电电流是恒流充电电流的 1/10 即 $0.1C$（单体恒流充电电流为 2200mA，涓流充电电流为 220mA）。

阶段 2：恒流充电

当电池电压上升到涓流充电阈值以上时，提高充电电流进行恒流充电。恒流充电的电流在 $0.2C$ 至 $1.0C$ 之间。电池电压随着恒流充电过程逐步升高，视电池正极材料设定此电压为 $3.0 \sim 4.2V$。

阶段 3：恒压充电

当电池电压上升到 4.2V 时，恒流充电结束，开始恒压充电阶段。电流根据电芯的饱和程度，随着充电过程的继续，充电电流由最大值慢慢减少，当减小到 $0.01C$ 时，认为充电终止。

阶段 4：充电终止

有两种充电终止方法：采用最小充电电流判断或采用定时器或者两者的结合。最小电流法监视恒压充电阶段的充电电流，并在充电电流小于 $0.02C$ 时终止充电。第二种方法从恒压充电阶段开始时计时，持续充电 2h 后终止充电过程。

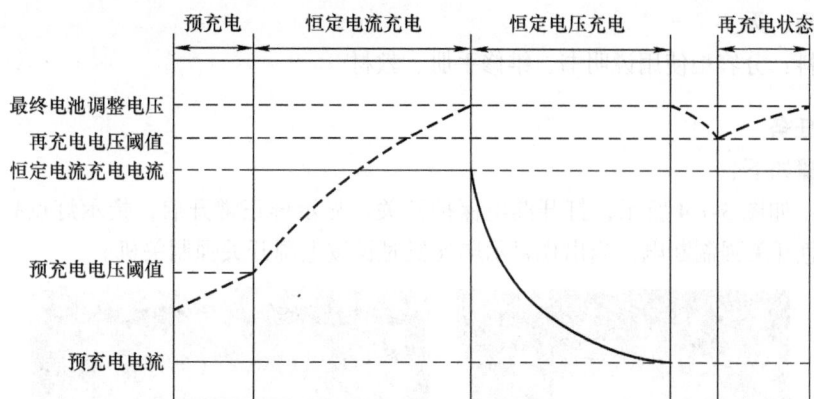

图 3-1-2　单体电池充电曲线图

2. 单体电池的放电

当电池的 SOC 大于 20% 时，电池恒流放电，当电压下降至 2.5V，转入恒压放电，如图 3-1-3 所示。

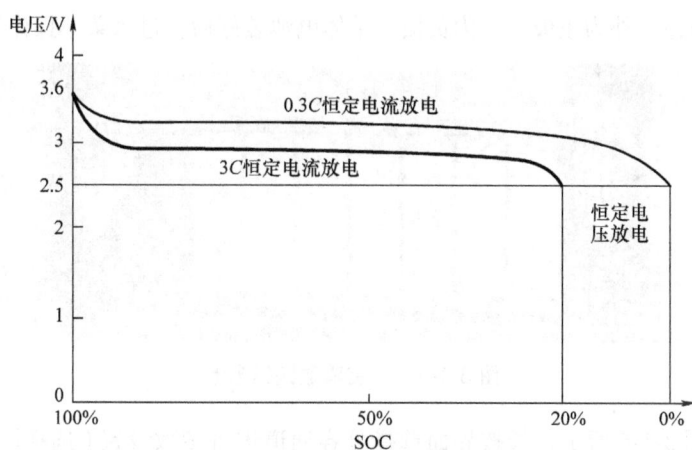

图 3-1-3　单体电池放电曲线图

【任务实施】

1. 任务准备

安全防护：注意 220V 家用电压保护。

工具设备：动力电池组装实训台、数字万用表、兆欧表、绝缘防护用品、绝缘工具套装、常规工具套装、分容柜等。

台架车辆：无。

辅助资料：分容柜使用说明书、维修手册、教材。

2. 实施任务

实训步骤如下：

步骤1：如图3-1-4所示，打开漏电保护开关，显示屏正常开启，指示灯点亮，当出现故障时按下紧急开关强制断电，当出现显示屏死机时长按电源开关强制关机。

图3-1-4　检验显示屏故障

步骤2：如图3-1-5所示，安装磷酸铁锂电池，在安装前先确定电池的正负极位置，安装时注意分容柜的极性，外为正极，内为负极。单体电池装好后，进入菜单操作界面。

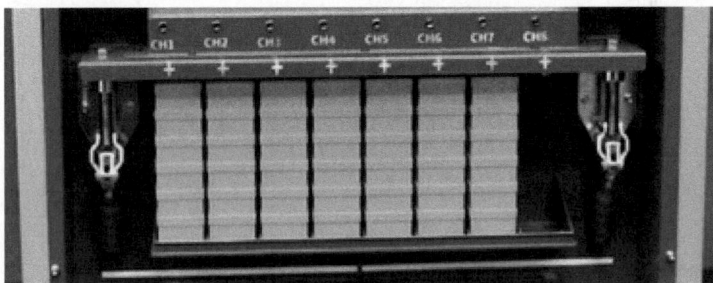

图3-1-5　安装磷酸铁锂电池

步骤3：如图3-1-6所示，长按界面选择分容通道进行参数设置（选择恒流恒压模式，方形电池充放电电流设置18A，放电截止电压设置2.7V，电压下限设置2.5V，电压上限设置为3.7V），参数设置完成后，点击〈启动〉，自动完成充/放电测试。

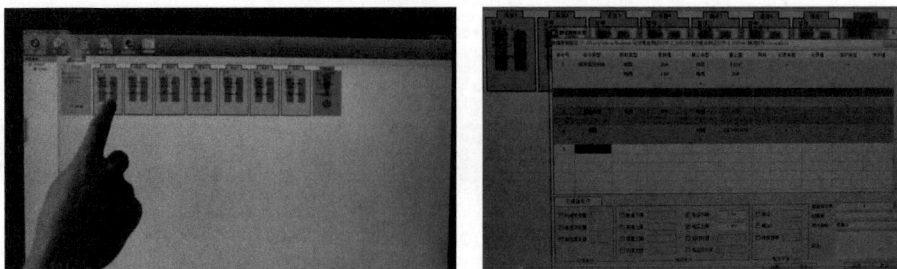

图3-1-6　进行参数设置

学习任务二　单体电池常见故障检测与维修

【任务导入】

一辆比亚迪 E5 行驶中 SOC 从 38% 跳变为 0%，OK 灯熄灭，仪表点亮动力系统故障灯和动力电池故障灯；重启车辆故障依旧。联系 4S 店将车拖到 4S 店进行检修，经过车间主管的检查，初步判断为 BMS 故障与单体电池电压过低故障，你作为一名维修人员，请对此故障进行排除。

【学习目标】

1. 能够叙述动力电池故障原因。
2. 能够进行单体电池的测试。
3. 能够进行动力电池故障诊断与排除。

【理论知识】

一、单体电池的测试方法

常用的动力电池性能指标的检测方法包括荷电状态（SOC）、内阻、容量、循环寿命、一致性等检测方法。

1. SOC 状态检测

电池的荷电状态（SOC）被用来反映电池的剩余容量状况，这是目前国内外比较统一的认识，其数值上定义为电池剩余容量占电池容量的比值。

荷电状态（SOC）是动力电池重要的技术参数，只有准确知道电池的荷电状态，才能更好地使用电池。因为电池组的 SOC 和很多因素相关且具有很强的非线性，从而给 SOC 实时在线估算带来很大的困难，还没有一种方法能十分准确地测量电池的荷电状态。目前主要的测量方法有开路电压法、安时积分法、内阻法等。

1）开路电压法。利用电池的开路电压与电池的 SOC 的对应关系，通过测量电池的开路电压来估计 SOC。开路电压法比较简单，但是，开路电压法适用于测试稳定状态下的电池 SOC，不能用于动态的电池 SOC 估算。

2）安时积分法。安时积分法是通过负载电流的积分估算 SOC，该方法实时测量充入电池和从电池放出的电量，从而能够给出电池任意时刻的剩余电量。实现起来较简单，受电池本身情况的限制小，宜于发挥实时监测的优点，简单易用、算法稳定，成为目前电动汽车上使用最多的 SOC 估算方法，如图 3-2-1 所示。

3）内阻法。电池的 SOC 与电池的内阻有一定的联系，可以利用电池内阻与 SOC 的关系来预测电池的荷电状态。图 3-2-2 所示是电池内阻测试仪。

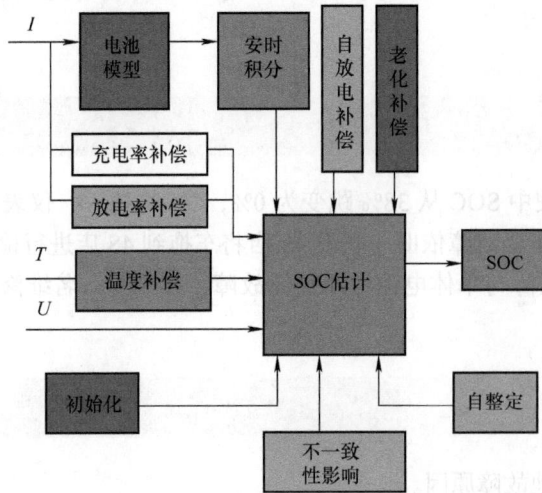

图 3-2-1　安时积分法常规估算模型

2. 内阻检测

内阻是电池最为重要的特性参数之一，绝大部分老化的电池都是因为内阻过大而无法继续使用。通常电池的内阻阻值很小，一般用毫欧（$m\Omega$）来度量它。不同电池的内阻不同，型号相同的电池由于各电池内部的电化学性能不一致所以内阻也不同。对于电动汽车动力电池而言，电池的放电倍率很大，在设计和使用过程中尽量减小电池的内阻，确保电池能够发挥其最大功率特性。

锂离子电池的内阻不是固定不变的常数，其在使用过程中主要受荷电状态（SOC）和温度等因素的影响。

内阻测量是一个比较复杂的过程，目前主要有两种方法，即直流放电法和交流阻抗法。

1）直流放电法。直流放电法是对蓄电池进行瞬间大电流放电（一般为几十到上百安培），然后测量电池两端的瞬间压降，再通过欧姆定律计算出电池内阻。图 3-2-3 所示为直流放电测试仪。

2）交流阻抗法。交流阻抗法是一种以小幅值的正弦波电流或者电压信号作为激励

图 3-2-2　电池内阻测试仪

图 3-2-3　直流放电测试仪

源，注入蓄电池，通过测定其响应信号来推算电池内阻。该方法的优点在于用交流法测量时间较短，不会因大电流放电对电池本身造成太大的损害。

3. 容量检测

电池容量是指在一定条件下（包括放电倍率、环境温度、终止电压等）供给电池或者电池放出的电量，即电池存储电量的大小，是电池另一个重要的性能指标。容量通常以 A·h 或 W·h 表示。安时容量是国内外标准中通用容量表示方法，延续电动汽车电池中概念，表示一定电流下电池的放电能力，常用于电动汽车电池。图 3-2-4 所示是电池容量测试仪与测试方法。

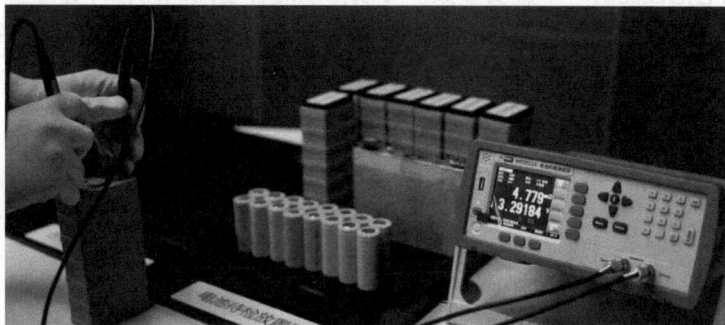

图 3-2-4　电池容量测试仪与测试方法

电池容量测试的标准流程为：放电阶段→搁置阶段→充电阶段→搁置阶段→放电阶段。具体是用专用的电池充放电设备，在特定温度条件下，蓄电池以设定好的电流进行放电，至蓄电池电压达到技术规范或产品说明书中规定的放电终止电压时停止放电，静置一段时间，然后再进行充电。

充电一般分为两个阶段，先以固定电流恒流充电，至蓄电池电压达技术规范或产品说明书中规定的充电终止电压时转恒压充电，此时充电电流逐渐减小，至充电电流降至某一值时停止充电，充电后静置一段时间。在设定好的环境下以固定的电流进行放电，直到放电终止电压为止，用电流值对放电时间进行积分计算出容量（以 A·h 计）。

4. 寿命检测

电池在使用过程中的容量会逐渐损失，导致锂离子电池容量损失原因很多，有材料方面的原因，也有生产工艺方面的因素。一般认为，当蓄电池用旧至只能充满原有电容量 80% 的时候，就不再适合继续做动力电池使用，可以进行梯次利用、回收、拆解和再生。

电池的寿命有循环寿命和日历寿命之分，其中应用最多的是循环寿命。

常规的循环寿命测试方法基本上就是容量测试充放电过程的循环，典型的方法如下：将蓄电池充满电，蓄电池在特定温度和电流下放电，直到放电容量达到某一预先设定的数值，如此连续重复若干次；再将电池充满电，将电池放电到放电截止电压检查其容量；如果蓄电池容量小于额定容量的 80% 终止试验，充放电循环在规定条件下重复的次数为循环寿命数。

5. 一致性检测

电池容量分为单元电池的容量和电池组的容量，在现有的动力电池技术水平下，电动汽车必须使用多块电池构成的电池组来满足使用要求。由于同一类型、同一规格、同一型号电池间在开路电压、内阻、容量等方面的参数值存在差别，即电池性能存在不一致性，使动力电池组在电动汽车上使用时，性能指标往往达不到单电池原有水平，使用寿命缩短，严重影响其在电动汽车上的应用，有必要对电池组的一致性进行测试与评价。

电池开路电压间接地反映了电池的某些性能，保证电池开路电压的一致，是保证性能一致的一个重要方面。一般采用的方法是将电池静置数十天，测其满电荷电状态下储存的自放电率以及满电状态下不同储存期内电池的开路电压，通过观察自放电率和电压是否一致来对电池的一致性进行评价。

容量是体现电池性能的一个重要参数。可按标准的容量测试流程计算容量，再根据容量及分布对一致性进行评价。这种方法具有操作简单、设备便宜、厂家易于实施等特点；但工作状态和使用环境不同，都会引起电池电压、容量特性的变化，在指定条件下的容量一致，并不能保证电池在实际充放电过程中保持一致。

【任务实施】

1. 任务准备

安全防护：做好车辆安全防护与隔离（车内外三件套、车轮挡块、警示隔离带等）。

工具设备：数字万用表、兆欧表、示波器、绝缘防护用品、绝缘工具套装、常规工具套装、道通 MS-908e 汽车智能诊断仪、内阻测试仪、分容柜、动力电池拆装举升台。

台架车辆：比亚迪 E5 整车。

辅助资料：维修手册、教材。

2. 实施任务

实训步骤如下：

步骤 1：启动 E5，进行行驶测试，发现 SOC 从 38% 跳变为 0%，OK 灯熄灭，仪表点亮动力系统故障灯和动力电池故障灯；重启车辆故障依旧，如图 3-2-5 所示。

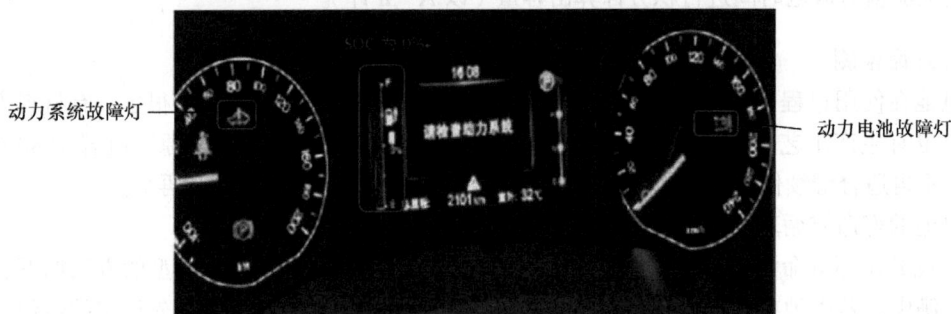

图 3-2-5　仪表显示

步骤 2：故障分析。电量跳变到 0%，有两种可能：BMS 与仪表失去通信，仪表接收不了 BMS 发送的报文信息（包括 SOC）；BMS 系统报单节电压严重过低而禁止电池组放电。

假设第一种情况出现，网络通信故障导致仪表无法接收到 BMS 所有报文信息，除了点亮动力系统故障灯、动力电池故障灯外，还会点亮其他故障灯，如动力电池温度过高警告灯等。

而该故障中只点亮了动力系统故障灯和动力电池故障灯，可以排除第1种原因。

再来看第二种原因，单节电压严重过低（如2.5V以下），此时BMS策略上为避免电池过放，则会限制放电功率到0（换句话说，禁止放电），此时BMS会发送电压过低报警信息给仪表，仪表点亮动力系统故障灯和动力电池故障灯，与以上故障现象很吻合。

步骤3：故障排查。连接诊断仪，扫描到高压BMS报故障：BIC4电压采样异常故障、单节电池严重过低、因电压低导致限放电功率为0，如图3-2-6所示。

读取BMS数据及BIC4（对应第4号模组）数据流，发现电池组第59节电池（即BIC4第22节电池）电压为0V，可以确定这就是故障点，如图3-2-7所示。

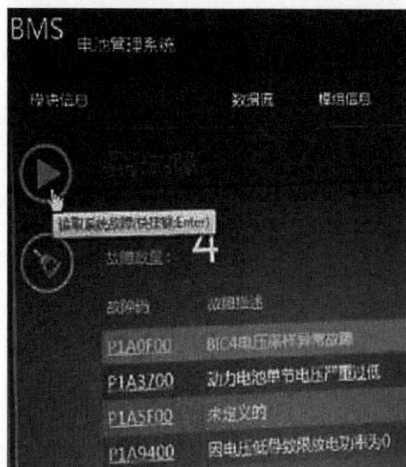

图3-2-6 故障码显示

图3-2-7 数据流显示

步骤4：故障排除。第4号电池模组出现了单体电压异常，那么是电池组内部故障、电池管理器故障还是低压线束故障呢？由于所有13个BIC的电源、CAN线路是共用的，而其他模组数据均显示正常，所以可以排除电池组与电池管理器之间线束问题。

电池管理器本身有问题？其余BIC数据处理显示均无异常，可能性极小。

那剩下只有电池组内部故障了，可能是单体电芯故障、电压采样点或采样线故障、4号采集器故障。因E5动力电池组目前采用总成更换形式，所以不用再进一步确定故障点。

更换动力电池组，并根据备件出货检验报告标定容量及SOC，试车后确认故障排除。

学习情景四

充电系统故障诊断与维修

学习任务一　充电系统认知

【任务导入】

一位客户到比亚迪4S店购买E5，想了解纯电动汽车的充电的方式，作为4S店的销售顾问，请你为客户介绍纯电动汽车日常充电的方式。

【学习目标】

1. 能够识别纯电动汽车充电系统的常见术语。
2. 能够描述纯电动汽车充电系统的结构组成。
3. 能够描述纯电动汽车充电操作的注意事项。

【理论知识】

1. 充电系统基本术语

1）目前，我国的插电式混合动力汽车与纯电动汽车对使用的动力电池组采用补充充电或更换两种服务方式，其服务网络如图4-1-1所示。

2）家用车一般采用直流充电和交流充电方式，商用车一般采用换动力电池组的方式，如图4-1-2所示。

3）充电时既需要车内组件，也需要车外组件。在插电式混合动力汽车与纯电动汽车上需要一个充电接口和一个车载充电器，用于转换电压。在车辆外部，除交流电压网络和充电电缆外，还需要一个执行保护和控制功能的设备。图4-1-3展示了插电式混合动力汽车与纯电动汽车内部和外部的动力电池组充电组件，并将其与传统内燃机车辆加油所需组件进行了比较。

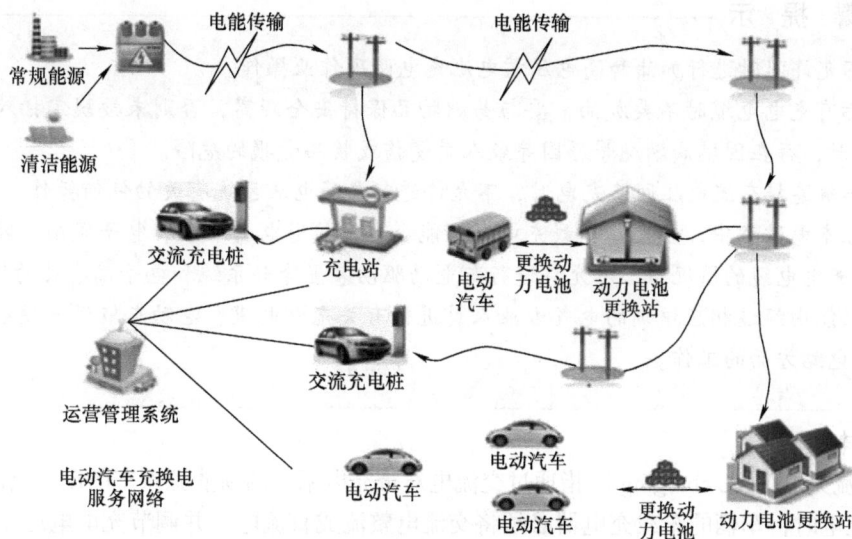

图 4-1-1　电动汽车充换电服务网络

图 4-1-2　不同类型的插电式混合动力汽车与纯电动汽车充换电方式

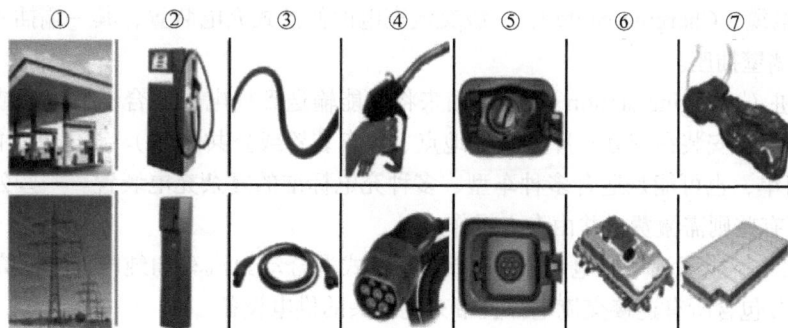

图 4-1-3　用于车辆加油和动力电池组充电的组件

温 馨 提 示

- 不允许同时进行加油和高电压蓄电池充电两项作业操作。
- 插有充电电缆时不要加油，要与易燃物品保持安全距离，否则未按规定插入或拔出充电电缆时，存在因燃油燃烧等原因导致人员受伤或物品受损的危险。
- 车辆连接交流电压网络充电时，不允许进行与高电压系统有关的任何操作。
- 在充电过程中，为冷却车载充电器可能会自动接通电动水泵和电子风扇。因此在车辆上接有充电电缆的情况下，不允许进行与电动驱动装置冷却系统和电子扇有关的作业。
- 只能由经过相应培训的电气专业人员进行有关充电电缆、电动车辆供电设备、家用插座或充电站方面的工作。

4）基本术语

- 交流充电（AC charging）：指通过交流电对带充电系统的新能源汽车的动力电池组充电。进行交流充电时，车辆的车载充电器必须将交流电整流成直流电，并调节充电电压，使其符合动力电池组的要求。
- 直流充电（DC charging）：指通过直流电对带充电系统的新能源汽车的动力电池组充电。进行直流充电时，直流电被输送到动力电池组，由充电站来调整动力电池组的充电电压。
- CCID（充电断路装置）：被并入到一级充电电缆的内嵌设备，如果检测到车辆有漏电现象，则CCID会中断充电电缆和车辆之间的电流。
- 充电器（Charger）：指将电气设备或其他电能供应设备输出的交流电，转变成直流充电电流的设备。车载充电器安装在车辆上，而非车载充电器则是新能源汽车供电设备（EVSE）的一部分。
- 充电插头（Charge connector）：充电插头即充电枪，插入汽车充电端口对动力电池组充电。在北美地区，一级和二级充电插头遵循SAE标准J1772，该标准规定了充电插头的形状、电路和通信协议。
- 充电口或充电插口（Charging port或Charge inlet）：指安装在电动汽车及插电式混合动力汽车上的电气插座，通常位于保护盖后面。充电端口或充电插口的技术标准必须与插入车辆的充电插头一致，才能进行充电。
- 充电电缆（Charging cable）：一级交流充电的便携式充电装置，其一端插入车辆，另一端插入220V墙壁插座。
- 充电桩（Charging station）：一种用来将电能输送到插电式混合动力汽车或纯电动汽车的固定设备（通常安装在家庭车库、工作地点、停车装置或公共区域）。充电站可能如220V电气插座那样简单，也可能是适合多种车型、多种充电标准的复杂充电装置。一些公共充电站可免费使用，而有些则需缴费，并由专人操作。
- EVSE（新能源汽车供电设备）：指为插电式混合动力汽车和纯电动汽车充电的外部充电设备。EVSE包含所有连接交流电源且带充电插头的供电设备。

2. 充电系统的组成

对于纯电动汽车和插电式混合动力汽车，动力电池组的充电系统是不可缺少的子系统之一，它的功能是将电网的电能转化为车载动力电池组的电能，并在动力电池组充满后自动停止充电。动力电池组充电系统主要由新能源汽车供电设备（EVSE）和车载充电部件两大部分组成。

（1）新能源汽车供电设备（EVSE）

车辆之外的充电部件通常称为新能源汽车供电设备（EVSE）。大多数插电式混合动力汽车和纯电动汽车在设计时就已经考虑到与标准电动汽车供电设备进行对接，也有少数汽车厂家采用专有 EVSE 充电标准。充电系统外部设备包括以下部件：

- 便携式充电电缆及其充电插头（一级交流充电）。
- 配有充电电缆的充电桩（二级交流充电）。
- 可插入汽车充电插口的充电插头。

1）便携式充电电缆及其充电插头是一条充电线，像手机一样，只要带着这根线，任何有普通电源插口的地方都可以充电。其体积和质量均较小，因此使用非常方便，如图 4-1-4 所示。

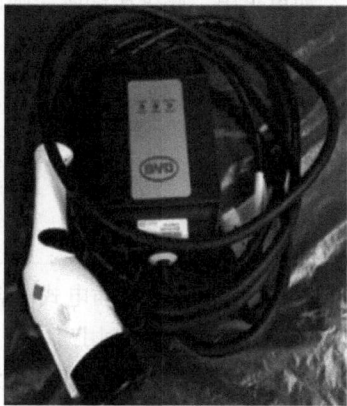

图 4-1-4　比亚迪 E5 便携式充电电缆及其充电插头

便携式充电电缆及其充电插头包括以下组件：

- 不同国家规格插头，用于带保护触点的普通家用插座。
- 不同国家规格插头与"集成式电缆箱"之间的电缆连接。
- "集成式电缆箱"用于将普通家用插座 3 孔插头转换成可连接车辆的充电枪装置。
- "集成式电缆箱"与连接车辆接口的充电枪之间的电缆连接。
- 用于车辆接口的充电枪。

① 便携式充电电缆及其充电插头是交流电压网络与车辆直流高电压车载网络之间的电气连接设备。将交流电压网络连接到带保护触点的普通家用插座上（不带车载充电器）。比亚迪 E5 使用的这种便携式充电电缆及其充电插头，针对车辆充电接口始终采用单相设计。插头的设计原理可确保其首先与保护触点连接。通过搭铁线使车辆搭铁，可将便携式充电电缆及其充电插头放在行李舱内。由于需要使用普通家用插座将便携式充电电缆及其充电插头连接到交流电压网络上，限制了最大充电电流强度。

② 交流电压网络电压为 110～240V，通过单相方式传输至车辆。交流电压网络的理论最大充电功率 $P_{max} = U_{max}I_{max} = 7kW$。在德国，针对交流电压网络提供的相关产品型号可使用最大 16A 的电流或最大 3.3kW 的充电功率，属于车载慢充系统，该系统需要提升低压转高压的转化效率。虽然插电式混合动力汽车与纯电动汽车的动力电池组也可通过制动能量回收进行部分充电，但当插电式混合动力汽车和纯电动汽车与本地电能供应公司的交流电压网络连接时，会进行"正常"充电过程。此时，从交流电压网络获取能量，并传输至插电式混合动力汽车与纯电动汽车的直流高电压车载网络中。

③ 3.3kW 交流充电在很多国家均为标准配置。这种充电方式的优势在于，动力电池组充电时可将充电电缆连接到任何带有保护触点的普通家用插座上。但这样会使充电电流强度限制为低于 16A。例如，在德国通过交流电压网络供电时，最大充电功率为 3520W（$U \times I =$ 220V × 16A）。从纯粹的计算角度来说，使之前完全放电的插电式混合动力汽车及纯电动汽车的动力电池组重新充满电大约需要持续 7h。为减少最大充电功率使用时间，不允许以最大充电电

流充电，因此实际充电持续时间更长。

④ 需要注意的是，使用家用插座为新能源汽车充电时，也需要考虑插座及线路的承受能力，如果采用一些劣质插座，则可能导致充电插座烧毁、线路烧熔等安全事故。

温 馨 提 示

操作和使用便携式充电电缆时，必须参考相关制造商的使用说明。不允许相关维修站点人员对便携式充电电缆及其充电插头进行保养或维修。便携式充电电缆及其充电插头损坏或故障时应联系制造商。

2）固定充电桩。插电式混合动力汽车与纯电动汽车供电设备型号根据尺寸和电气要求必须以固定方式安装，如用户屋内或车库内，在公共场所，如停车场也可设立充电桩。固定安装式充电桩设备（简称充电桩）分为交流电充电桩和直流电充电桩。

注意：只能由经过相应培训的电气专业人员进行固定安装式充电桩的安装、保养和维修。

交流电充电桩可通过两相（美国）或三相（德国）方式将交流电充电桩连接至交流电压网络，但始终通过单相方式与新能源汽车充电接口连接。在我国，固定安装式交流电充电桩包括落地式和壁挂式两种，如图 4-1-5 所示。与便携式充电电缆及其充电插头不同，在此最大电流强度可为 32A，最大充电功率可为 7kW。这些最大值由安装场地电气设备所用导线横截面积决定。进行安装时，电气专业人员根据导线横截面积进行充电桩配置，从而确保通过控制信号可将相应最大电流强度传输至车辆。

在美国，充电电缆与交流电充电站之间不允许使用插接件，因此客户无法断开充电电缆与交流电充电站的连接。直流电充电桩是固定安装式充电桩的另一种形式，如图 4-1-6 所示。与交流电充电桩不同，在直流电充电桩内已将交流电压转化为直流电压。因此，在新能源汽车上无须通过车载充电器将交流电压转化为直流电压。直流电充电桩通常可提供远高于交流电充电桩的充电功率。因此，通过直流电充电桩可更迅速地为动力电池组充电。

图 4-1-5　交流充电桩

图 4-1-6　直流充电桩

（2）车载充电部件

一般而言，带充电系统的新能源汽车会有几个与外部充电设备相搭配的车载充电部件：将交流电整流成直流电的充电器（交流充电方式），车载充电接口和充电控制系统。

1）充电器。充电器指将电网提供的交 / 直流电转化为车载动力电池组所需的直流电的装置

（即 AC/DC 变换器）。纯电动汽车和插电式混合动力汽车的充电器分为车载充电器（安装在车内）和非车载充电器（安装在充电桩内）两种。

车载充电器指将 AC/DC 变换器安装在插电式混合动力汽车或纯电动汽车上，采用地面交流电网或车载电源对动力电池组进行充电的装置。车载充电器通常使用结构简单、控制方便的接触式充电器，也可称为感应充电器。其充电方式包括家用普通插座充电和充电桩充电两种。

图 4-1-7 所示为北汽 EV160 车载充电器。为便于统一管理和数据交换，比亚迪 E5 的车载充电器已经与其他高压组件做成一个四合一的整体。车载充电器负责与交流电网建立连接并满足车辆充电的安全要求，此外还通过控制导线与车辆建立通信。这样可以安全启动充电过程并在车辆与车载充电器之间交换充电参数（例如最大电流强度）。

图 4-1-7　北汽 EV160 车载充电器

非车载充电器指将 AC/DC 变换器安装在地面充电装置内，主要包括专用充电机、专用充电站、通用充电机、公共场所充电站等，它充电速度快，但价格昂贵。

非车载充电器根据充电时的能量转换方式可分为接触式和感应式。通过充电设备直接连接到车辆充电接口的都属于接触式。感应式充电是利用高频交流磁场的变压器原理，在车内产生感应电流，以达到给动力电池组充电的目的，如图 4-1-8 所示。

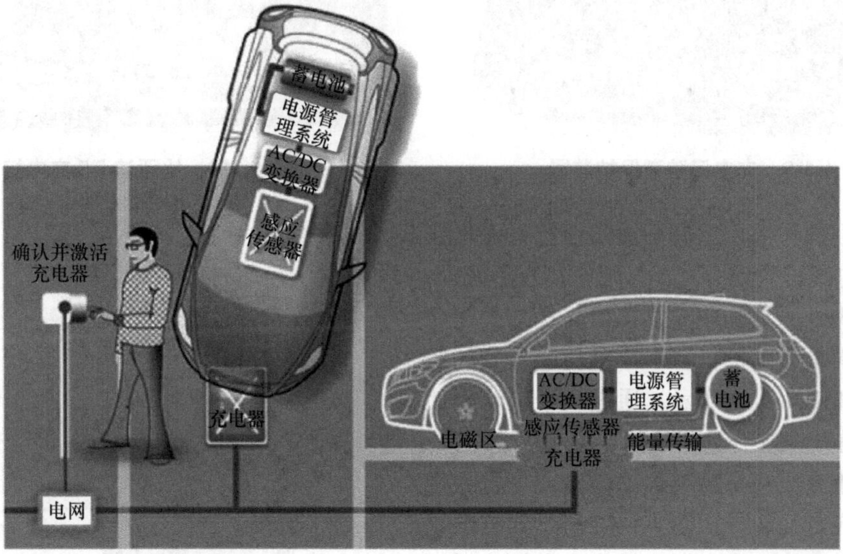

图 4-1-8　感应式充电

相对于传统充电设备，感应充电系统的优势在于充电设施与动力电池组之间不需要电缆连接。感应充电系统包含两个部分：安装于车辆底部的二次绕组，安装在充电车位地面上的一次绕组。独特的绕组排列设计，实现了系统的小型化和轻量化，以及感应磁场在三维空间的有效分布。电能通过绕组之间形成的交变磁场输送至车辆，不需要任何触点或电缆连接，目前可实现的充电功率为 3.3kW。这种充电方式的效率超过 90%，已经可以为新能源汽车的动力电池组提供高效、便捷、安全的充电服务。感应式充电设备的所有导电部件均有绝缘保护措施，其使用不受天气条件的制约，即使是雨雪天气也不会对供电产生负面影响，这意味着一次绕组甚至可以安装在室外。在充电过程中，系统的电磁辐射也保持在最低水平。一次绕组和二次绕组之间的工作空间被持续监测，检测到有异物进入时充电过程会立即中止，以保证用电安全。

2）车载充电接口。插电式混合动力汽车与纯电动汽车车载充电可分为交流充电和直流充电两种。大部分插电式混合动力汽车只有交流充电，如比亚迪秦 DM、宋 DM 等，增程式电动汽车采用的是交流和直流充电的方式，如理想 one。为保证充电快速高效，要使用特定的充电接口进行充电，像在传统车辆上必须打开燃油箱盖一样，需按压充电接口盖或操作遥控钥匙开锁按钮使充电接口盖开锁。此外，充电时需要保证整车的防水密封性符合要求，通过另一个端盖防止真正的充电接口受潮和弄脏，如图 4-1-9 所示。保证车载充电接口能够承受存在瞬时大电流的充电过程。

车载充电接口一般设置在车辆的侧部（原加油口位置）或前部（车标后面），不同厂家的设置方式存在一定差异。比亚迪 E5 的车载充电接口安装在车标后面，如图 4-1-10 所示，左侧插孔为交流充电接口，右侧插孔为直流充电接口。

图 4-1-9　充电口防潮保护装置

图 4-1-10　比亚迪 E5 充电接口

对于可操作遥控钥匙开锁按钮打开充电接口盖的插电式混合动力汽车与纯电动汽车而言，通过弹簧操纵的锁钩使充电接口盖保持关闭状态。该锁钩是充电接口盖中控锁传动装置的组成部分，如图 4-1-11 所示，通过一个电动机使充电接口盖开锁或上锁。

与锁止充电接口盖类似，通过一个电控锁钩来锁止充电插头，如图 4-1-12 所示。电气锁止充电插头可防止充电期间拔出充电插头时产生电弧。

启用车辆锁止功能时充电插头锁止。只要有充电电流，电气锁止功能就会一起启用。通过一个微型开关识别锁止状态。微型开关打开时，表示充电插头处于锁止状态。微型开关关

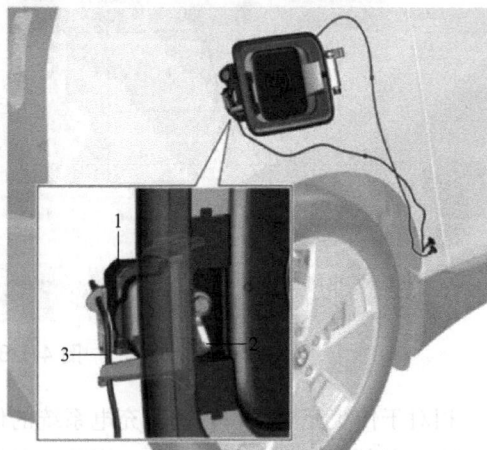

图 4-1-11　宝马 i3 充电接口盖锁止组件
1—用于锁止充电接口盖的电动机　2—锁止钩
3—用于充电接口盖应急开锁的拉索

闭时，表示充电插头处于中间位置或开锁状态。车辆开锁时也会以电气方式使充电插头开锁，从而结束正在进行的充电过程。打开充电接口盖的电气部件损坏时（例如上锁电动机失灵），可通过手动方式使充电接口盖或充电插头开锁，如图 4-1-13 所示。首先必须打开充电接口盖一侧的后车门，打开后车门时可看到下部区域有 2 个蓝色开关。需要打开充电接口盖时，必须拉动上方蓝色开关，拉动下方蓝色开关会使充电插头开锁。

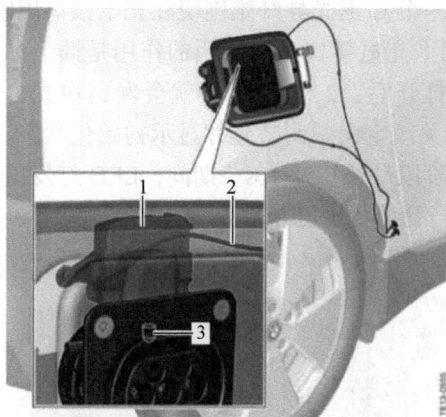

图 4-1-12　宝马 i3 充电插头锁止组件
1—用于锁止充电插头的电驱动装置
2—用于充电插头防潮保护盖应急开锁的拉索　3—锁钩

图 4-1-13　宝马 i3 应急开锁开关
1—用于充电接口盖应急开锁的开关
2—用于充电插头防潮保护盖应急开锁的开关

3. 充电指示灯

插电式混合动力汽车与纯电动汽车充电时可通过充电接口的充电指示灯、220V 家用充电集成式电缆箱、充电桩（机）用户操作界面或按钮指示灯等进行充电状态的识别。

1）充电接口的充电指示灯。充电接口的充电指示灯常见的有单个 LED 指示灯和 C 形光导纤维 LED 指示灯。奇瑞 S15EV 采用单个 LED 指示灯，位于充电接口下方，打开充电口盖就可看到，如图 4-1-14 所示。充电状态指示灯闪烁方式见表 4-1-1。

图 4-1-14　充电状态指示灯

表 4-1-1　充电状态指示灯状态识别

序号	充电状态	指示灯状态
1	正在充电	红灯常亮
2	满电	绿灯常亮
3	充电暂停	黄灯常亮
4	故障	不亮

　　宝马公司的插电式混合动力车型与纯电动车型有一个 C 形光导纤维围绕在充电接口周围，用以显示充电状态，同时还用于充电接口的定向照明。充电接口定向照明的作用是插上和拔下充电电缆时为驾驶人提供方向引导。充电接口盖打开后，2 个 LED 灯就会发出白光，如图 4-1-15 所示。识别到正确插入充电插头后，系统会关闭定向照明装置并显示初始化状态。

　　正确插入充电插头后会立即开始初始化。初始化阶段最长持续 10s。期间，LED 灯发出橙光，并以 1Hz 的频率闪烁，如图 4-1-16 所示。成功进行初始化后可开始为动力电池组充电。

图 4-1-15　定向照明状态指示灯（白光）

图 4-1-16　初始化状态指示灯（橙光）

　　LED 灯发出蓝光并闪烁，表示目前动力电池组正处于充电过程，如图 4-1-17 所示，闪烁频率约为 0.7Hz。如果初始化阶段已顺利完成，且当前不打算充电（例如设定夜间低谷时充电），则充电暂停或充电就绪。

　　充电结束时，LED 灯发出绿光并持续亮起，表示动力电池组处于"已完全充电"状态，如图 4-1-18 所示。

图 4-1-17　正常充电状态指示灯（蓝光）

图 4-1-18　充电结束状态指示灯（绿光）

如果在充电过程中出现故障，则 LED 灯发出红光并闪烁，如图 4-1-19 所示。此时，LED 灯的闪烁频率约为 0.5Hz，并连续闪烁三次，每三组间暂停约 0.8s。

图 4-1-19　充电故障状态指示灯（红光）

2）家用充电集成式电缆箱指示灯。220V 家用充电集成式电缆箱指示灯功能如图 4-1-20 所示。各指示灯状态的说明一般位于集成式电缆箱的背面。

EVPⅡ-2-10A5-0320交流充电模式2连接线
E.V.Charging Connecl Cable, AC Mode 2

电源指示 Power	故障指示 Fault	充电指示 Charge	状态说明 Status description
常绿 evergreen	— —	绿色闪烁 Flashing green	正在充电中 Charging
常绿 evergreen	— —	常绿 evergreen	充电完成 Charging complete
常绿 evergreen	黄色闪烁 Flashing yellow	— —	车辆插头/插座未连接 Vehicle plug/Socket not connected
常绿 evergreen	红色快闪 Fast Flashing red	— —	过流保护 Overcurrent protecton
常绿 evergreen	红色间歇闪烁 Intermittent flashing red	绿色闪烁 Flashing green	未接地/火零错相 Ungrounded/L–N wrong
常绿 evergreen	红色慢闪 Slow Flashing red	— —	CP电压异常 CP Abnormal voltage
常绿 evergreen	常红 everred	— —	漏电保护 Leakage protection
常红 everred	常红 everred	— —	电源故障 Power fault

注意：防止震动或烧毁产生的触电危险！
警告：仅用于电动汽车充电使用，使用时需可靠接地，并将充电盘固定，避免插头受力。
DANGER：Hazard of electrical shock or bare！
WARNING：Only for electric vehicle charging, Should be grounded
　　　　　reliably when wring.And the charging box is fixed, avoid
　　　　　the plug ander stress.

基本参数：额定输入电压：AC 220V±10%，50Hz单相三线割
　　　　　额定充电电流：8A
基本性能：具备过流，漏电保护，未接地检测等功能。
执行标准：GB/T 20234 1/2–2015; GB/T 18487.1/2
Basic Parameters：Rated voltage AC 220V±10%，50HzSingle–phase three wire system
　　　　　　　　Rated charging current：8A
Basic Performance：Have the function of overcurrent, leakage protection.
Operative standard：GB/T 20234 1/2–2015; GB/T 18487.1/2

制造商：南京康尼新能源汽车零部件有限公司
Manufacturer：Nanjing kangni New Energy Auto Part Co.trd

图 4-1-20　比亚迪家用充电集成式电缆箱指示灯功能说明

3）充电桩 / 充电机指示灯。充电桩 / 充电机指示灯分为智能型和非智能型。智能型带有用

户操作界面直接显示（例如比亚迪 100A 直流充电机）。充电时，蓝色充电指示灯不断闪烁，如图 4-1-21 所示。

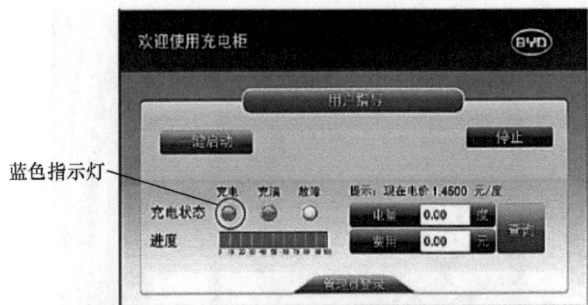

图 4-1-21　充电状态指示灯

车辆充满电时，充电机自动停止充电，此时粉色充满指示灯闪烁，如图 4-1-22 所示。

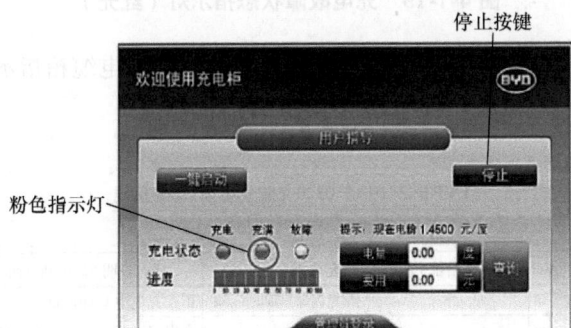

图 4-1-22　充满电状态指示灯

非智能型不带用户操作界面，只能通过按钮背景指示灯进行识别（例如比亚迪 30A 直流充电机）。连接正常后，向右拧开充电机侧面的急停旋钮，此时充电机柜处于待机状态，中间 LED 指示灯发红光并闪烁；充电时，中间 LED 指示灯和启动 / 停止旋钮发绿光；充满电时，充电机自动停止充电，中间 LED 指示灯发红光并闪烁。如果充电过程中或启动充电时出现故障，则充电机中间 LED 指示灯发黄光并闪烁，如图 4-1-23 所示。

图 4-1-23　充电机中间 LED 指示灯

4. 充电类型

充电是新能源汽车使用过程中必不可少的环节，充电快慢影响着新能源汽车使用者的出行规律。根据新能源汽车动力电池组的技术特性和使用性质，在国际标准 IEC61851-1 中（IEC 指国际电工委员会）规定了不同的充电类型。带充电系统的汽车可以根据电压、电流、充电插头标准、最大充电速率进行分类，主要有四种充电类型。表 4-1-2 汇总了各种充电类型的重要参数。

表 4-1-2　充电类型

充电方式	充电类型	额定电压电流	与车辆通信	充电插头连接
交流充电	一级交流充电	AC 220V/16A	无	插座
	二级交流充电	AC 220V/8~16A	通过充电电缆内的模块	插座
	三级交流充电	AC 220V/16~63A	通过充电站内的模块	交流充电桩
直流充电	直流快速充电	AC 380V/30~300A	通过充电站内的模块	非车载充电机（柜）

根据充电电流大小及充电方式，交流充电可分为三种充电类型，各厂家的不同模式对应不同的充电导线或不同颜色的插头。

（1）一级交流充电（充电模式1）

家用充电插座内不带控制导线和接近导线，一级交流充电（图 4-1-24）无法与车辆建立通信，充电时无法限制和确认最大电流强度，因此大部分厂家都不采用。

图 4-1-24　一级交流充电

1—普通家用插座　2—用于普通家用插座的插头　3—保护开关　4—充电电缆　5—充电插头　6—车辆上的充电接口

（2）二级交流充电（充电模式2）

几乎所有插电式混合汽车和纯电动汽车都配有二级充电电缆，如图 4-1-25 所示，通常存放在车辆的行李舱内。这种充电线的一端有标准的 220V 墙壁式插座插头，另一端则是 J1772 充电插头。

高压继电器、控制电路及充电电路中断装置（CCID）都被集成到集成式电缆箱中。CCID 负责检测充电线在使用过程中是否存在漏电问题及其他故障，如果发现问题，则 CCID 会断开电路。

对许多带充电系统的新能源汽车而言，二级交流充电通常是附近没有更大充电站的情况下的备用解决方案。对于纯电动续驶里程相对较短的插电式混合动力汽车来说，二级交流充电已能满足充电需求。

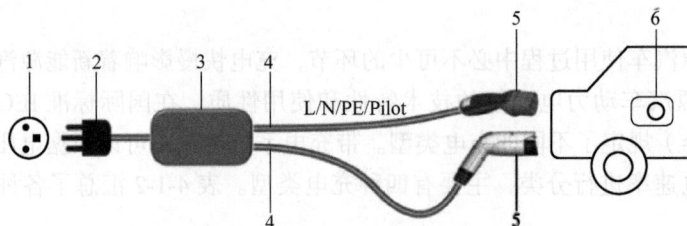

图 4-1-25　二级交流充电

1—普通家用插座　2—用于普通家用插座的插头　3—集成式电缆箱　4—充电电缆
5—充电插头（欧规和美规）　6—车辆上的充电接口

由于使用普通家用插座将集成式电缆箱连接到交流电压网络中，限制了最大充电电流强度。充电模式 2 适用范围非常广，可设置在公寓、公共停车场及公共充电站等可长时间停放车辆的地方。因充电时间较长，可满足白天运行、晚上静置的车辆的充电需求。

操作和使用二级交流充电的充电电缆时，必须参考相关制造商的使用说明。不允许维修站点人员对充电电缆或集成式电缆箱进行保养或维修工作。充电电缆或集成式电缆箱损坏或出现故障时应联系制造商。

（3）三级交流充电（充电模式 3）

通过充电站或充电桩进行交流充电时，一般采用三级交流充电，如图 4-1-26 所示。

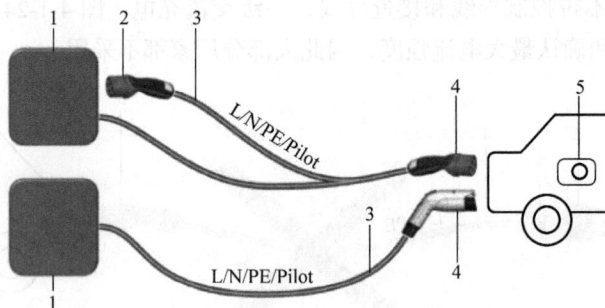

图 4-1-26　三级交流充电

1—充电站或充电桩　2—充电插头（欧规）　3—充电电缆
4—用于连接车辆的充电插头（欧规或美规）　5—车辆上的充电接口

通过一个充电站 / 充电桩连接到交流电压网络，适用的充电电缆仅在充电站 / 充电桩与车辆充电接口之间形成电气连接，如图 4-1-27 所示。

图 4-1-27　用于连接充电站 / 充电桩的充电电缆

1—用于连接充电站 / 充电桩的插头　2—充电电缆　3—用于连接车辆的插头

三级交流充电电流范围很大，这取决于车辆动力电池的额定充电电流，以及充电站的额定充电电流。虽然三级交流充电设备的交流充电标准高达 63A，但许多三级交流充电站额定充电电流仅为 16～32A，甚至更低。大多数电动汽车可通过三级交流充电站在 8h 内完全充满电，这让三级充电站成为住宅和工作场所的理想充电选择。

（4）直流快速充电（充电模式 4）

直流快速充电指专门为插电式混合动力汽车和纯电动汽车的动力电池组进行快速充电的充电方式，能在 30min 内将 SOC（荷电状态，即剩余电量）从 30% 提高到 80%，如图 4-1-28 所示，因此也称应急充电或快速充电模式。但使用这种类型的充电方式，动力电池组要能承受大电流充电，电流和电压一般在 150～400A 和 200～750V，充电功率大于 60kW。这种方式多为直流供电方式，地面的充电机功率大，输出电流和电压变化范围大。

直流充电不使用车辆的车载充电器控制充电电压和电流，而是由充电桩直接控制。相比

图 4-1-28　直流快速充电

交流充电，直流快充通常需要在车辆和充电桩之间进行额外的通信。目前，大多数插电式混合动力汽车和纯电动汽车的动力电池组不适合快速充电。部分制造商认为频繁的直流充电操作会降低动力电池的容量。

虽然快速充电的充电速度非常高，但充电设备的安装要求和成本也比较高，且快速充电的电流电压较高，短时间内对动力电池的冲击较大，容易令动力电池发热，因此对动力电池散热方面的要求更高。

快速充电不可避免地会给动力电池带来伤害，因为长时间的大电流充电会造成电池极化现象，电池的内阻会增加，电池自放电率增大，最终影响到电池的一致性。锂电池采用限压恒流的充电方式，当电池管理器接收到单体电压在 3V 以下时，启动涓流充电至 3.0V，此时会进入标准充电模式，充电倍率 0.2～1C。当锂电池进入恒压充电模式时，此时充电倍率 0.02C，电池管理器会限制充电桩充电电流直至充电截止。

【任务实施】

1. 任务准备

安全防护：做好车辆高压安全防护与隔离。

工具设备：交直流充电桩、各种充电插头、绝缘防护用品、绝缘工具套装。

台架车辆：交流充电桩实训台、比亚迪 E5 教学版整车。

辅助资料：充电桩使用手册、教材。

2. 实施任务

实训步骤如下：

实训 1：常规 220V 家用设备充电

采用随车配备的便携式充电电缆及充电插头进行充电，可使用家用电源，如图 4-1-29 所示。充电电流一般为 8~16A，电流为单相交流电，根据动力电池组容量大小，充电时间为 5~8h。

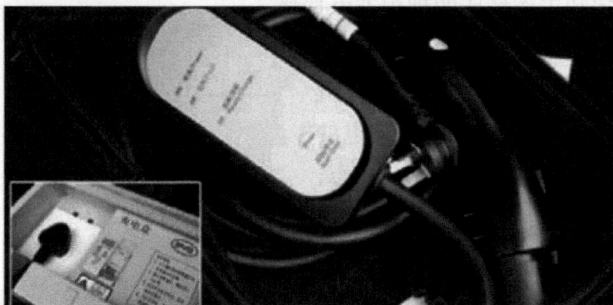

图 4-1-29   常规 220V 家用设备充电

新能源汽车多采用 16A 插头的电源线，配合合适的插座和车载充电器，即可在家中为纯电动汽车与插电式混合动力汽车充电。值得注意的是，一般家用插座为 10A，16A 插头并不适用，如图 4-1-30 所示，需要用电热水器或空调的插座。电源线上的插头会标明 10A 或 16A。

图 4-1-30   16A 插头的电源线

1）插有充电电缆时不要加油，与易燃物品保持安全距离。未按规定插入或拔出充电电缆时存在因燃油燃烧等原因导致人员受伤或物品损坏的危险。

2）通过家用插座为高电压蓄电池充电会导致插座上出现较高持续负荷，因此必须注意以下事项：

- 不要使用适配器或延长电缆。
- 充电后首先拔出车上的充电插头，再拔出墙上的充电插头。
- 不要将充电插头插在损坏的插座上。
- 不要使用损坏的充电电缆。
- 为高电压蓄电池充电时，充电插头和充电电缆可能会变热。如果过热，则应立即终止充电并让电气专业人员进行检查。
- 反复出现充电故障或中断情况时，联系具有资质的维修人员。
- 仅使用防潮和防侵蚀的插座。
- 不要用手指或物体接触插头触点区域。

- 切勿自行维修或改装充电电缆。
- 进行清洁前将电缆两侧均拔出，不要浸入液体内。
- 充电期间不允许洗车。
- 仅在经过电气专业人员检查后确认合格的插座上进行充电。
- 在不了解的基础设施／插座上充电时，遵守用户手册内的特殊说明。
- 常规220V家用设备充电时间较长，但对充电条件要求不高，充电器和安装成本较低，可充分利用电力低谷时段充电，降低充电成本。更重要的是，可对动力电池深度充电，提升动力电池充放电效率，延长使用寿命。

实训2：公共充电桩充电

在充电站还没有全面普及的情况下，公共充电桩很大程度上解决了纯电动汽车和插电式混合动力汽车在公共场合充电难的问题。

公共充电桩用于加油站、住宅小区电动汽车充电状态的人机对话，分为交流充电桩和直流充电桩两种。根据用户需求提供触摸液晶屏或数码管显示的高端及简易型智能充电桩，分为计时充电和计电量充电两种方式。该系统主要包括3个功能模块，分别为充电流程、异常处理流程和系统管理模块。本任务只学习充电流程，即实现整个充电过程的刷卡、充电、终止充电、返还金额、打印票据等，以及这些操作之间的联系。

（1）交流充电桩充电

科陆CL5430A壁挂式交流充电桩是一种为电动汽车充电的设备，该设备为电动汽车提供交流充电电源，且具有电能计量和计费功能，通过刷卡的方式对充电用户收取费用，操作极其简便。它可通过多种通信模式与监控主站交互信息，实现远程管理。壁挂式充电桩适用于对电动汽车充电速度要求不高、占地面积要求较小、成本较低、操作简单与安全的基本充电应用场合，如公共停车场、生活小区和商场停车场等。具体使用步骤如下：

1）默认界面：充电桩正常开机后，检测无故障，显示界面如图4-1-31所示，如果用户想充电，则直接插入充电枪。

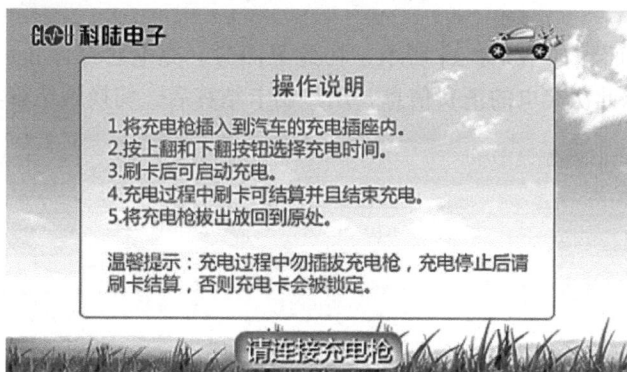

图 4-1-31　插入充电枪

2）刷卡界面：充电桩检测到充电枪已连接后，蓝色连接灯点亮，显示屏界面如图4-1-32所示。在此界面，用户可点击"上翻"及"下翻"按钮，选择所需充电模式，刷卡直接启动充电。

图 4-1-32　选择充电模式

3）充电界面：此时充电黄灯点亮，充电过程中会显示电压、电流及电量等充电信息，如图 4-1-33 所示。此状态下，用户可通过刷卡结束充电。若充电已经停止，但用户并未进行刷卡结算，则充电桩切换到充电停止界面。

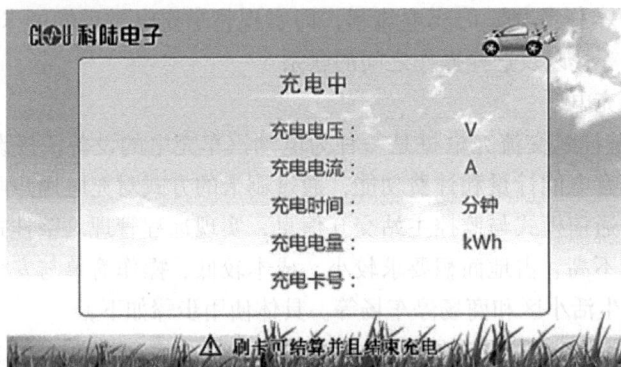

图 4-1-33　充电中

4）充电停止界面：如图 4-1-34 所示，在此界面时，充电已经停止，用户需要刷卡进行结算。此界面会显示此次充电的消费信息，用户刷卡结算后，切换到结算界面。

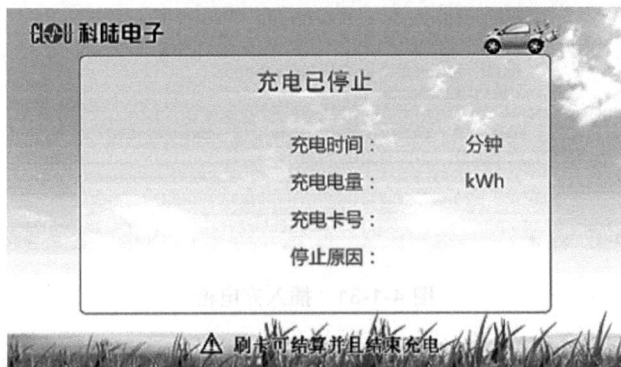

图 4-1-34　充电已停止

5）结算界面：结算界面显示用户此次的消费信息，包括充电电量、消费金额、卡内余额等信息。此界面显示约30s后返回，用户也可通过点击确定或返回按钮直接返回到默认界面，此时可进行下一次充电，如图4-1-35所示。

图 4-1-35　消费信息

6）故障界面：如果充电桩发生故障，则切换到故障界面，且红色指示灯点亮。故障界面会显示故障信息，如图4-1-36所示。

图 4-1-36　显示故障信息

7）维护界面：维护界面会显示充电桩的运行信息，此界面只针对维护人员开放，如图4-1-37所示。

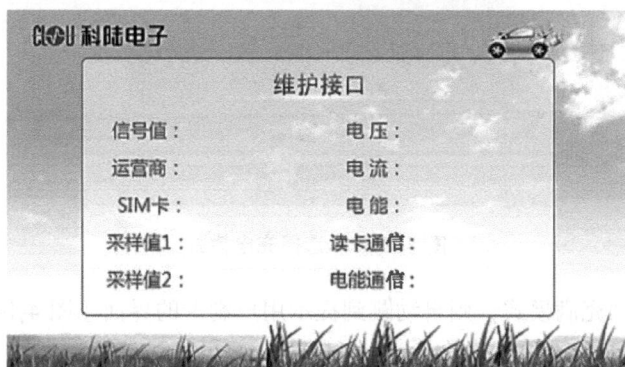

图 4-1-37　显示充电桩的运行信息

（2）直流充电桩充电

科陆 CL5810 系列一体式直流充电桩主要用于电动汽车直流快速充电，该产品集功率变换、充电控制、人机交互控制、通信及计费计量等于一体，且具有良好的防尘、防水功能，防护等级达到 IP54，可在户外安全运营维护。充电桩的功率变换单元遵循模块化设计原则，可以灵活配置成 30~120kW 的功率输出模式，满足不同容量的动力电池充电需求，产品系列涵盖了单枪输出、双枪轮充输出、双枪功率分配输出等，是户外快速直流充电的最佳选择。

1）单枪操作过程。上电后的默认初始界面如图 4-1-38 所示，点击"开始充电"，则跳转到下一界面。

图 4-1-38　点击"开始充电"

2）点击"开始充电"后跳转到提示"请连接充电枪"界面，连接充电枪后则跳转到下一界面，可选择充电模式，如图 4-1-39 所示。

图 4-1-39　选择充电模式

3）如果选择自动充满模式，则自动跳到提示用户刷卡的界面（图 4-1-40），如果选择其他模式充电，则需要对该模式做简单设定。

图 4-1-40　刷卡启动充电

4）图 4-1-41 所示为几种充电模式的界面，分别是"时间模式""金额模式""电量模式""功率模式"，点击输入框可进行设置。

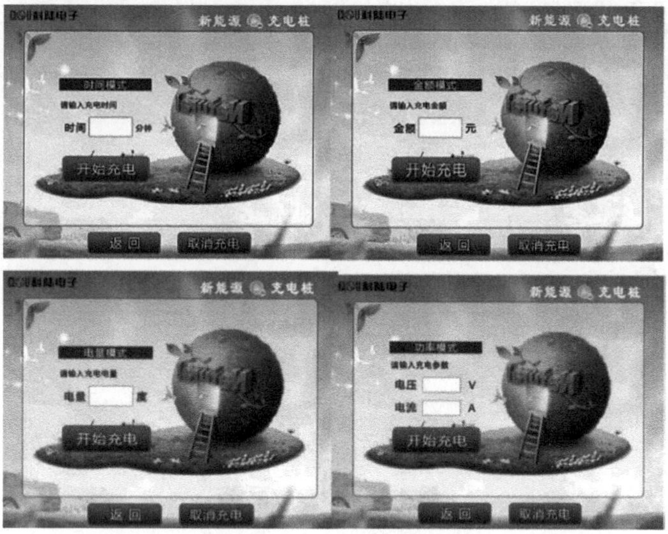

图 4-1-41　设置充电模式

5）刷卡后进入充电状态，会有简单的充电信息在界面上显示，如图 4-1-42 所示。

图 4-1-42　进入充电状态

6）自动充电结束后的界面状态，有简单的提示信息界面1，刷卡后跳到界面2，如图4-1-43所示。如果直接刷卡结束，则直接显示界面2。

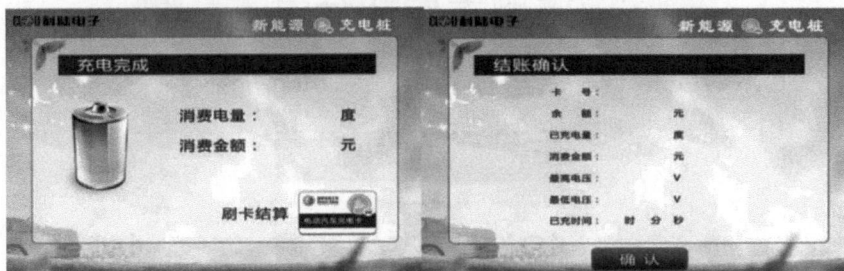

图4-1-43　自动充电结束的提示信息

7）充电开始前，可点击显示屏左上方的"科陆电子"图标，进行简单的参数配置，如图4-1-44所示。

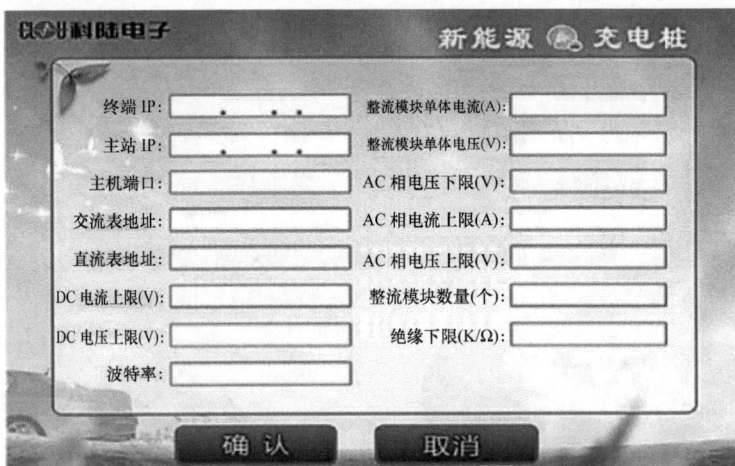

图4-1-44　参数配置

8）双枪操作过程。上电后的默认界面即液晶显示屏待机界面，如图4-1-45所示。此时，如果A、B的状态都显示"正常，请连接充电枪"，则表示A、B口都可使用。

图4-1-45　液晶显示屏待机界面

9）若用户要进行充电，则将充电枪 A 或充电枪 B 拔出并插入汽车充电插座内，待充电枪连接好后，液晶屏上对应的充电状态会显示"已经连接，请点击开始充电按钮"。点击"开始充电"，执行下一步，如图 4-1-46 所示。

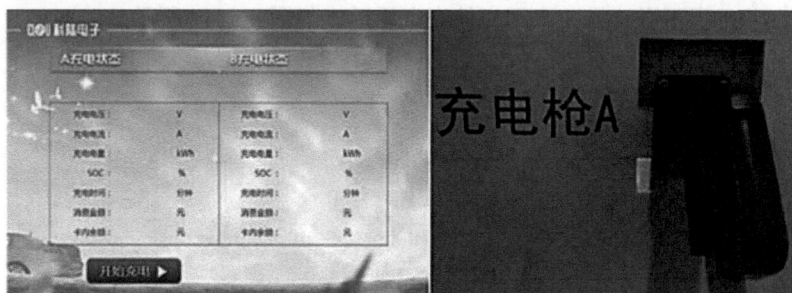

图 4-1-46　点击"开始充电"

10）此时上方的开始充电按钮可用，用户点击"开始充电"按钮后，界面提示用户进行刷卡（针对收费客户）或输入密码（非收费客户）操作。在密码授权操作模式中，点击界面提示区域，会有键盘弹出，在键盘中输入密码验证后，点击下方"启动充电"按钮开始充电。如果密码错误，则页面会提示"输入密码错误"的菜单，点击确定按钮后重新输入，如图 4-1-47 所示。如果在密码界面等待时间过长，则会切换回默认界面，需重新操作。

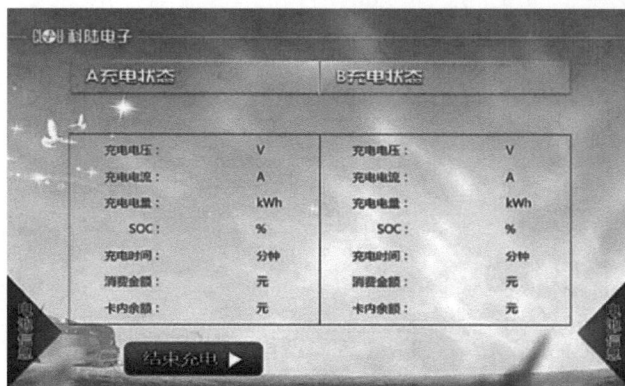

图 4-1-47　点击"开始充电"按钮

11）启动充电时用户会听见"滴"声，液晶屏显示默认界面，点击"结束充电"，则充电过程结束。点击"电池信息"可查看动力电池的信息和状态，如图 4-1-48 所示。

图 4-1-48　点击"结束充电"

12）此状态下，如果另一个充电接口状态显示"正常，请连接充电枪"，则另一个接口也可使用，参照以上步骤可使用另一个充电枪充电。

13）如果有用户 A/B 进行刷卡结算，则暂时切换到对应结算信息界面，并在结算界面停留约 10s 后返回，此过程不影响另一个用户的充电活动，如图 4-1-49 所示。

图 4-1-49　进行刷卡结算

14）以上过程中均可点击显示屏左上角的图标，弹出输入密码界面，输入密码后进入菜单模式，如图 4-1-50 所示。

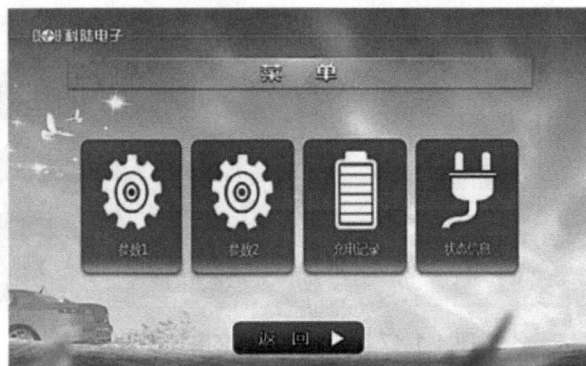

图 4-1-50　进入菜单模式

15）点击"参数设置"时弹出如图 4-1-51 所示的界面。

图 4-1-51　点击"参数设置"

16）点击"充电记录"时弹出如图 4-1-52 所示的界面。

图 4-1-52　点击"充电记录"

17）点击"状态信息"时弹出如图 4-1-53 所示的界面。

图 4-1-53　点击"状态信息"

温 馨 提 示

通过公共充电桩进行动力电池组充电时，应注意：
- 设备开通之前，请务必确认设备是否接地良好，以避免触电造成人员伤亡。
- 所有使用的工具其不必要裸露的金属部分应做好绝缘处理，以防裸露的金属部分触碰金属机架，造成短路。
- 在任何情况下切勿自行改装、加装和变更任何部件。
- 确保设备的使用寿命和运行稳定，设备的使用环境应尽可能地保持清洁、恒温和恒湿，设备不得在有挥发性气体或易燃环境下使用。
- 设备通电前请务必确认输入电压、频率、装置的断路器或熔断器及其他条件都已符合设定规格。
- 在充电过程中，不得强行拔出充电插头！强行拔出充电插头，可能引起插头处打火，造成安全事故！
- 若需提前停止充电，请按照充电"中止"步骤操作。
- 充电过程中若发生安全事故，如异常声响、电线短路等，请按下面板上紧急停止按钮，断开所有电源，并立刻与现场管理人员联系。

实训 3：非车载厂家充电机充电

由于直流充电桩和充电站目前在国内城市并不普及，很多厂家都开发了非车载直流充电机。本任务以比亚迪为例进行介绍。

（1）比亚迪 100A 直流充电机的使用

图 4-1-54 所示是比亚迪 100A 直流充电机。将比亚迪车停好，整车断电，确保充电插头可插到车身充电接口处。打开车身充电接口的防护盖，并检查直流充电接口，确保充电接口无尘、无水、无杂物。

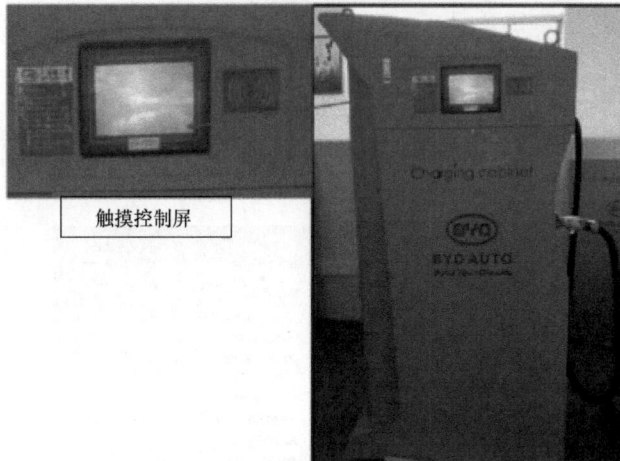

触摸控制屏

图 4-1-54　比亚迪 100A 直流充电机

按住充电插头上的轻触开关，将充电插头从充电机侧面的插座上取下，如图 4-1-55 所示。

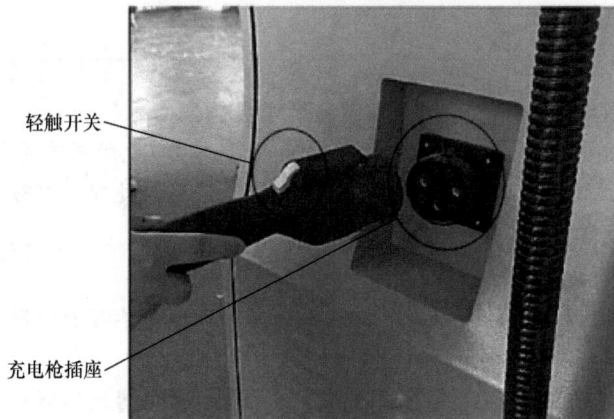

轻触开关

充电枪插座

图 4-1-55　按住轻触开关和取下充电枪插座

手持充电手柄，将充电插头对准充电接口，确保充电插头前端银色卡扣卡在充电接口凹槽内，如图 4-1-56 所示。

将充电插头与车辆充电接口对准，用力将充电插头推入充电接口内，会听见"咔"的一声，轻触开关处于弹起状态，如图 4-1-56 所示。车辆仪表充电插座指示灯点亮表示连接好。

图 4-1-56　让充电手柄处于弹出状态

确保连接正常后，向右拧开充电机侧面的急停按钮，如图 4-1-57 所示。此时触摸屏进入开机状态，界面主要功能如图 4-1-58 所示。

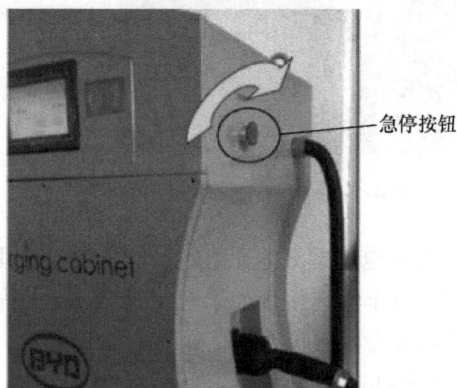

图 4-1-57　拧开充电机侧面的急停按钮

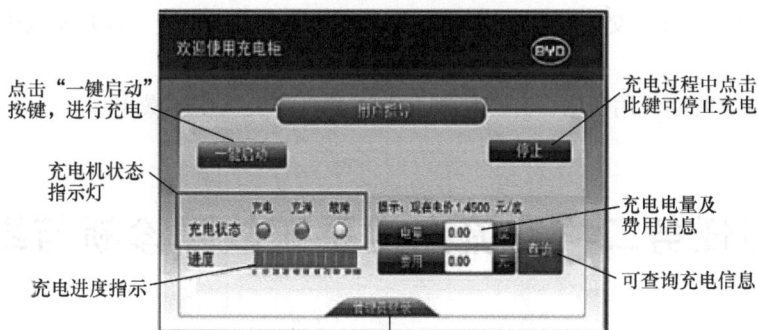

图 4-1-58　触摸屏进入开机状态

待触摸屏进入"用户指导"界面时，点击屏幕左上方"一键启动"按键，充电机开始工作。如果在充电过程中需要停止充电，则点击触摸屏上的"停止"按键，使充电机停止工作。当车辆充满电时，充电机自动停止充电，最后按照与连接充电插头相反的步骤复原车辆和充电机插头。

（2）比亚迪 30A 直流充电机的使用

比亚迪 30A 直流充电机在满足纯电动汽车正常充电的前提下，拥有恒定的输出功率，适合家庭和小型商业用户使用。其使用方法和 100A 直流充电桩一样，主要区别是没有用户操作界面，只通过侧面的 3 个按钮指示灯进行识别，如图 4-1-59 所示。充电机拥有限流功能，输出电流最大限定在 30A。如果发现充电电流异常，则立即按下急停按钮停止充电，并联系厂家进行测试和维修。

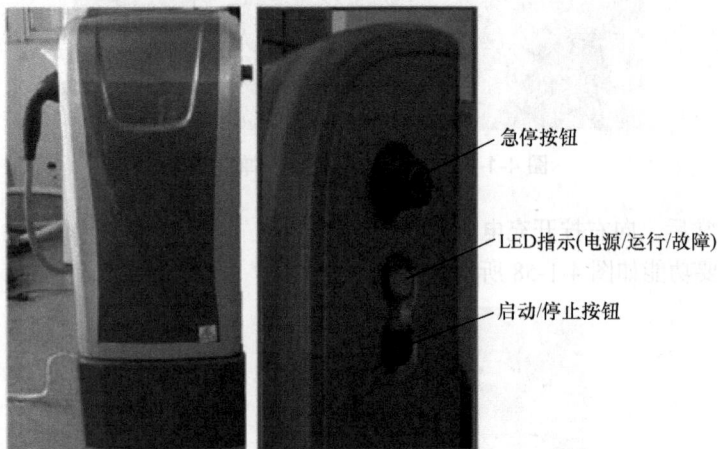

急停按钮

LED指示(电源/运行/故障)

启动/停止按钮

图 4-1-59　按下急停按钮停止充电

通过非车载厂家充电机进行高电压蓄电池充电时，应注意以下几点：

1）充电时正确将充电插头与车辆连接，如果充电过程中出现故障，则按下停止按钮，清除故障，如果仍有故障信息则通知专业人员检查。

2）车辆有内部故障时禁止充电，断电后通知专业人员检查。

3）充电机在充电过程中有异常情况（无电流输出、有较大响声、有焦糊味等），立即按下急停按钮，并通知专业人员检查。

4）系统输入为 380V 交流电压，不要随意拔出电源输入线或擅自打开充电机的壳体，以免造成触电事故。

此外，应认真阅读使用说明，并严格按照上述开机和关机步骤操作。

学习任务二　交流充电系统故障诊断与维修

【任务导入】

一辆 2017 款比亚迪 E5 纯电动汽车在插上充电枪之后，仪表显示充电界面但无充电功率，并且充电连接指示灯不亮，车辆无法进行慢充。你作为一名维修工，要协助技术主管按照规范程序，检修该车故障，修复完成后，并确认其工作状态正常。

【学习目标】

1. 能够叙述交流充电系统的结构。
2. 能够叙述交流充电系统充电原理。
3. 能够正确进行交流充电系统故障诊断。

【理论知识】

一、交流充电系统的组成

交流充电系统由交流充电桩、交流充电口、高压电缆、车载充电器和动力电池等组成。

1. 充电设备

充电设备主要有如图 4-2-1 ~ 图 4-2-3 所示三种类型。

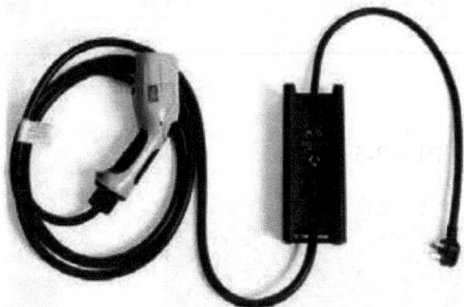

图 4-2-1　充电宝

图 4-2-2　便携式充电桩

图 4-2-3　壁挂式充电桩

2. 交流充电口

通过家用220V插座和交流充电柜接入交流充电口，通过车载充电设备或 VTOG 将高压交流电转为高压直流电给动力电池充电。

1）交流充电口的构成如图4-2-4所示。

2）交流充电口端子测量。当充电桩功率低于7kW的时候，交流电通过VTOG中的OBC（车载充电器）对动力蓄电池进行充电；当充电桩功率高于7kW的时候，交流电直接通过VTOG对动力蓄电池进行充电。交流充电口端子测量结果见表4-2-1。

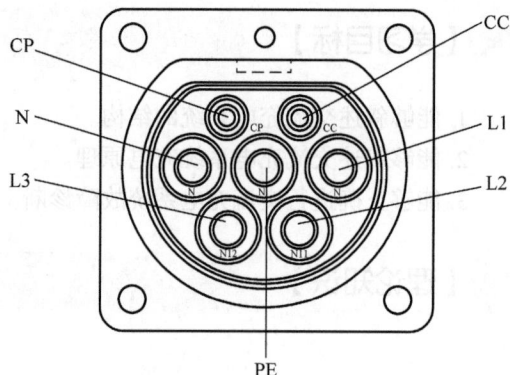

图4-2-4　交流充电口结构图

L1—A相　L2—B相　L3—C相　N—中性线
PE—地线　CC—充电连接确认线　CP—充电控制线

表4-2-1　交流充电口端子测量结果

CC与PE阻值			
3.3kW及以下充电盒	680Ω	VTOL（预留）	2kΩ
7kW及以下充电盒	220Ω	VTOL（预留）	100Ω
40kW及以下充电盒	100Ω		

3. 交流充电系统线束

连接交流充电口到高压电控总成之间的线束，如图4-2-5所示。

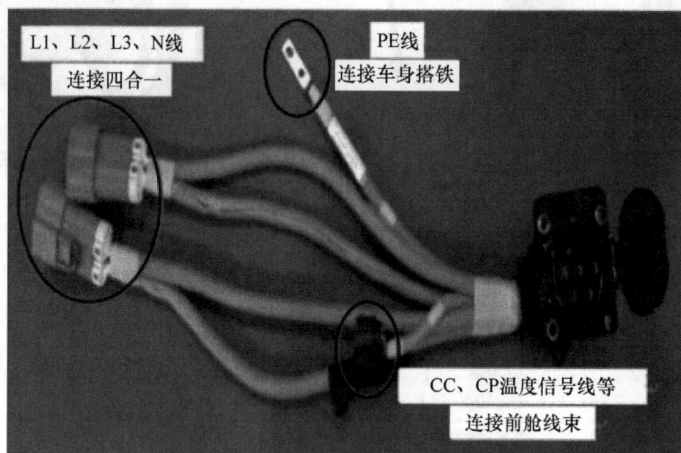

图4-2-5　交流充电高压线束

4. 车载充电器

车载充电器（On Board Charger Assy）简称OBC，其作用是将交流充电口传递过来的（220V/50Hz）交流电转换为直流高压电为动力电池充电（图4-2-6）。

3.3kW功率以内的单相交流充电是通过OBC进行的，而功率大于3.3kW的交流充电（含单相和三相交流）是通过VTOG进行的。E5出租车装配的四合一中不带OBC，也是可以通过

VTOG 进行 3.3kW 以内功率的单相交流充电的，那 E5 私家车版为何还要加入 OBC 呢？主要是与出租车相比，私家车充电场所相对不固定，经常会存在家用电网小功率充电的情况；而小功率充电时，OBC 的效率比 VTOG 要高一些。

二、交流充电系统的工作原理

1. 交流充电桩的工作原理

交流充电桩是固定安装在电动汽车外、与交流电网连接，为电动汽车车载充电机（即固定安装在电动汽车上的充电机）提供交流电源的供电装置。

交流充电桩电气系统结构如图 4-2-7 所示，主回路由输入保护断路器、交流智能电能表、交流控

图 4-2-6 车载充电器

制接触器和充电接口组成，主要负责把输入端的电压传输至输出端。控制主电路元件包括急停按钮，运行状态指示灯、充电桩智能控制器和人机交互设备组成，主要接收用户指令对输入的电压进行控制与安全保护。

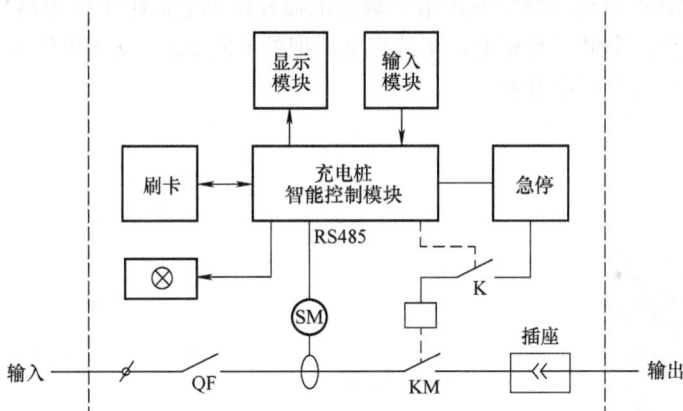

图 4-2-7 交流充电桩电气系统结构

2. 交流充电系统的工作原理

（1）车载充电机的转换原理

车载充电机转换电路由整流电路、调整控制及保护电路和功率因数校正网络组成，如图 4-2-8 所示。

1）整流电路。整流电路由交流整流滤波、DC/DC 变换（高频变换）器等元器件组成，其作用是从单相或三相交流电网取得交流电，并将其转换为符合要求的直流电。

2）调整控制及保护电路。调整控制电路采用 PWM 脉宽调制电路，它包括输出采样、信号放大、控制调节、基准比较等单元，其作用是对输出电压进行检测和取样，并与基准定值进行比较，从而控制高频开关功率管的开关时间比例，达到调节输出电压的目的。

3）功率因数校正网络。功率因数校正网络是充电机的重要组成部件，其功能是通过控制过程，使输入电流波形跟踪正弦基波电流，且相位与输入电压同相，以保持输出电压稳定和功

率因数接近于 1.0。

图 4-2-8　车载充电机转换电路图

（2）交流充电系统充电原理

图 4-2-9 所示为交流充电系统充电原理。交流充电过程如下：用户将充电枪（车辆自带或者充电桩上）插入交流充电口进行匹配，匹配成功后，车载充电机开始工作；首先车辆通过低压唤醒整车控制系统，电池管理系统检测动力电池的 SOC 及健康状况判断是否需要进行充电；检测完毕后电池管理器将充电指令发送给车载充电器并控制电池组中接触器与高压电控总成中交流充电接触器吸合，车辆开始充电；车载充电器把外界的 220V 交流电转换为 300V 或者更高的直流电直接存储到动力电池组中。

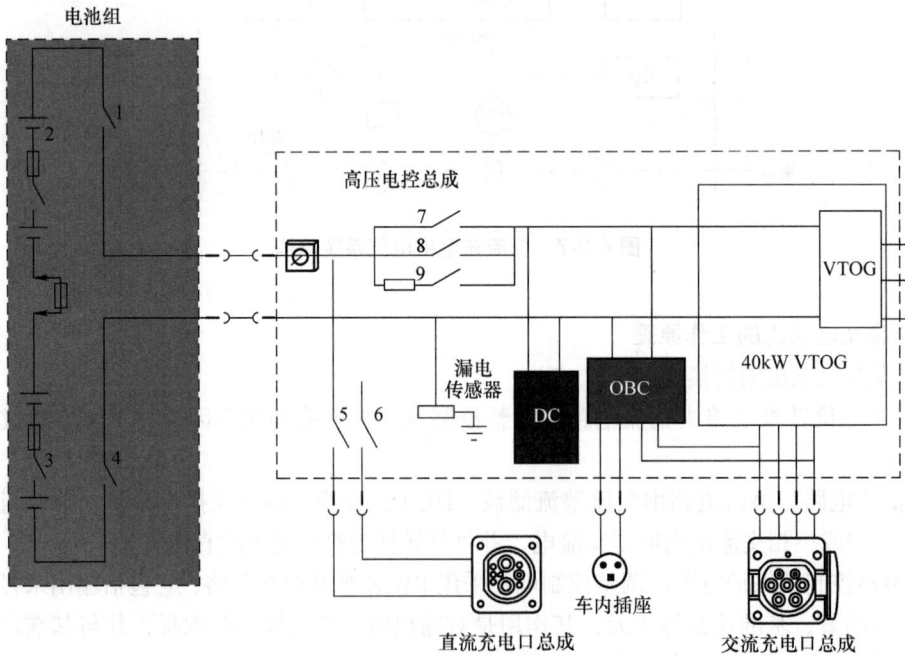

图 4-2-9　交流充电系统充电原理图

1—正极接触器　2—电池组分压接触器 2　3—电池组分压接触器 1　4—负极接触器　5—直流充电正极接触器
6—直流充电负极接触器　7—主接触器　8—交流充电接触器　9—预充接触器

三、交流充电系统控制策略及流程

比亚迪 E5 交流充电的流程分为半连接状态、双方确认连接、车辆充电准备、车辆准备就绪、供电设备准备就绪、确认充电功率、充电过程和停止充电八个过程，充电控制涉及的部件有供电控制装置、车载充电机、VTOG、高压配电箱、动力电池组和电池管理器等多个部件，如图 4-2-10 所示。

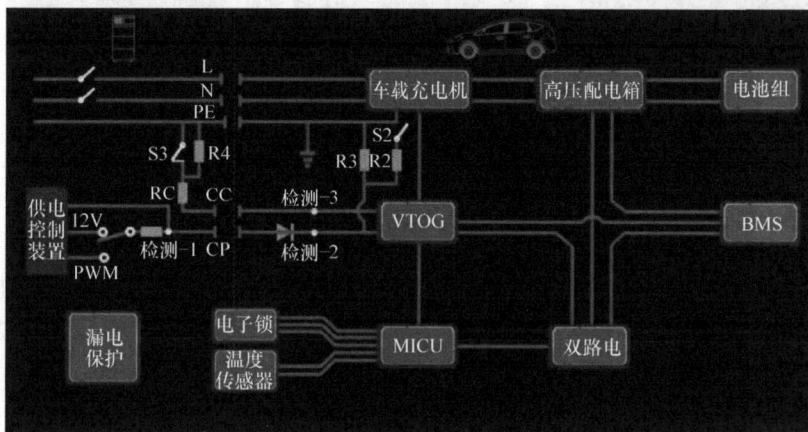

图 4-2-10　慢充系统充电框图

1）半连接状态。交流充电桩与车辆交流充电口通过充电线缆发生物理连接，由交流充电枪的手柄按钮按下，S3 接触器断开，交流充电桩低压辅助电源向检测点 1 和检测点 2 输入电源，经过 VTOG 后，检测电阻 R3 和 R4 是否接地，再由车辆充电口与交流充电桩充电枪的 CC/CP/PE 通信检测连接状况，如图 4-2-11 所示。

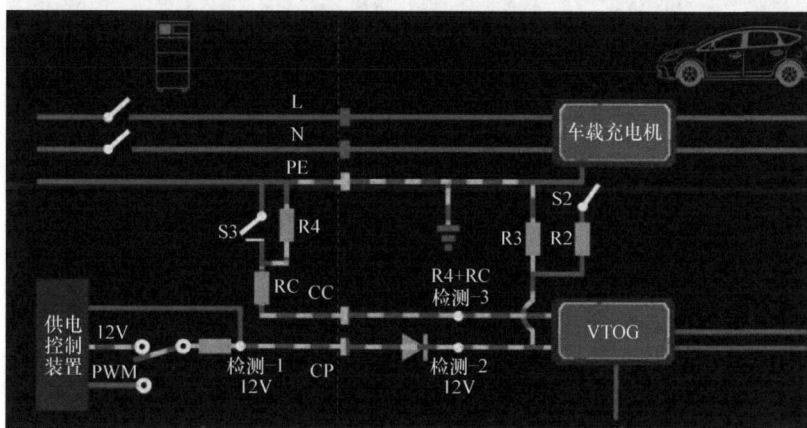

图 4-2-11　慢充充电半连接状态示意图

2）双方确认连接。松开交流充电枪的手柄按钮，S3 接触器闭合，PE 检测电路将不经过 R4 电阻，从而使检测信号完整，即检测过程完毕，如图 4-2-12 所示。

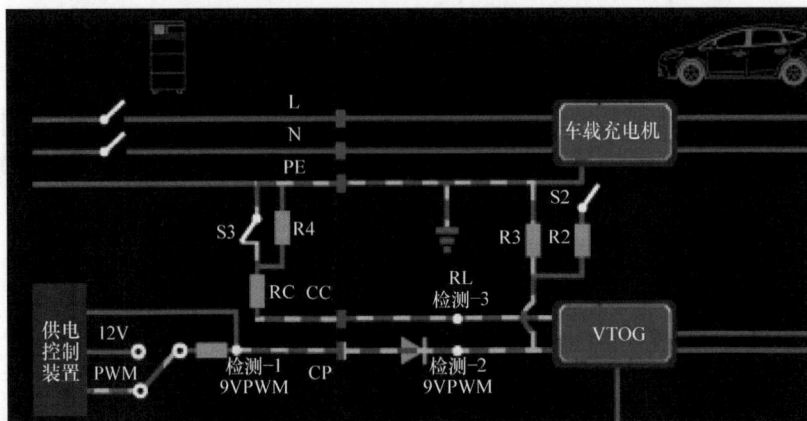

图 4-2-12 慢充充电确认连接示意图

3）车辆充电准备。双方完成连接检测后，双路电向高压配电箱、VTOG 以及 BMS 提供电源。车辆控制单元控制高压配电箱中的正、负极接触器、预充接触器闭合，如图 4-2-13 所示。

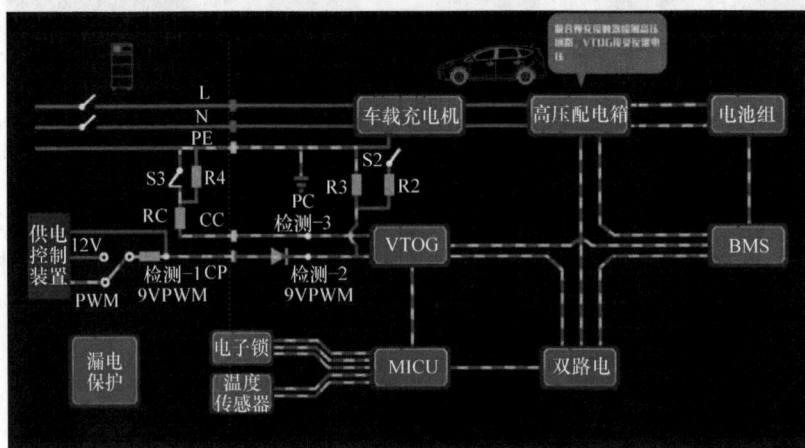

图 4-2-13 慢充充电准备示意图

4）车辆充电准备就绪。车载充电机被 VTOG 唤醒，如图 4-2-14 所示。

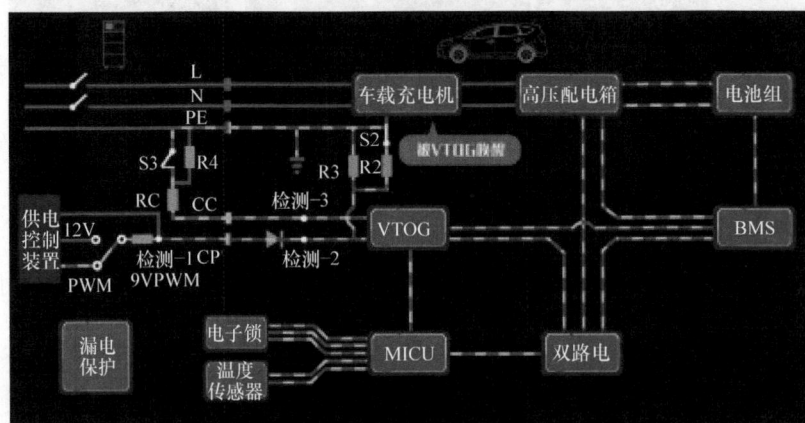

图 4-2-14 慢充充电车辆准备就绪示意图

5）供电设备准备就绪。交流充电桩检测到车辆充电准备就绪后，闭合 K1/K2 继电器，开始向充电机供电，如图 4-2-15 所示。

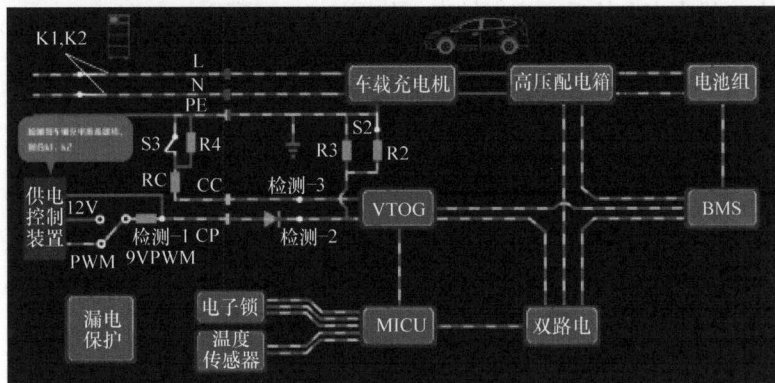

图 4-2-15　慢充充电供电设备准备就绪示意图

6）确认充电功率。经过对比供电设备供电能力、检测点 3 的额定容量和车载充电机输入电流，确定充电功率，如图 4-2-16 所示。

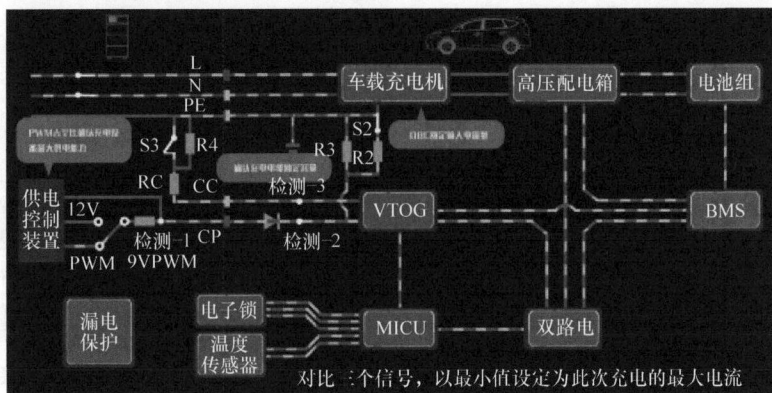

图 4-2-16　慢充充电确认功率示意图

7）充电过程。确认充电功率后，电池管理器控制充电接触器吸合，开始为动力电池组供电。充电过程中，在检测点 2 一直检测电池电压，从而调整车载充电机充电时电压和电流，如图 4-2-17 所示。

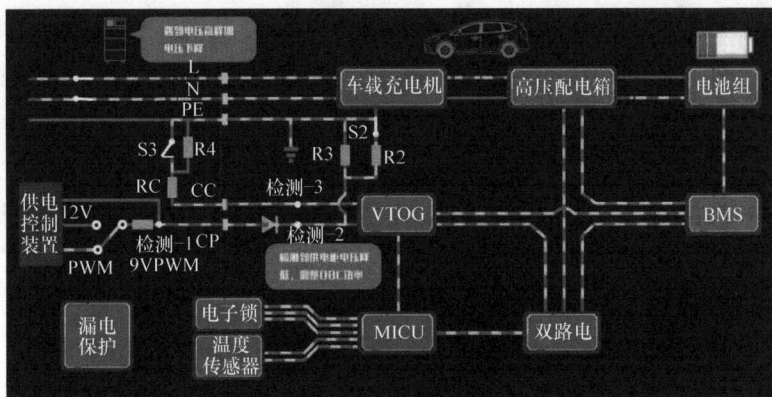

图 4-2-17　慢充充电周期性检测示意图

8）停止充电。当电池管理器检测到动力电池组充电电流下降至 1A 时，电池管理器控制各接触器分离。S2 开关断开，在检测点 1 检测到停止充电信号，供电设备停止供电，K1、K2 分离，停止充电，拔出充电枪后，充电结束，如图 4-2-18 所示。

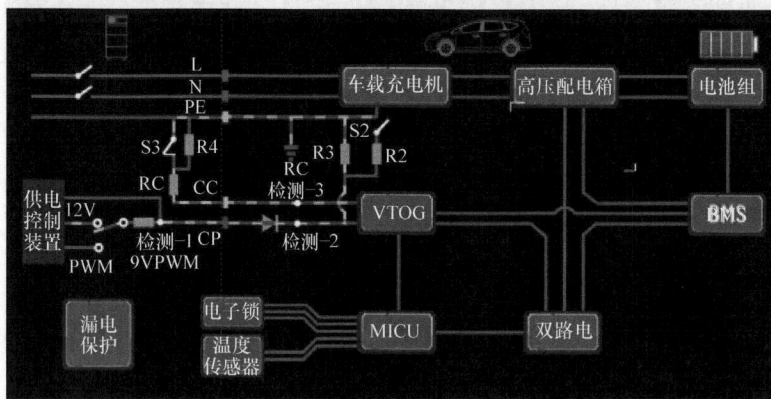

图 4-2-18　交流充电停止充电示意图

四、交流充电系统检测方法

1. 检查交流充电口总成高压线束

1）拔出交流充电口总成的高压插接件，如图 4-2-19 所示。

2）测试交流电缆线和中性电缆线是否导通，如图 4-2-20 所示。

图 4-2-19　拔高压插接件

图 4-2-20　测试交流电缆线和中性电缆线是否导通

如表 4-2-2 所示，以上正常则进行下一步检查，不正常则更换交流充电口。

表 4-2-2　测量位置及所对应标准值

测量位置	标准值
交流充电口 L1 ~ L1（高压电控总成）	小于 1Ω
交流充电口 N ~ N（高压电控总成）	小于 1Ω
交流充电口 L2 ~ L2（高压电控总成）	小于 1Ω
交流充电口 L3 ~ L3（高压电控总成）	小于 1Ω

2. 检查低压线束

将启动开关置于"OFF"位置，拔出高压控制总成 64Pin 线束插件。检测交流充电口 CC 和 CP 端子与高压控制总成 64Pin 线束插件的 13 号端子和 47 号端子之间导线是否导通，如图 4-2-21 所示。

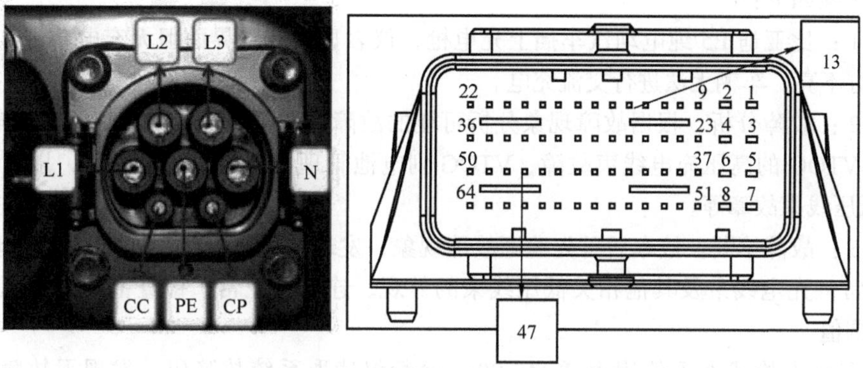

图 4-2-21　检测端子之间导线是否导通

以上检测正常，进行下一步检查，不正常则检修或更换线束。

3. 检查高压电控总成

将交流充电口接入充电桩或家用电源。用万用表测量高压电控总成接插件交流充电感应信号脚端子电压，即 BMC02 的 18 号端子（B18）与车身接地电压（标准电压小于 1V），如图 4-2-22 所示。

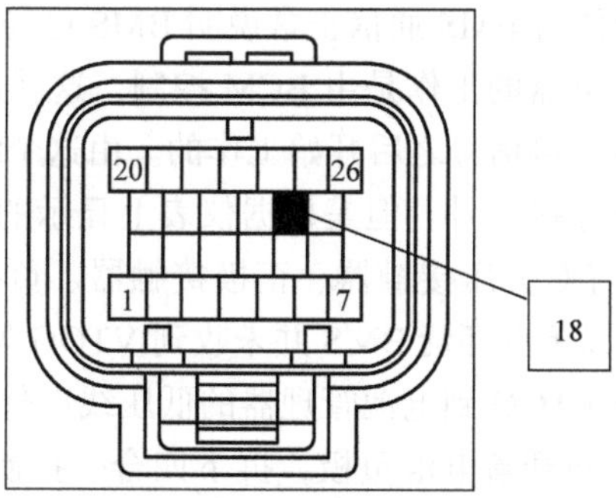

图 4-2-22　测量高压电控总成

以上检测不正常则检修或更换高压电控总成。

【任务实施】

1.任务准备

安全防护：做好车辆安全防护与隔离（车内外三件套、车轮挡块、警示隔离带等）。

工具设备：诊断仪、数字万用表、兆欧表、绝缘防护用品、绝缘工具套装、常规工具套装、动力电池拆装举升台、充电桩等。

台架车辆：比亚迪 E5 整车。

辅助资料：维修手册、教材、实训工作页。

2.实施任务

实训步骤如下：

步骤 1：比亚迪 E5 纯电动汽车插上充电枪，仪表显示充电界面但无充电功率，并且充电连接指示灯不亮，车辆无法进行交流充电。

步骤 2：故障分析。根据故障现象分析可能的故障原因有充电枪故障、充电接触器故障、充电口到 VTOG 的高压充电线束故障、VTOG 到电池管理器的低压线束故障，以及 VTOG 到 BCM 的低压线束故障等。

步骤 3：故障诊断。接车后首先验证故障现象，发现情况基本属实，检查充电枪、充电口外观均正常，充电线束及其他相关低压线束的外观、连接均正常。检查蓄电池电压为 13.7V，属正常范围值。

在插有充电枪状态下使用道通 MS-908e 诊断仪读取系统故障码，发现无故障码。读取 BMS、BCM、VTOG 数据流，发现以上各系统数据流均可正常读取，可初步判断系统供电回路正常。

分析比亚迪 E5 的交流充电系统工作原理，主要是当充电枪插到充电口之后，VTOG 会通过 CP 线接收到充电确认信号，通过 CC 线检测充电连接信号。当检测到这两个信号之后，VTOG 会发送充电连接信号到 BMS 和 BCM，由 BCM 控制双路电继电器工作，双路电唤醒 DC/DC、BMS、网关以及组合仪表。而 BMS 在被唤醒之后检测 VTOG 发送的充电连接信号，然后电池管理器控制分压接触器、正极接触器、负极接触器、预充接触器、交流充电接触器工作，实现外部电源对车辆的交流充电。

根据初步检查结果，诊断仪与 BMS 通信正常说明 BMS 已经被双路电唤醒，也就意味着双路电继电器工作。而双路电继电器的工作是由 BCM 控制，这就说明 BCM 工作正常。而 BCM 是在接收到 VTOG 发送的充电连接信号之后开始工作的。由这个结论又可反推 VTOG 已经正常工作，并且可以对外发送充电连接信号。但是根据仪表上显示的充电功率为 0，说明并没有在充电。这就意味着 BMS 并没有对分压接触器、正极接触器、负极接触器、预充接触器、交流充电接触器发出控制命令，所以重点怀疑 BMS 并未收到 VTOG 发送的充电连接信号。

结合初步检查过程中发现 VTOG 到电池管理器的低压线束外观无破损，这时需要仔细检查线束内部情况。拔出充电枪，断开蓄电池负极，拆下四合一控制器的低压 64 针插头进行检查（图 4-2-23），发现 19 号针脚有退针情况。而 19 号脚恰好就是 VTOG 到 BMS 的充电连接信号线。所以可以确定故障是由 VTOG 到 BMS 的充电连接信号线断路引起，BMS 没有接收到充电连接信号，也就没有控制相应的接触器闭合，同时也就没有控制仪表上充电连接指示灯点亮。

步骤4：故障排除。将退针拆除，更换新针重新插入。将低压插头与四合一控制器紧固好后，连接蓄电池负极，再次进行交流充电操作。约30s后仪表显示充电连接指示灯点亮，充电功率为2kW，车辆恢复交流充电。

出现这种故障，考虑到维修成本问题，可以通过拆除退针更换新针的方式解决，但是如果再次出现退针情况，就只能更换整条低压线束。

图 4-2-23　检查四合一控制器的低压 64 针插头

学习任务三　直流充电系统故障诊断与维修

【任务导入】

比亚迪 E5 车主小王在早上上班时发现汽车只有 40% 的剩余电量，于是赶快将车开到就近的充电站进行直流充电，结果发现充电桩与车辆无法通信，小王重复操作了几次，均存在同样的问题，于是将车开往 4S 店进行维修。你作为一名维修工，协助技术主管按照规范程序，检修该车故障，修复完成后确认其工作状态正常。

【学习目标】

1. 能够叙述直流充电系统的结构。
2. 能够叙述直流充电系统充电原理。
3. 能够正确地进行直流充电系统故障诊断。

【理论知识】

一、直流充电系统的结构

在直流充电模式下，充电系统主要由直流充电桩、直流充电接口、直流充电高压线束、高压电控总成、动力电池等组成。

1. 供电设备

充电桩功能类似于加油站里面的加油机，直流充电桩（图 4-3-1）的输入端与交流电网 380V 三相电直接连接，内部直接将高压交流电转化为高压直流电，输出端装有充电枪用于连接直流充电口。

2. 直流充电口

1）直流充电口。通过直流充电柜将高压直流电通过直流充电口给动力电池充电，图 4-3-2 所示为直流充电口结构。

图 4-3-1　直流充电桩

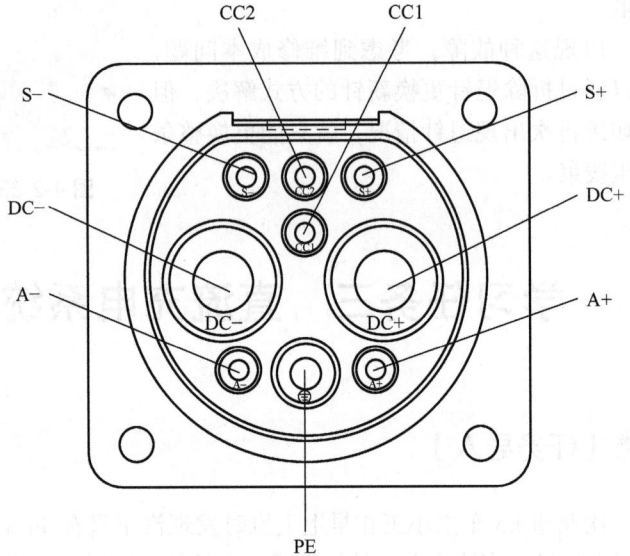

图 4-3-2　直流充电口结构

图 4-3-2 中各接口的说明如下：

DC−：高压输出负极，经过高压控制盒快充负继电器，输出到动力电池高压负极。

DC+：高压输出正极，经过高压控制盒快充正继电器，输出到动力电池高压正极。

PE（GND）：车身搭铁，接车身。

A−：低压辅助电源负极，接蓄电池负极。

A+：低压辅助电源正极，为 12V 快充唤醒信号。

CC1：直流连接确认线，属内部电路，CC1 与 PE 之间有一个 1000Ω 的电阻。

CC2：直流连接确认线。

S+：直流 CAN-H，与动力电池管理系统 BMS 及数据采集终端通信。

S−：直流 CAN-L，与动力电池管理系统 BMS 及数据采集终端通信。

2）直流充电口端子测量见表 4-3-1。

表 4-3-1　直流充电口端子测量

1～A−（低压辅助电源负）	4～CC1（车身地）$1k\Omega+30\Omega$
2～A+（低压辅助电源正）	5～S−（CANL）
3～CC2（直流充电感应信号）	6～S+（CANH）

3. 直流高压电缆

连接直流充电口到高压电控总成之间的线束，如图 4-3-3 所示。

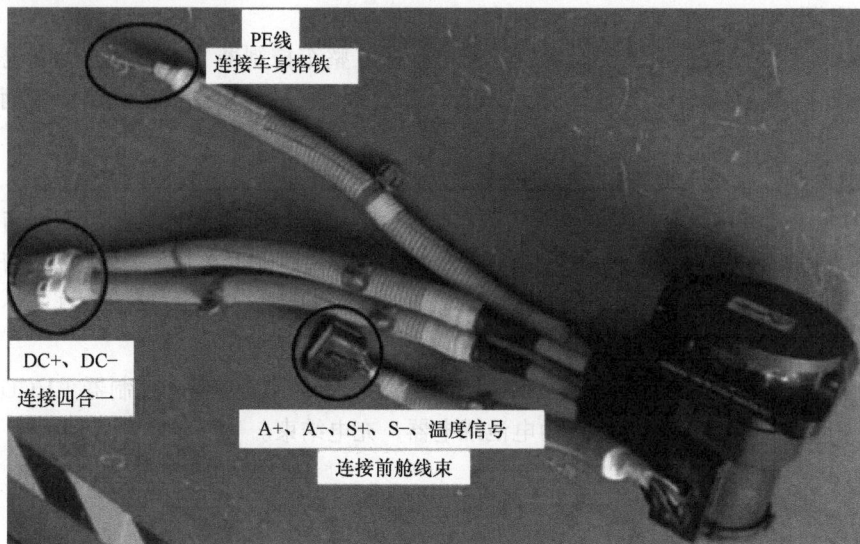

图 4-3-3 快充线束

二、直流充电系统的工作原理

由于电网中的 380V 交流电无法对动力电池直接输入，所以在直流充电的过程中输入电动汽车的高压直流电需要经过直流充电桩的转换整流。直流充电桩由整流装置、直流输入控制装置、直流输出控制装置和直流充电管理装置组成，其系统框图如图 4-3-4 所示。

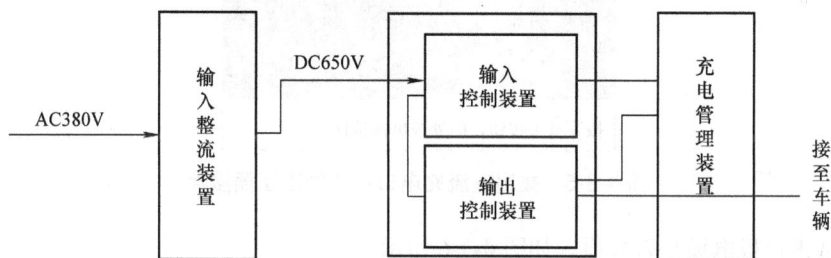

图 4-3-4 直流充电桩系统框图

1. 直流充电桩的工作原理

电网中 380V 交流电通过 PWM 整流装置对输入的三相交流电进行整流，经滤波后，形成稳定的直流母线电压 650V，提供给后级输出控制装置，为输出控制装置提供动力电源。

直流输入控制装置 DCM 对直流电能计量并控制直流供电系统，也起到安全防护作用。直流输出控制装置（PUM）与车载 BMS（能量管理系统）通信，进行 DC/DC 功率变换，输出动力电池所需电压、电流，而用户则通过直流充电管理装置进行人机交互，实现身份识别、费用收取、票据打印、数据管理、控制充电电量等。

2. 直流充电系统的工作原理

1）直流供电。车辆直流充电口连接到直流充电桩，直流充电桩通过充电枪为电动汽车提供高压直流电源。

2）充电唤醒。充电枪连接到车辆快速充电接口，整车控制器（VCU）通过充电连接确认线 CC 判断快速充电接口是否正确连接，如果判断正确连接后，启用唤醒线路将车辆内部的充电系统电路和部件唤醒。

3）检测充电需求。电池管理系统（BMS）检测动力电池是否需要进行充电。

4）发送充电指令。如果检测到动力电池有充电需求时，整车控制器（VCU）通过输出高压接触器接通指令到高压控制盒，接通动力电池与直流充电桩间的高压电路，开始进行充电。

5）充电过程。充电过程中，整车控制器（VCU）向仪表输出充电显示信息，外部供电设备的高压直流电通过直流充电桩储蓄到动力电池。

6）充电停止。电池管理系统（BMS）检测到充电完成后，给整车控制器（VCU）发送指令，快速充电系统停止工作，断开动力电池继电器，充电结束。

三、直流充电系统检测方法

1. 检查直流充电口总成高压线束

1）拔出直流充电口总成的高压插接件，如图 4-3-5 所示。

按下开关按钮，向外拔出插接件

图 4-3-5　拔出直流充电口总成的高压插接件

2）测试正负极电缆是否导通，如图 4-3-6 所示。

图 4-3-6　测试正负极电缆

以上检查结果正常，进行下一步检查，不正常则更换直流充电口。

2. 检查直流充电口总成低压线束

1）将启动开关置于"OFF"位置。

2）拔出电池管理器低压插接件 BMC02。

3）用万用表检查电池管理器插接件 BMC02 与充电口端子值。

相关标准值如表 4-3-2 所示，检查结果正常，进行下一步检查，不正常则更换线束。

表 4-3-2　测量位置及对应的标准值

测量位置	标准值
BMC02-04(B04)~CC2（直流充电感应信号）	小于 1Ω
BMC02-14(B14)~S+（CAN-H）	小于 1Ω
BMC02-20(B20)~S-（CAN-L）	小于 1Ω
1(A1)~A-（低压辅助电源负）	小于 1Ω
2(A2)~A+（低压辅助电源正）	小于 1Ω
CC1~车身地	1kΩ±30Ω

3. 检查高压电控总成

将启动开关置于"OFF"位置，连接充电枪，准备充电。拔出电池管理器低压插接件 BMC01 和 BMC02，测量 BMC02 的 24 号端子（B24，见图 4-3-7）与车身接地电压（标准电压 11~14V）。

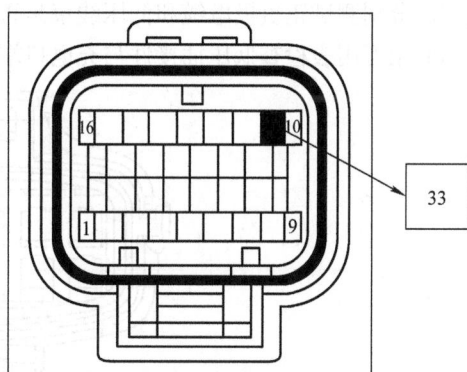

测量 BMC01 的 33 号端子（A33）与车身接地电阻（标准电阻小于 1Ω），如图 4-3-8 所示。

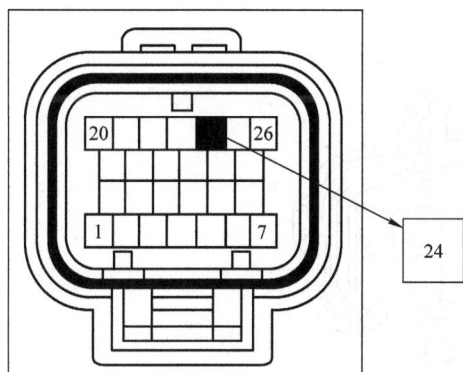

图 4-3-7　BMC02 的 24 号端子（B24）　　　图 4-3-8　BMC01 的 33 号端子（A33）

断开充电枪，拔下电池管理器插件，将直流充电正负极接触器控制脚与车身地短接，即 BMC01 的 33 号端子（A33）接地，并吸合充电正负极接触器。用万用表测量充电口 DC+ 与 DC-，正常值约为 650V。

以上检查结果正常，请更换电池管理器。

【任务实施】

1. 任务准备

安全防护：做好车辆安全防护与隔离（车内外三件套、车轮挡块、警示隔离带等）。

工具设备：诊断仪、数字万用表、兆欧表、绝缘防护用品、绝缘工具套装、常规工具套装、动力电池拆装举升台、充电桩等。

台架车辆：比亚迪 E5 整车。

辅助资料：维修手册、教材、实训工作页。

2. 实施任务

实训步骤如下：

步骤 1：启动比亚迪 E5，发现汽车只有 40% 的剩余电量，进行直流充电，发现直流充电桩与车辆无法通信。

步骤 2：分析故障症状。表 4-3-3 所示为故障症状及可能发生故障的部位。

表 4-3-3　故障症状及可能发生故障的部位

故障症状	可能发生故障部位
直流无法充电	1）直流充电口　　2）高压电控总成 3）电池管理器　　4）线束

步骤 3：直流无法充电故障诊断与排除。

具体检查方法如下：

1）检查直流充电口总成高低压线束，如图 4-3-9 所示。

①分别拔出直流充电口总成的高压插接件和低压插接件。

②分别测试正负极电缆和低压线束是否导通。

③用万用表检查低压插接件与充电口端子值是否正常。

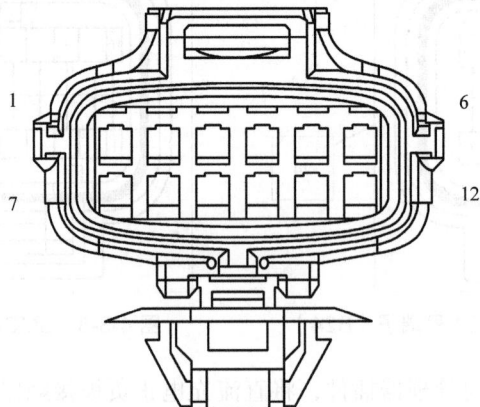

图 4-3-9　直流充电口总成高低压线束

2）检查电池管理器低压插接件，参考正常值见表 4-3-4。

表 4-3-4　电池管理器低压插接件正常值

端子	线色	正常值
1～A（低压辅助电源负）	B	小于 1Ω
3～CC2（直流充电感应信号）	R	小于 1Ω
4～S-（CAN_L）	B	小于 1Ω
5～S+（CAN_H）	R	小于 1Ω
CC1～车身地	W/B	1kΩ ± 30Ω

① 检测辅助电源是否正常（A+、A- 之间的电压为 12V）。

② 拔出电池管理器低压插接件 BMC02（图 4-3-10）。

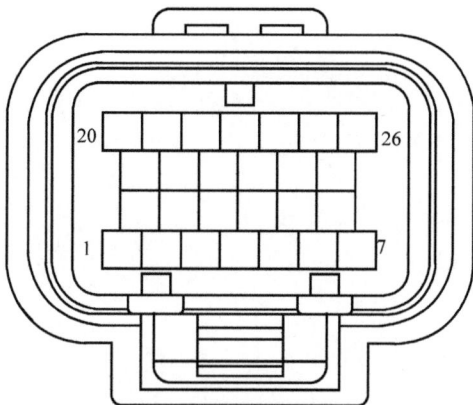

图 4-3-10　电池管理器低压插接件 BMC02

③ 用万用表检查蓄电池管理器插接件 BMC02 与充电口端子值，参考正常值见表 4-3-5。

表 4-3-5　蓄电池管理器插接件 BMC02 与充电口端子值

端子	线色	正常值
BMC02-04～CC2（直流充电感应信号）	R	小于 1Ω
BMC02-14～S+（CAN_N）	R	小于 1Ω
BMC02-20～S-（CAN_L）	B	小于 1Ω
1～A-（低压辅助电源负）	B	小于 1Ω
2～A+（低压辅助电源正）	R	小于 1Ω

3）检查高压电控总成。方法如下：

① 电源置为 OFF 档。

② 连接充电枪，准备充电。

③ 用万用表检查蓄电池管理器插接件 BMC02 与车身地值，见表 4-3-6。

表 4-3-6　蓄电池管理器插接件 BMC02 与车身地值

端子	线色	正常值
直流充电正负极接触器电源脚～车身地	W/B	11～14V
直流充电接触器控制脚～车身地	B	小于 1Ω

④断开充电枪。

⑤拔下电池管理器插接件，将直流充电正负极接触器控制脚与车身地短接，将吸合充电正负极接触器。

⑥用万用表测量充电口 DC+ 与 DC−，正常值约为 650V。

4）更换电池管理器。

5）诊断完毕。

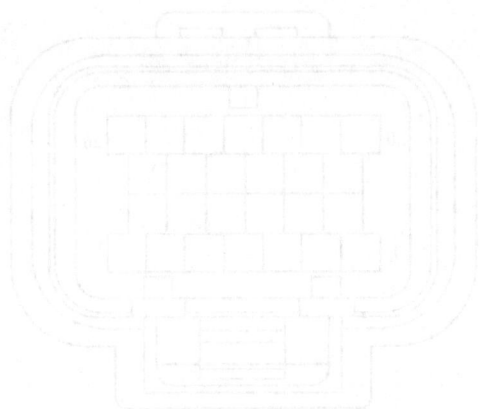

电池管理系统故障诊断与维修

学习任务一　电池管理系统认知

【任务导入】

一名实习生在维修比亚迪 E5 汽车时，遇到电池管理系统相关故障，向维修师傅请教电池管理系统的知识点。作为一名维修师傅，请您为实习生讲解比亚迪 E5 电池管理系统的基础知识。

【学习目标】

1. 能够描述动力电池管理系统的功能。
2. 能够描述动力电池管理系统的结构组成。
3. 能够叙述动力电池管理系统控制逻辑。

【理论知识】

一、电池管理系统的基本功能

动力电池组的管理系统是整车能源管理系统的一个子系统，它可保护动力电池，合理地使用并管理电池组的电能，并为驾驶人提供并显示动力电池组的动态变化参数等，是电动汽车节能、减排和延长续驶里程的重要管理机构。

动力电池管理系统与电动汽车的动力电池紧密结合在一起，随时对动力电池的电压、电流、温度进行检测，同时还进行漏电检测、热管理、电池均衡管理、报警提醒，计算剩余容量、放电功率，报告 SOC（State of Charge，荷电状态）、SOH（State of Health，性能状态，也称健康状态），还根据动力电池的电压、电流及温度用算法控制最大输出功率以获得最大续驶里程，以及用算法控制充电机进行最佳电流的充电，通过 CAN 总线接口与车载总控制器、电机控制器、能量控制系统、车载显示系统等进行实时通信，以避免出现过放、过充、过热和单体电池电压不一致现象，最大限度地利用动力电池存储能力和循环寿命。电池管理系统的常见功能模块可以分为测量功能、状态估计功能、系统辅助功能和通信与故障诊断，详见表 5-1-1。

表 5-1-1　电池管理系统的基本功能

功能模块	关键技术项目	相关系统和装置	功能
测量功能	建立电池模型	—	描述电池参数的动态变化规律，用数字方程表达，用于动力电池系统仿真
	数据监测及采集	集中式或分布式监测装置	单体蓄电池电压、电流，动力蓄电池组总电压、总电流，控制均衡充放电策略
状态估计功能	能量管理	电池管理模块	根据电池的电压、电流及 SOC 控制电流的充放电，放置过充和过放
	状态估算	电池管理模块	根据动力蓄电池 SOC 和 SOH 的算法，估算电池寿命（衰减）状态
辅助系统功能	热量管理	热量检测模块及传感器	冷却系统和冷却装置（风扇或液泵）检测及控制
	数据显示	仪表、显示器	动力电池组实时电压、电流、SOC、剩余电量、温度等数据显示和故障报警等
通信与故障诊断	安全管理	自动断电、报警	动力电池过充、过放、过压、过流、高温等危险状态自动切断电源、报警等
	数据处理与通信	串行通信接口，CAN 总线	单体电池采用串行通信接口，整车管理系统采用 CAN 总线

二、动力电池管理系统组成

动力电池管理系统主要由采集模块、主控模块、显示模块、漏电模块（有些车辆是集成在主控模块内）组成。

1）采集模块：采集电压、电流、温度、单体主动 / 被动均衡。

2）主控模块：主控模块完成对电池组总电压、总电流的检测，并通过 CAN 总线与采集模块、车载仪表系统及车载充电机等通信。

3）显示模块：用于电池组的状态以及 SOC 等各种参数的显示、操作等，并可保存相关数据。

4）电池均衡管理：当电池箱内电池电压不一致超过规定值时，在充电电流小于一定值后，可对电池进行均衡，如图 5-1-1 所示。

动力电池管理系统包括动力电池管理系统控制单元 MCU、动力电池单体电压和温度信号采集模块（BMU 模块）、总电流及总电压信号采集模块（UI 模块）、整车通信模块、高压电安全系统（高压接触器、熔断器）及电流均衡模块、热管理系统和检测单元（电流传感器、电压传感器和温度传感器）等。均衡功能包括电池单体电压及温度均衡两个方面，附带有监测并响应碰撞及电池渗漏的功能，当监测到影响安全的信号时，管理系统则立即切断高压电供给。

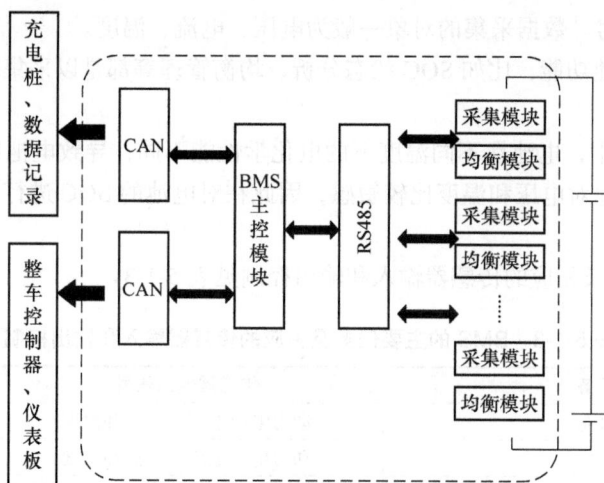

图 5-1-1　电池均衡控制模块

三、电池管理系统的工作模式

动力电池单体电压和温度信号采集模块（BMU 模块）主要用于采集电池单体的电压及温度信息，通过相应接口传至高压接触器控制及电流均衡模块，经控制策略算法，实现各接触器的动作，从而使动力电池管理系统进入不同的工作模式。动力电池管理系统可工作于下电模式、准备模式、放电模式、充电模式和故障模式，详见表 5-1-2。

表 5-1-2　蓄电池管理系统的工作模式

工作模式	工作过程
下电模式	整个系统的低压与高压处于不工作状态的模式。动力电池管理系统控制的所有高压接触器均处于断开状态；低压控制电源处于不供电状态。下电模式属于省电模式
准备模式	系统所有的接触器均处于未吸合状态。在该模式下，系统可接受外界的点火开关、整车控制器、电机控制器、充电插头开关等部件发出的硬线信号或受 CAN 总线报文控制的低压信号来驱动控制各高压接触器，从而使动力电池管理系统进入所需工作模式
放电模式	动力电池管理系统监测到点火开关的高压上电信号后，系统首先控制进入预充电状态；当预充电容两端电压达到母线电压的 90% 时，立即进入放电模式
充电模式	动力电池管理系统检测到充电唤醒信号时，系统即进入充电模式。在充电模式下，系统不响应点火开关发出的任何指令，充电插头提供的充电唤醒信号可作为充电模式的判定依据，对于磷酸铁锂电池，由于其低温下不具备很好的充电特性，甚至还伴随有一定的危险性，因此基于安全考虑，还应在系统进入充电模式之前对系统进行一次温度判别。当电池温度低于 0℃ 时，系统可进入充电模式
故障模式	故障模式是控制系统中常出现的一种状态。动力电池管理系统对于故障的响应还需根据等级而定，当其故障级别较低时，系统可采取报错或者发出报警信号的方式告知驾驶人；而当故障级别较高，甚至伴随有危险时，系统将采取断开高压接触器的控制策略。低压蓄电池是整车控制系统的供电来源，无论是处于充电模式、放电模式还是故障模式，直流变换器接触器的闭合都可使低压蓄电池处于充电模式，从而保证低压控制系统工作正常

四、电池管理系统的数据采集

数据采集功能作为电池管理系统中其他功能的基础与前提，其采集的精度和速度直接反映了电池管理系统的优劣。数据采集的对象一般为电压、电流、温度。

管理系统中的其他功能，比如 SOC 状态分析、均衡管理等都是以采集获取的数据为基础进行分析及处理的。

在实际使用过程中，电池在不同温度下的电化学性能不同，导致电池所放出的能量也是不同的。锂离子动力电池对电压和温度比较敏感，因此在对电池的 SOC 进行评估时必须考虑温度的影响。

BMS 的主要任务及相应的传感器输入和输出控制见表 5-1-3。

表 5-1-3　BMS 的主要任务及相应的传感器输入和输出控制

主要任务	传感器输入信号	执行器
防止过充	动力电池电压、电流和温度	OBC/ 直流桩
避免过放	动力电池电压、电流和温度	电机控制器
温度控制	动力电池温度	热管理系统
动力电池组件电压和温度的均衡	动力电池电压和温度	均衡装置
预测动力电池的 SOC 和剩余行驶里程	动力电池电压、电流和温度	显示装置
动力电池诊断	动力电池电压、电流和温度	非在线分析装置

1. 单体电压测量和电压监控

单体电压的测量，对于电池管理系统有如下意义：一是可以用来累计获得整个电池组的电压；二是可以根据单体电压压差来判断单体差异性；三是可以用来检测单体的运行状态。

单体电压的采集和保护目前都用 ASIC 来完成，而考虑采集电压的精度不仅仅需要考虑 ASIC 电路本身的精度，也需要考虑单体电压采样线束、线束保护用熔丝、均衡状态等多项内容。由于对电压采集精度的敏感度，与电池化学体系和 SOC 范围（SOC 两端的需求往往较高）都有关系，实际上的 ASIC 采集得到的电压数据需要经过还原成接近电池本身的电压。

2. 电池组电压测量

在后续计算 SOC 的时候，往往会用电池组的总电压来核算，这是评价电池组性能的重要参数之一。若采用单体电压（图 5-1-2）累加计量而成本身电池单体电压采样会存在有一定的时间差异性，这个差异无法与电池传感器的数据实现精确对齐，因此往往采集电池组电压作为主参数来进行运算。在诊断继电器的时候，是需要电池组内外电压一起比较的，所以一般测量电池组电压至少进行两路测量。

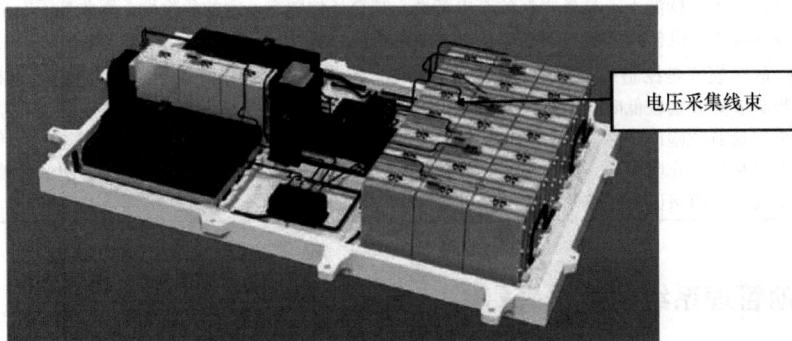

电压采集线束

图 5-1-2　电压采集线束

3. 电池温度

温度对电池的参数有着很大的意义，因此从设计到使用都应该进行严格精确的考虑。在设计电池和模组的时候，单体电池内外的温度差异、电池极耳和母线焊接处的材料对温度的要求、模组内单体电池温度差异和电池组内最大温度差，这些参数在设计整个电池组的时候必须进行先期控制。

在国标 GB/T 31486—2015《电动汽车用动力蓄电池电性能要求及试验方法》中关于电池模块在高温和低温下的性能要求为：

1）在 −20℃±2℃下的 1C 放电容量不低于初始容量的 70%。

2）在 55℃±2℃下的 1C 放电容量不低于初始容量的 90%。

3）在 55℃±2℃下 100%SOC 存储 7 天后，其荷电保持率不低于初始容量的 85%，容量恢复应不低于初始容量的 90%。

BMS 在设计温度传感器的放置点位置，以及放置温度传感器的数量都要进行计算，以最大限度地使采集得到的温度点能够表征整个电池组的运行情况。

在温度检测的精度方面也要进行研究，如蓄电池在 −40℃ 的时候，系统本身需要加热才能运行，因此检测精度不需要特别高。而在 −10 ~ 10℃对电池性能具有重大影响的区域，还有40℃高温临近点，这些都是需要重点关注的区域。在设计的过程中，通常用上拉电阻、滤波电阻和温度传感器的本身的数值进行蒙特卡罗分析。

蒙特卡罗分析采用蒙特卡罗方法（Monte Carlo method），蒙特卡罗方法又称统计模拟法、随机抽样技术，是一种随机模拟方法，以概率和统计理论方法为基础的一种计算方法，是使用随机数（或更常见的伪随机数）来解决很多计算问题的方法。将所求解的问题同一定的概率模型相联系，用电子计算机实现统计模拟或抽样，以获得问题的近似解。为象征性地表明这一方法的概率统计特征，故借用赌城蒙特卡罗命名。

需要注意的是，为了增加检测精度，在一个电池组内放置过多的温度传感器也未必是上策，过多的传感器使测量电路过于繁冗，温度分析对比的工作量增大，同时也增加了制造成本，并为后续检测维修带来麻烦。因此，采用高精度温度传感器或者进行有效集成化检测都将是温度检测电路的发展方向。而目前 ASIC 电路也会将温度采集的功能涵盖进去。

4. 电池组流体温度检测

电池组流体温度检测一般检测流体入口和出口的温度，检测电路与单体检测类似。通常采用以下检测方法：

1）热敏电阻采集法。成本低，线性度不好，制造误差比较大。

2）热电偶采集法。准确度高、外部电路复杂，一般用于高温测量。

3）集成温度传感器采集法。基于热敏电阻，精度媲美热电偶，直接输出数值，很适合在数字系统中使用。

5. 电流测量

电池组的电流是引起单体温度变化的主要原因，作用在内阻和化学发热一起构成了电池发热；电流变化的时候也会引起电压的变化，与时间一起，这三项是核算电池状态的必备元素。电池组内的单体电池以串联的形式为整车提供电能，因此电流测量一般只需要测量动力电池母线电流即可反映。

　　由于电池系统需要处理的电流数值，往往瞬时很大，比如车辆加速所需要的放电电流和能量回收时的充电电流，因此评估测量电池组的输出电流（放电）和输入电流（充电）的量程和精度，是一件极其精确的工作。

　　动力电池母线电流检测一般常见两种检测方法：一种是在高压回路串联电流传感器，如图5-1-3所示；另一种是用霍尔电流传感器套在高压母线上，如图5-1-4所示。霍尔电压和电流传感器都是根据霍尔效应制作的磁场传感器，在参数测量原理上基本一致，具有测量精确度高、线性度好、工作频带长、抗过载和抗干扰能力强、测量范围大等优点。同时霍尔传感器在参数测量过程中能实现更高的主电路回路和单片机系统的隔离安全性。

图 5-1-3　高压回路串联电流传感器　　　　图 5-1-4　高压母线上嵌套霍尔电流传感器

　　霍尔传感器一开始在日系混合动力汽车上用得较多，现在慢慢由智能分流器完成电压和电流的采样，通过串行总线传输，甚至可以在里面实现 SOC 的估算。

　　直流漏电流传感器（图 5-1-5）是一种利用磁通门原理（Fluxgate）将被测直流电流转换成与该电流成比例输出的直流电流或电压信号的测量模块，原副边之间高度绝缘。漏电流传感器环绕安装在直流回路的正负出线上，当装置运行时，实时检测各支路传感器输出的信号，当支路绝缘情况正常时，流过传感器的电流大小相等，方向相反，其输出信号为 0；当支路有接地时，漏电流传感器有差流流过，传感器的输出不为 0。因此通过检测各支路传感器的输出信号，就可以判断直流系统接地支路。霍尔漏电传感器一般采用四线制连接形式。

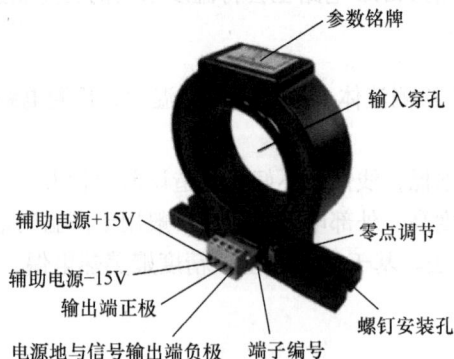

图 5-1-5　直流漏电流传感器

6. 绝缘电阻检测

　　绝缘电阻是反映电池供电安全的重要指标，根据人体所能够承受最大的电压，绝缘电阻一

且低于 $500\,\Omega/V$，电池管理系统就应该对驾乘人员做出安全警告或者切断高压接触器停止供电。

根据 GB/T 18384.1—2015 的定义，高压电池系统属于 B 级电压，最大工作电压大于 AC 30V（RMS）、小于等于 AC 1000V（RMS），或大于 DC 60V、小于等于 DC 1500V 均属于此范畴。

在电池管理系统内，一般需要对整个电池系统和高压系统进行绝缘检测，采用比较简单的测量方式是依靠电桥来测量总线正极和负极对地线的绝缘电阻。而高压回路绝缘状态监测点，一般设置在正极母线和负极母线接触器主接触点处，动力电池金属底壳与车身搭铁也必须保持良好。通过检测高压回路正负母线对车辆底盘的绝缘电阻，也可以反映高压电气系统的绝缘性能。

根据国家推荐的电动汽车绝缘电阻计算方法，绝缘电阻计算硬件原理如图 5-1-6 所示。

图 5-1-6 中，$R+$ 和 $R-$ 为待计算的正负母线对地的绝缘电阻；R_0 为计算绝缘电阻而设置的偏置电阻；虚线框中的部分则为计算正负母线对地电压所采用的电阻分压采样电路。通过控制器的循环控制，交替将 R_0 并接到正负母线对地电阻上并测得相应的 $V+$ 和 $V-$，根据基尔霍夫电压和电流定律即可计算出正负母线对地电阻。

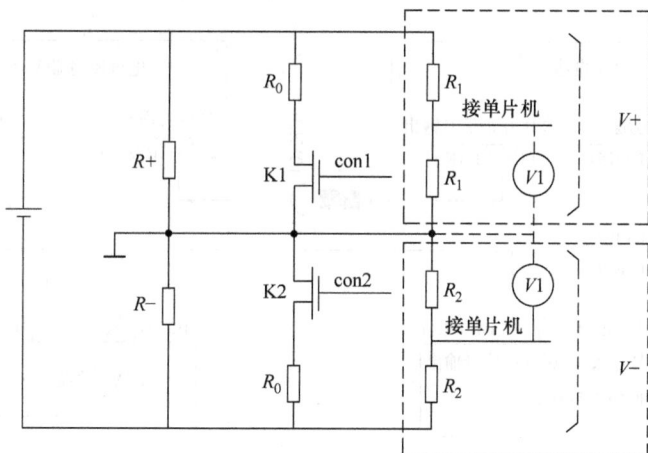

图 5-1-6　绝缘电阻计算硬件原理图

7. 高压互锁检测（HVIL）

高压互锁的目的主要是用来确认整个高压系统的完整性，当高压系统回路断开或者完整性受到破坏的时候，电池管理系统必须启动高压安全保护措施。

高压互锁检测系统的存在，可以使得在高压总线上电之前，保证整个系统的完整性，也就是说在电池系统主、负继电器闭合给电之前就可以防患于未然。HVIL 的存在，是需要整个系统构成的，主要通过插接器的低压连接回路完成的，电池管理单元一般需要提供电路的检测回路。

高压互锁装置采用低压导线作为信号线，与高压电源线并联在高压线束护套管内，并将所有高压部件串联起来形成回路。由于高压互锁插头中高压电源的正、负极端子与中间互锁端子的物理长度不同，如图 5-1-7 所示，所以当连接高压插头时，高压插头的电源端子会先于中间互锁端子完成连接。断开高压插头时，中间互锁端子则先于高压电源的正、负极端子脱开，从而避免了高压环境下电弧的产生。

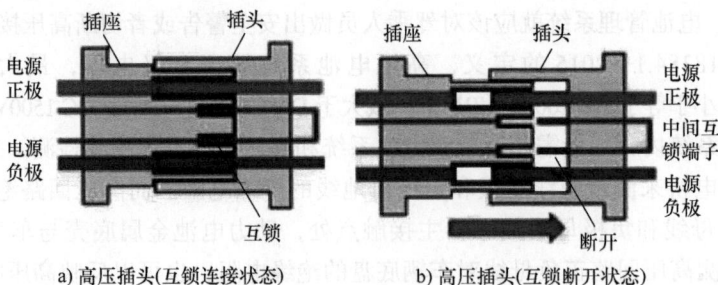

a) 高压插头(互锁连接状态)   b) 高压插头(互锁断开状态)

图 5-1-7　高压互锁装置

同时，高压互锁装置内还配备了用于监测高压部件盖板是否可靠关闭的行程开关以及车辆碰撞和翻转信号监测装置，用于触发断电信号，确保在毫秒级时间内断开高压回路，并利用高压系统放电电路将汽车高压部件电容端的电压短时间内放掉，避免漏电或火灾事故的发生。

比亚迪 E5 车型高压互锁电路结构如图 5-1-8，该车高压互锁电路由电池管理系统（BMS）、动力电池组、电机控制器（VTOG）及空调加热器（PTC）组成。

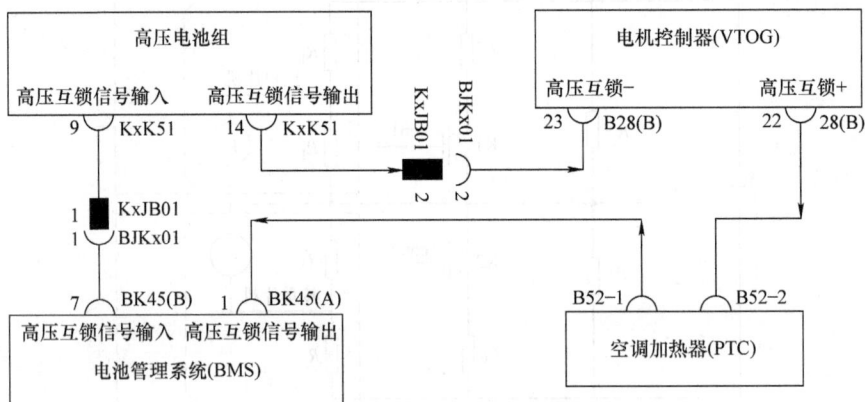

图 5-1-8　比亚迪互锁电路结构简图

一旦高压互锁电路出现问题，互锁电路所在系统控制器内部将以故障码的形式进行存储，如"P1A6000——高压互锁 1 故障"等，同时车辆进入高压电安全保护状态。图 5-1-9 所示为带互锁端子的三相线束插接器。

五、电池管理系统的控制策略

1. 状态分析

对电池状态的分析主要是电池剩余电量（SOC 评估）及电池衰减程度（SOH 评估）两方面。通过 SOC 评估能够直观地显示电池剩余电量对续驶里程的影响。为确保 SOC 的分析准确度，必须考虑电池在使用过程中的所有影响因素。而 SOC 的分析会受到 SOH 的影响，电池的 SOH 在使用过程中受到温度、电流等持续

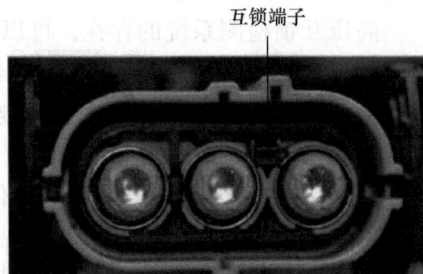

图 5-1-9　三相电机插接器（电机连接端、互锁端子）

影响而需要不断进行分析，以确保 SOC 分析的准确性。

在对 SOC 的分析上，主要有电荷计量法、开路电压法、卡尔曼滤波法、人工神经网络算法和模糊逻辑法等。在此只对电荷计量法和开路电压法这两种方法做简单介绍。

（1）电荷计量法

电荷计量法是通过对一段时间内电池充入、放出的电荷进行统计，即电流在时间上的累积来计算得到 SOC。虽然这是最常用的一种计量方法，然而会受到很多因素的影响，包括数据采用精度、自放电问题等。例如，由于采用的电流传感器的精度不足，用于积分计算的电流与真实值之间存在误差，使得 SOC 的结果偏差越来越大。因此，在采用电荷计量法时需要用到一些修正算法对各种影响因素进行校正，减少计算分析结果的误差。

（2）开路电压法

开路电压法是在电池处于静置状态下测量电池的开路电压来计算电池的 SOC。但需要注意的是，采用开路电压法时一般认为 SOC 与电动势有一定的线性关系，任意一个 SOC 值都只对应一个电动势值。在采用开路电压法必须要考虑到电压回弹效应，在电压没有回弹到稳定值时计算得到的 SOC 会偏小。与电荷计量法相比较，开路电压法在电池正常工作时不能使用，这是它最大的问题。

其实现阶段要对 SOC 进行十分精确的测量存在很大的困难，比如由于传感器精度和电磁干扰引起采样数据的不准确带来状态分析的偏差。另外，电池的不一致性、历史数据、使用工况的不明确性也对 SOC 的计算带来很大的影响。

动力电池放电功率控制策略以控制策略模块根据动力电池系统 SOC 及单体电芯平均温度 T_{avg} 调整当前状态最大允许放电功率。BMS 上报当前状态最大允许放电功率给整车控制器 VCU，间接控制动力电池放电功率；当 SOC 和单体电芯平均温度 T_{avg} 发生变化时 BMS 以 20ms 变化 0.5kW 的速率调整当前状态最大允许放电功率。

2. 均衡控制

由于生产制造和工作环境的影响会造成电池单体的不一致性，在电压、容量、内阻等性质上出现差异，导致每个单体电池在实际使用过程中有效容量和充放电电量是不一样的。因此，为保证电池系统的整体性能和延长使用寿命，为减少单体电池之间的差异性而对电池进行均衡控制是十分必要的。

均衡管理有助于电池容量的保持和放电深度的控制。根据电池自身储电与放电特性，当某个电池单体充满电而其他电池单体没有充满时，或者某个最小电量的单体电池放电截止而其他电池还没有达到放电截止限制时，对电池组的充放电进行控制。这也是一种电池自我保护的特性，也是为了防止出现电池过充或者过放电的现象，导致电池内部会发生一些不可逆的化学反应使电池的性质受到影响，从而影响电池的使用寿命。

按照均衡管理中的电路结构和控制方式这两个方面来归纳，前者分为集中式均衡和分布式均衡，后者分为主动均衡和被动均衡。集中式均衡是指电池组内所有的电池单体共用一个均衡器来进行均衡控制，而分布式均衡是一个或若干个电池单体专用一个均衡器。前者通信简单直接，进行均衡速度快。但电池单体与均衡器之间的线束排布复杂，不适合单体数量多的电池系统。后者能够解决前者线束方面的问题，缺点是成本高。主动均衡又称非耗散型均衡，形象说就是进行电池单体之间的能量转移。将能量高的电池单体中的能量转移到能量低的单体上以达到能量均衡目的。被动式则是耗散型均衡，利用并联电阻等方式将能量高的单体中能量消耗至与其他单体均衡的状态。主动式均衡效率高、能量转移而不是被消耗，但结构复杂带来成本的上升。

目前主流的均衡指标主要有电池实际容量、电池端电压和电池荷电状态三种。

电池实际容量均衡是以电池实际容量趋于一致为目的。其办法是将充满状态的电池组继续小电流充电，即用过充办法直到正负极板上出现气泡，消除小容量电池对整体电池性能的影响，但是过充影响电池寿命，不安全。

电池端电压均衡是以使端电压趋于一致为目的。但实际情况下，电池内阻的不同对端电压的影响是不可避免的，因此充电时内阻大的电压端电压大，需要对其放电均衡，内阻小的端电压小，需要对其充电均衡；而在放电时候情况完全相反，内阻大的端电压小，需要对其充电均衡，内阻小的端电压大，需要对其放电均衡。这样整个充放电均衡过程非常混乱，效果并不理想。

电池荷电状态均衡是以使电池 SOC 值一致为目的，提高功率输出，保证安全性。但是难点在于 SOC 的不确定影响因素太多，如何精确估算 SOC 是关键。精确估算 SOC 能放心地减少额外冗余，提高电池可使用容量，增加续驶里程。

3. 电池热管理

电池系统由于具有一定的内阻，在不同运行工况下，在输出功率、电能的同时，其自身会产生一定的热量。这些热量的聚集会使电池温度升高，而由于空间布置的不同使得电池组各处温度不一致。当电池温度超出其正常工作温度区间时，必须限功率工作，否则轻则会影响电池的使用寿命，严重时会有引起电池热失控的安全隐患。为了保证电池系统的电输出性能和使用寿命，动力电池系统必须设计热管理系统。电池热管理系统是用来确保电池系统工作在适宜温度范围内的一套管理系统，主要由电池箱、传热介质、监测设备等部件构成。图 5-1-10 所示为某模组热分析结果。

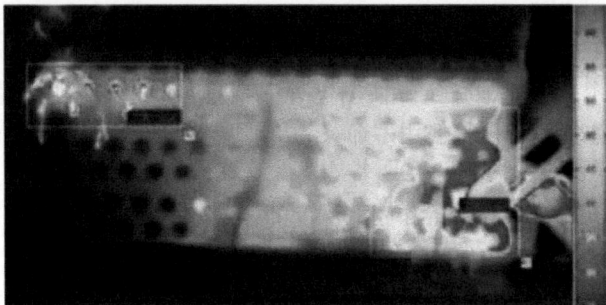

图 5-1-10 某模组热分析结果

（1）动力电池热管理系统的功能

电池管理系统在热管理上的主要功能是对电池温度进行准确的测量和监控，在电池组温度过高时进行有效散热和通风，保证电池组温度场的均匀分布。在低温的条件下能够进行快速加热，使电池组达到能够正常工作的环境。

电池组热管理系统有如下 5 项主要功能：①准确测量和监控电池温度；②电池组温度过高时进行有效散热和通风；③低温条件下对电池组快速加热；④有害气体产生时进行有效通风；⑤保证电池组内部温度均匀。

（2）电池内传热的基本方式

电池内热传递方式主要有热传导、对流换热和辐射换热三种方式。电池和环境的热量交换也是通过辐射、传导和对流这三种方式进行的。

热辐射是指物体由于具有温度而辐射电磁波的现象，主要发生在电池表面，与电池表面材料的性质相关。

热传导是指物体与物体直接接触而产生的热传递。电池内部的电极、电解液、集流体等都是热传导介质，而将电池作为整体，电池和外部环境的温度和环境热传导性质决定了环境中的热传导。

热对流是指电池表面的热量通过环境介质（一般为流体）的流动交换热量，它也和温差成正比。对于单体电池内部而言，热辐射和热对流的影响很小，热量的传递主要是由热传导决定的。电池自身吸热的大小是与其材料的比热容有关，比热容越大，散热越多，电池的温升越小。如果散热量大于或等于产生的热量，则电池温度不会升高；如果散热量小于所产生的热量，热量将会在电池体内产生热积累，电池温度升高。

（3）电池组热管理系统形式

按照传热介质，可将电池组热管理系统分为空冷、液冷和相变材料冷却三种。考虑到材料的研发以及制造成本等问题，目前最有效且最常用的散热系统是采用空气和冷却液作为散热介质。按照散热风道结构不同，空气冷却系统可分为串行通风方式和并行通风方式两种，如图5-1-11和图5-1-12所示。而现在高速电动汽车为了增大散热量常采用冷却液强制循环冷却方式，利用大量冷却液的循环流动带走动力电池自身热量。

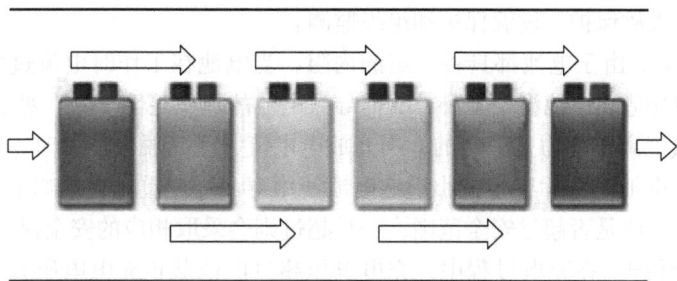

图 5-1-11　串行通风

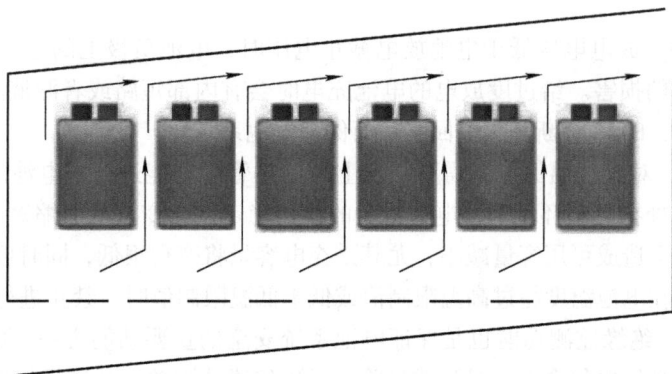

图 5-1-12　并行通风

除了为动力电池散热以外，热管理系统在环境温度过低的情况下也为电池组加热，以提高电池组的工作效率。加热系统与散热系统采用同一套系统部件只是增设加热元件，部分车辆通过安装电加热装置提升加热效果。例如，吉利EV450车辆电芯加热策略就采用只在充电模式下启动加热系统，按照动力电池系统的温度范围和充电类型划分为以下情况：

1）如果单体电芯平均温度$T_{avg}<0℃$，车载交流充电模式下进行充电前预热，即只加热不充电；不支持直流充电。

2）如果单体电芯平均温度$T_{avg}<10℃$，车载交流充电模式下与直流充电模式下边充电边加热。

3）如果单体电芯平均温度$T_{avg}>10℃$，加热系统不启动。

4. 安全保护

安全保护管理系统主要是在烟雾报警、绝缘检测、自动灭火、过电压和过电流控制、过放电控制、防止温度过高、在发生碰撞等危险情况下能够自动关闭电源，从而保障车辆和人员安全的系统。

电动汽车动力电池系统电压平台有300V和600V，已经大大超过了人体可以承受的安全电压。因此，电气绝缘性能是电安全管理的重要内容，绝缘性能的好坏不仅关系到电气设备和系统能否正常工作，更重要的是还关系到人的生命财产安全。

纯电动汽车驱动能量的唯一来源是动力电池，因此纯电动汽车的高压电配置中只有动力电池组一个高压母线电路，高压电安全管理系统对高压电路的用电及安全进行直接的管理和控制。

安全保护作为整个电池管理系统最重要的功能，是基于以下四个功能而进行的，主要包括过电流保护、过充过放保护、过温保护和绝缘监测。

1）过电流保护。由于电池都具备一定的内阻，当电池在工作时电流过大会造成电池内部发热，热量积累增加造成电池温度上升，从而导致电池的热稳定性下降。对于锂离子电池来说，正负极材料的脱嵌锂离子能力是一定的，当充放电电流大于其脱嵌能力时，将使电池的极化电压增加，从而导致电池的实际容量减小影响电池使用寿命，严重时会影响电池的安全性。电池管理系统会判断电流值是否超过安全范围，一旦超过则会采取相应的安全保护措施。

2）过充过放保护。在充电过程中，充电电压超过电池截止充电电压时，电池内正极晶格结构会被破坏，导致电池容量变小，并且电压过高时会增加正负极短路发生爆炸的隐患。BMS会检测系统中单体电池的电压，当电压超过充电限制电压时，BMS会断开充电回路从而保护电池系统。

在放电过程中，放电电压低于电池放电截止电压时，电池负极上的金属集流体将被溶解，给电池造成不可逆的损害。给过度放电的电池充电时会有内部短路或者漏液的可能。当电压超过放电限制电压时，BMS会断开放电回路从而保护电池系统。

3）过温保护。对于过温保护，需要结合上面的热管理功能进行。电池活性在不同温度下有所不同。长时间处在高温环境下，电池材料的结构稳定性会变差从而缩短电池使用寿命。低温下电池活性受限会造成可用容量减小，尤其是充电容量将变得很低，同时可能产生安全隐患。电池管理系统能够在电池温度超过高温限制值或低于低温限制值时，禁止进行充放电。

4）绝缘监测。绝缘监测功能也是保证电池系统安全的重要功能之一。电池系统电压通常有几百伏，一旦出现漏电将会对人员形成危险，所以绝缘监测功能就显得相当重要。BMS会实时监测总正和总负对车身搭铁的绝缘阻值，如果出现绝缘阻值低于安全范围，则会上报故障并断开高压电。

5. 通信与故障存储功能

通过电池管理系统实现电池参数和信息与车载设备或非车载设备的通信，为充放电控制、整车控制提供数据依据是电池管理系统的重要功能之一，根据应用需要，数据交换可采用不同的通信接口，如模拟信号、PWM 信号、CAN 总线或 I2C 串行接口。

CAN（Controller Area Network）即控制器局域网络。由于其高性能、高可靠性及独特的设计，CAN 越来越受到人们的重视。CAN 总线是一种串行数据通信协议，其通信接口中集成了 CAN 协议的物理层和数据链路层功能，可完成对通信数据的成帧处理，包括位填充、数据块编码、循环冗余检验、优先级判别等项工作。图 5-1-13 就是比亚迪 E5 CAN 局域网络拓扑结构图，从结构图上可以清晰看出各控制模块与 CAN 总线的连接形式。

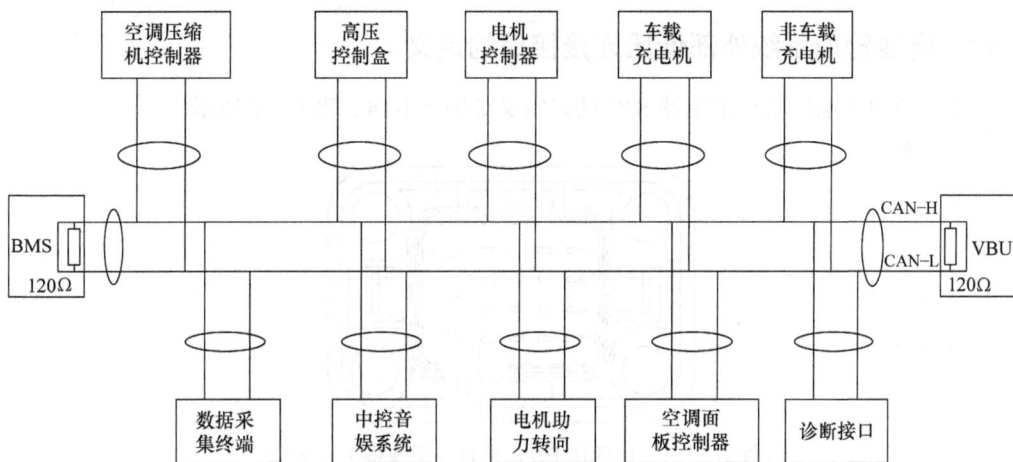

图 5-1-13　控制器局域网

电池管理系统的主要工作原理为：在车辆点火开关启动、各电子控制单元上电后，通过电池信息采集器（BIC）采集各个单体电池的数据并通过电池子网 CAN 输送给电池管理器（BMC）进行梳理、运算和分析，然后电池管理系统根据分析结果通过 CAN 总线，对系统内的相关功能模块发出控制指令，传递参数信息，并与整车控制器（VCU）通过 CAN 进行数据交换，由 VCU 进行车辆各系统尤其是动力系统的综合控制；若系统发生故障，BMS 等控制单元会通过 CAN 总线发送故障信息，同时对车辆的状态参数进行实时监测，VCU 按照控制策略中的故障处理原则对故障进行相应的处理，并将故障信息以故障码的方式存储在非易失性存储器中，供外接故障诊断设备通过 CAN 总线与车载自诊断管理单元进行诊断通信。

根据车辆设计的需要，还可以在车内设置显示信息装置以及控制按键、旋钮等部件，为用户更加直观地获取故障提供方便。

故障诊断及容错控制在任何控制器当中都是非常重要的部分，电池管理单元的故障也需要以故障码（DTC）的形式来进行报警，并通过 DTC 触发仪表板当中的指示灯，表 5-1-4 所示为比亚迪 E5 纯电动汽车电池管理系统故障码表。在新能源汽车的仪表系统中，电池故障也有对应的指示灯来及时提醒驾驶人。由于电池的危险性，往往还需要车联系统直接进行信息传送，以应对突然出现的危险事故应急处理。

表 5-1-4　比亚迪 E5 纯电动汽车电池管理系统故障码表（节选）

编号	DTC	描述	应检查部位
1	P1A0000	严重漏电故障	检查动力电池、四合一、空调压缩机和 PTC
2	P1A0C00	BIC1 电压采样异常故障	电池模组 1；软件会自己屏蔽掉，无需处理，若无法屏蔽则需更换电池模组
3	P1A2000	BIC1 温度采样异常故障	采集器 1
4	P1A4300	电池管理器 +15V 供电过高故障	电池管理器、蓄电池
5	P1A4900	高压互锁自检故障	电池管理器、高压电控总成、低压线束
6	P1A4C00	漏电传感器失效故障	漏电传感器、低压线束、电池管理器
7	P1A4D00	电流霍尔传感器故障	霍尔传感器
8	P1A6000	高压互锁故障	电池管理器、高压电控总成、低压线束

六、电池管理系统外部低压连接接口的定义

1）比亚迪 E5 电池信息采集器 BIC 插口定义如图 5-1-14、表 5-1-5 所示。

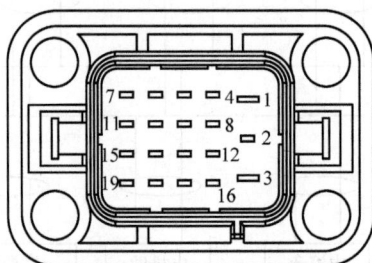

图 5-1-14　比亚迪 E5 电池信息采集器 BIC 插口

表 5-1-5　比亚迪 E5 电池信息采集器 BIC 插口定义

引脚号	端口名称	端口定义	信号类型	稳态工作电流	冲击电流和堵转电流	电源性质（比如:常电）
D-1	NC	NC				
D-2	NC	NC				
D-3	NC	NC				
D-4	采集器电源正	采集器电源正	电压	1.3A		
D-5	负极接触器电源	负极接触器电源	电压			
D-6	分压接触器电源 1	分压接触器电源 1	电压			
D-7	分压接触器电源 2	分压接触器电源 2	电压			
D-8	正极接触器电源	正极接触器电源				
D-9	高压互锁信号输入	高压互锁信号输入	PWM			
D-10	采集器 can 屏蔽地	采集器 can 屏蔽地	NC			
D-11	NC	NC	NC			
D-12	采集器 CANL	采集器 CANL				

（续）

引脚号	端口名称	端口定义	信号类型	稳态工作电流	冲击电流和堵转电流	电源性质（比如：常电）
D-13	采集器 CANH	采集器 CANH				
D-14	高压互锁信号输出	高压互锁信号输出	PWM			
D-15	采集器电源地	采集器电源地	电压	1.3A		
D-16	负极接触器控制	负极接触器控制		0.1A		
D-17	分压接触器控制 1	分压接触器控制		0.1A		
D-18	分压接触器控制 2	分压接触器控制 2		0.1A		
D-19	正极接触器控制	正极接触器控制		0.1A		

2）比亚迪 E5 电池管理器 BMS 插口定义如图 5-1-15、表 5-1-6 所示。

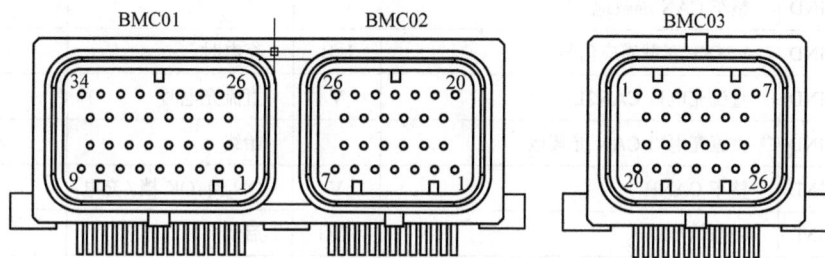

图 5-1-15　比亚迪 E5 电池管理器 BMS 插口

表 5-1-6　比亚迪 E5 电池管理器 BMS 插口定义

连接端子	端子描述	线色	条件	正常值
BMC01-1 ~ GND	高压互锁输出信号	W	ON 档 /OK 档 / 充电	PWM 脉冲信号
BMC01-2 ~ GND	一般漏电信号	L/W	一般漏电	小于 1V
BMC01-6 ~ GND	整车低压地	B	始终	小于 1V
BMC01-9 ~ GND	主接触器拉低控制信号	Br	整车上高压电	小于 1V
BMC01-10 ~ GND	严重漏电信号	Y/G	严重漏电	小于 1V
BMC01-14 ~ GND	12V 蓄电池正	G/R	ON 档 /OK 档 / 充电	9 ~ 16V
BMC01-17 ~ GND	主预充接触器拉低控制信号	W/L	预充过程中	小于 1V
BMC01-26 ~ GND	直流霍尔信号	W/B	电源 ON 档	0 ~ 4.2V
BMC01-27 ~ GND	电流霍尔 +15V	Y/B		9 ~ 16V
BMC01-28 ~ GND	直流霍尔屏蔽地	Y/G		
BMC01-29 ~ GND	电流霍尔 −15V	R/G	ON 档 /OK 档 / 充电	−16 ~ −9V
BMC01-30 ~ GND	整车低压地	B	始终	小于 1V
BMC01-31 ~ GND	仪表充电指示灯信号	G	充电时	
BMC01-33 ~ GND	直流充电正、负极接触器拉低控制信号	Gr		小于 1V
BMC01-34 ~ GND	交流充电接触器控制信号	G/W	始终	小于 1V

（续）

连接端子	端子描述	线色	条件	正常值
BMC02-1～GND	DC12V 电源正	R/B	电源 ON 档/充电	11-14V
BMC02-4～GND	直流充电感应信号	Y/R	充电时	
BMC02-G～GND	整车低压低	B	始终	
BMC02-7～GND	高压互锁输入信号	W	ON 档/OK 档/充电	PWM 脉冲信号
BMC02-11～GND	直流温度传感器高	G/Y	ON 档/OK 档/充电	2.5～3.5V
BMC02-13～GND	直流温度传感器低	R/W		
BMC02-14～GND	直流充电口 CAN2H	P		
BMC02-15～GND	整车 CAN1H	P	ON 档/OK 档/充电	1.5～2.5V
BMC02-16～GND	整车 CAN 屏蔽地			
BMC02-18～GND	VTOG/ 车载感应信号	L/B	充电时	小于 1V
BMC02-20～GND	直流充电口 CAN2L	V	直流充电时	
BMC02-21～GND	直流充电口 CAN 屏蔽地		始终	小于 1V
BMC02-22～GND	整车 CANH	V	ON 档/OK 档/充电	1.5～2.5V
BMC02-25～GND	碰撞信号	Y/G	启动	约 -15V
BMC03-1～GND	采集器 CANL	V	ON 档/OK 档/充电	1.5～2.5V
BMC03-2～GND	采集器 CAN 屏蔽地		始终	小于 1V
BMC03-3～GND	1# 分压接触器拉低控制信号	G/B		小于 1V
BMC03-4～GND	2# 分压接触器拉低控制信号	Y/B		小于 1V
BMC03-7～GND	BIC 供电电源正	R/L	ON 档/OK 档/充电	9～16V
BMC03-8～GND	采集器 CANH	P	ON 档/OK 档/充电	2.5～3.5V
BMC03-10～GND	负极接触器拉低控制信号	L/B	接触器吸合时	小于 1V
BMC03-11～GND	正极接触器拉低控制信号	R/G	接触器吸合时	小于 1V
BMC03-14～GND	1# 分压接触器 12V 电源	G/R	ON 档/OK 档/充电	9～16V
BMC03-15～GND	2# 分压接触器 12V 电源	L/R	ON 档/OK 档/充电	9～16V
BMC03-20～GND	负极接触器 12V 电源	Y/W	ON 档/OK 档/充电	9～16V
BMC03-21～GND	正极接触器 12V 电源	R/W	ON 档/OK 档/充电	9～16V
BMC03-26～GND	采集器电源地	R/Y	ON 档/OK 档/充电	

【任务实施】

1. 任务准备

安全防护：做好车辆安全防护与隔离（车内外三件套、车轮挡块、警示隔离带等）。

工具设备：数字万用表、兆欧表、绝缘防护用品、绝缘工具套装、常规工具套装、动力电池拆装举升台、充电桩等。

台架车辆：比亚迪 E5 整车。

辅助资料：维修手册、教材、实训工作页。

2. 实施任务

根据比亚迪 E5 动力电池管理系统控制策略，可以从以下几方面进行介绍。

（1）比亚迪 E5 动力电池管理控制器的安装位置

比亚迪 E5 动力电池管理控制器位于高压电控后部，位置如图 5-1-16 所示。

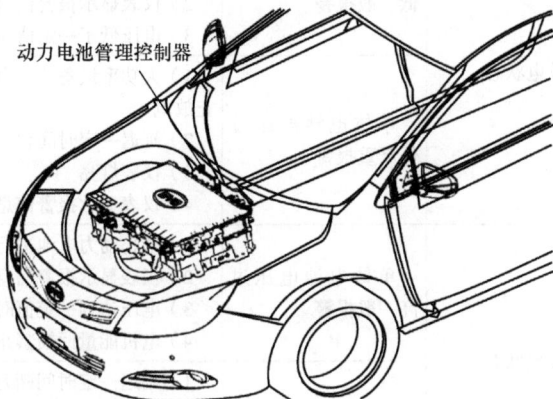

动力电池管理控制器

图 5-1-16　动力电池管理控制器

（2）比亚迪 E5 动力电池管理系统的原理

动力电池管理系统通过检测动力电池组中各单体电池的状态来确定整个动力电池系统的状态，并根据它们的状态对动力电池系统进行对应的控制调整和策略实施，实现对动力电池系统及各单体的充放电管理以保证动力电池系统安全稳定地运行。

基于各个模块的功能，BMS 能实时检测动力电池的电压、电流、温度等参数，实现对动力电池进行热管理、均衡管理、高压及绝缘检测等，并且能够计算动力电池剩余容量、充放电功率以及 SOC/SOH 状态。一般通过采用内部 CAN 总线技术实现模块之间的数据信息通信，如图 5-1-17 所示。

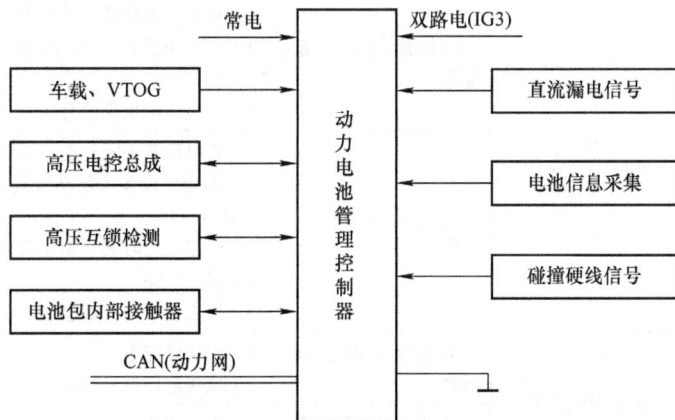

图 5-1-17　模块之间的数据信息通信

（3）比亚迪 E5 动力电池管理系统监测的主要数据

比亚迪 E5 采用分布式电池管理系统，控制器主要监测动力电池电压数据、电流数据、温度数据、碰撞数据和漏电数据，详见表 5-1-7。

表 5-1-7　比亚迪 E5 动力电池管理系统监测的主要数据

序号	名称	蓄电池工作状态	警报	措施
1	动力蓄电池电压	放电状态	单体电池电压过低一般报警	1）大功率（主电机、空调压缩机和 PTC）降低当前电流，限功率工作 2）仪表显示报警信息 3）电压低于一定值时，SOC 修正为 0
			单体电池电压过低严重报警	1）大功率设备（主电机、空调压缩机和 PTC）停止放电 2）延迟一定时间切断主接触器，断开负极接触器 3）仪表灯亮 4）仪表显示报警信息
		充电状态	单体电池电压过高一般报警	1）禁止动力电池进行充电 2）仪表显示报警信息 3）电压达到一定值时，SOC 修正为 100 4）电机能量回馈禁止
			单体电池电压过低严重报警	1）延迟一定时间断开充电接触器，断开负极接触器，禁止充电 2）仪表灯亮 3）仪表显示报警信息
2	动力电池电流	电池放电电流	过流报警	1）要求大功率用电设备（电机、空调压缩机和 PTC）降低电流，限功率工作 2）如果在过流报警发出后，电流依然在过流状态并持续 10s，断开充电接触器，禁止充电
		电池充电电流		电流在过流状态持续 10s，断开充电接触器，禁止充电
		回馈充电电流		1）要求电机控制器限制回馈充电电流 2）如果发出过流报警后，电流依然处于过流状态并持续 10s，断开主接触器
3	动力电池温度	充放电状态下	电池组过热一般报警	1）充电设备降低当前充电电流 2）大功率设备（驱动电机、空调压缩机和 PTC）降低当前电流 3）仪表显示报警信息
			电池组过热严重报警	1）充电设备关断充电，直到清除报警 2）大功率设备（驱动电机、空调压缩机和 PTC）停止用电 3）延迟一定时间切断主接触器、负极接触器 4）仪表灯亮 5）仪表显示报警信息
		充放电状态下	电池组低温一般报警	1）限功率充电 2）仪表显示报警信息
			电池组低温严重报警	1）限功率充电 2）仪表显示报警信息

（续）

序号	名称	蓄电池工作状态	警报	措施
	碰撞保护	充放电状态下	碰撞故障	立即断开主接触器、分压接触器
4	动力电池漏电	充放电状态下	一般漏电报警	仪表灯亮，报动力系统故障
		充放电状态下	严重漏电报警	行车中：仪表灯亮，立即断开主接触器、分压接触器 停车中： 1）禁止上电 2）仪表灯亮，报动力系统故障 充电中： 1）断开交流充电接触器、分压接触器 2）仪表灯亮，报动力系统故障

（4）比亚迪 E5 电池管理系统参数标定

更换电池组或者电池管理器时，需要重新标定电池容量和 SOC。

1）更换电池组时，根据电池组出货检验报告单（表 5-1-8）上的数据标定电池容量和 SOC。

表 5-1-8　电池组出货检验报告单

项目名称	5AEVD	检验日期	2016/2/11
SAF 码	11550650-00	电池组编号	040B2DLNC205AB050
检验依据			
检验项	检验标准	判定栏	备注栏
容量	>75A · h	■ OK　□ NG	75
反充电容量	32A · h	■ OK　□ NG	42.70%
绝缘电阻	≥ 20000Ω/V	■ OK　□ NG	8410

2）更换电池管理器时，根据原车电池组数据标定电池容量和 SOC，如图 5-1-18 所示。

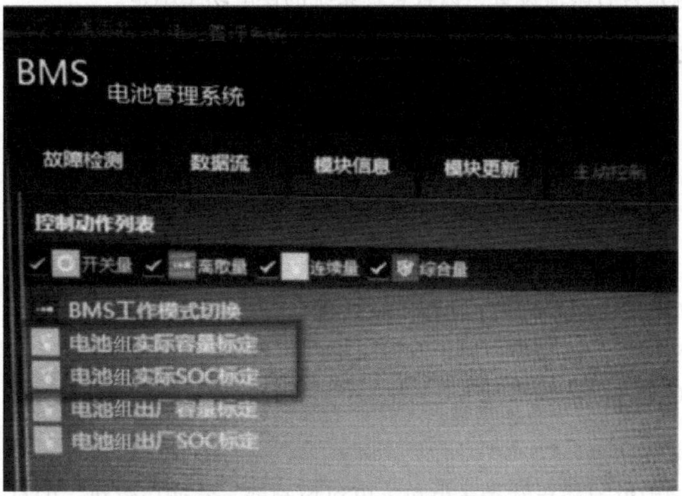

图 5-1-18　更换电池管理器

学习任务二　比亚迪 E5 电池管理系统故障诊断与维修

【任务导入】

一辆比亚迪 E5 纯电动汽车因为动力电池系统存在故障而无法行驶，动力电池故障灯点亮。技术主管对汽车进行初步诊断，故障应该在电源管理系统，你作为一名维修工，协助技术主管按照规范程序检修该车故障，修复完成后，确认其工作状态正常。

【学习目标】

1. 能够叙述比亚迪 E5 动力电池管理系统的故障诊断方法。
2. 能够进行动力电池管理控制器更换并标定。

【理论知识】

一、电池管理系统常见故障案例分析

1. 供电后系统不工作

可能原因：供电电压异常，双路电电压异常，线束短路或是断路，动力 CAN 异常。

故障排除：

1）检查外部电源给管理系统供电电压是否正常，是否能达到管理系统要求的最低工作电压，查看外部电源是否有限流设置，以致管理系统的供电功率不足。

2）检查电源管理系统的线束是否存在短路或是断路，对所有损坏的线束进行修复。

3）外部供电和线束都正常，则查看电池管理系统中动力 CAN 是否正常，如有异常修复动力 CAN。

2. BMS 不能与 ECU 通信

可能原因：BMC（主控模块）未工作，CAN 信号线断线。

故障排除：

1）检查 BMC 的电源 12V 是否正常；检测 BMC 搭铁是否正常。

2）检查 CAN 信号传输线是否损坏或插头未连接牢固。

3）检查 BMC 到网关的线束是否正常。

3. 绝缘检测报警

可能原因：动力电池或负载端（电机、电机控制器、空调压缩机、PTC、高压电缆等）存在漏电，绝缘模块检测线安装牢固。

故障排除：

1）使用上位机软件/诊断仪查看绝缘检测数据，查看电池母线电压，负母线对地电压是否正常。

2）使用绝缘摇表分别测量母线和负载端的设备对地之间的绝缘电阻。

4.上电后主继电器不吸合

可能原因：负载检测线未接，预充接触器开路，预充电阻开路，正、负极接触器损坏。

故障排除：

1）使用上位机软件/诊断仪查看母线电压数据，查看电池母线电压，负载母线电压是否正常。

2）检查预充过程中负载母线电压是否有上升。

3）检测正、负极接触器自身元件是否损坏。

4）电池管理器故障。

5.采集模块数据为0（无数据）

可能原因：采集模块采集线路断路或短路，采集模块损坏。

故障排除：

1）重新拔插模块接线。

2）使用万用表测量采集线插接件处单体的电压，看是否正常。

3）使用万用表测量温度传感器线插头处阻值是否正常。

4）使用万用表测量采集器的供电电压是否正常。

5）检查采集器之间的子网CAN是否正常。

6.电池电流数据异常

可能原因：霍尔传感器信号线插头松动，霍尔传感器线路与元件损坏，采集模块损坏。

故障排除：

1）重新拔插电流霍尔传感器信号线。

2）检查霍尔传感器电源是否正常，信号输出是否正常。

3）更换采集模块。

7.电池温度异常

可能原因：温度传感器元件及其线路损坏，散热风扇电路连接故障，散热风扇故障。

故障排除：

1）检查温度传感器安装，检测温度传感器线路及其元件。

2）重新拔插风扇插头线，检测风扇电路连接情况。

3）给风扇单独供电，检查风扇是否正常。

8.继电器动作后系统报错

可能原因：继电器辅助触点断路，继电器触点无法完全断开。

故障排除：

1）重新拔插线束连接器。

2）用万用表测量辅助触点通断状态是否正确。

3）用万用表检测继电器内部是否能够正常工作。

9. 不能使用充电机充电

可能原因：充电机损坏，充电机与 BMS 通信不正常。

故障排除：

1）更换一台充电机或 BMS，以确认是 BMS 故障还是充电机故障。

2）检查 BMS 充电端口的匹配电阻是否正常。

10. 车载仪表无 BMS 数据显示

可能原因：主控模块线束连接异常，BMS 供电电源、BMS 元件故障。

故障排除：

1）检查主控模块线束是否连接完备。

2）检测主控模块电源是否正常。

3）更换 BMS 元件。

11. 部分电池箱的检测数据丢失

可能原因：整车部分插接件接触不良，BMS 从控模块不能正常工作。

故障排除：检查插接件接触情况，或更换 BMS 模块。

12. SOC 异常

现象：SOC 在系统工作过程中变化幅度很大，或者在几个数值之间反复跳变；在系统充放电过程中，SOC 有较大偏差；SOC 一直显示固定数值不变。

可能原因：电流不校准，电流传感器型号与主机程序不匹配，电池长期未深度充放电，数据采集模块信号采集跳变导致 SOC 进行自动校准。

故障排除：

1）在触摸屏配置页面里校准电流；改主机程序或者更换电流传感器。

2）对电池进行一次深度充放电；更换数据采集模块，对系统 SOC 进行手动校准，建议客户每 3 个月做一次深度放电。

3）前往专业维修企业修改主机程序；并设置正确的电池总容量和剩余容量标准数据。

4）从新检测连接电流传感器，确保其工作正常。

二、比亚迪 E5 动力电池管理系统的故障诊断方法

1. 检测蓄电池电压

1）使用中号棘轮扳手、中号长接杆和 T30 拆下正极保护盖螺栓。

2）使用万用表检测蓄电池电压，标准值为 11 ~ 14V。如果电压低于标准值，则需更换蓄电池。

2. 检查电池管理器

1）连接诊断仪，启动车辆。

2）打开诊断仪，选择相对应的车辆，整车进行自诊断。

3）清除故障码，再次读取故障码。

4）进入电池管理系统查看故障码。

5）再使用万用表针对故障进行检测，检测的数据不在标准值以内，则更换电池管理器或线束。

电池管理器故障码见表 5-2-1。

表 5-2-1　电池管理器故障码

DTC 故障码	故障码描述	应检查部位
P1A0000	严重漏电故障	检查动力电池、四合一、空调压缩机和 PTC
P1A0100	一般漏电故障	检查动力电池、四合一、空调压缩机和 PTC
P1A0200	BIC1 工作异常故障	采集器 1
P1A0300	BIC2 工作异常故障	采集器 2
P1A0400	BIC3 工作异常故障	采集器 3
P1A0500	BIC4 工作异常故障	采集器 4
P1A0600	BIC5 工作异常故障	采集器 5
P1A0700	BIC6 工作异常故障	采集器 6
P1A0800	BIC7 工作异常故障	采集器 7
P1A0900	BIC8 工作异常故障	采集器 8
P1A0A00	BIC9 工作异常故障	采集器 9
P1A0B00	BIC10 工作异常故障	采集器 10
P1A9800	BIC11 工作异常故障	采集器 11
P1A9900	BIC12 工作异常故障	采集器 12
P1A9A00	BIC13 工作异常故障	采集器 13
P1A0C00	BIC1 电压采样异常故障	电池模组 1；软件会自己屏蔽掉，无需处理，若无法屏蔽则需更换电池模组
P1A0D00	BIC2 电压采样异常故障	电池模组 2；软件会自己屏蔽掉，无需处理，若无法屏蔽则需更换电池模组
P1A0E00	BIC3 电压采样异常故障	电池模组 3；软件会自己屏蔽掉，无需处理，若无法屏蔽则需更换电池模组
P1A0F00	BIC4 电压采样异常故障	电池模组 4；软件会自己屏蔽掉，无需处理，若无法屏蔽则需更换电池模组
P1A1000	BIC5 电压采样异常故障	电池模组 5；软件会自己屏蔽掉，无需处理，若无法屏蔽则需更换电池模组
P1A1100	BIC6 电压采样异常故障	电池模组 6；软件会自己屏蔽掉，无需处理，若无法屏蔽则需更换电池模组
P1A1200	BIC7 电压采样异常故障	电池模组 7；软件会自己屏蔽掉，无需处理，若无法屏蔽则需更换电池模组
P1A1300	BIC8 电压采样异常故障	电池模组 8；软件会自己屏蔽掉，无需处理，若无法屏蔽则需更换电池模组
P1A1400	BIC9 电压采样异常故障	电池模组 9；软件会自己屏蔽掉，无需处理，若无法屏蔽则需更换电池模组
P1A1500	BIC10 电压采样异常故障	电池模组 10；软件会自己屏蔽掉，无需处理，若无法屏蔽则需更换电池模组

（续）

DTC 故障码	故障码描述	应检查部位
P1AA200	BIC11 电压采样异常故障	电池模组 11；软件会自己屏蔽掉，无需处理，若无法屏蔽则需更换电池模组
P1AA300	BIC12 电压采样异常故障	电池模组 12；软件会自己屏蔽掉，无需处理，若无法屏蔽则需更换电池模组
P1AA400	BIC13 电压采样异常故障	电池模组 13；软件会自己屏蔽掉，无需处理，若无法屏蔽则需更换电池模组
P1A2000	BIC1 温度采样异常故障	采集器 1
P1A2100	BIC2 温度采样异常故障	采集器 2
P1A2200	BIC3 温度采样异常故障	采集器 3
P1A2300	BIC4 温度采样异常故障	采集器 4
P1A2400	BIC5 温度采样异常故障	采集器 5
P1A2500	BIC6 温度采样异常故障	采集器 6
P1A2600	BIC7 温度采样异常故障	采集器 7
P1A2700	BIC8 温度采样异常故障	采集器 8
P1A2800	BIC9 温度采样异常故障	采集器 9
P1A2900	BIC10 温度采样异常故障	采集器 10
P1AAC00	BIC11 温度采样异常故障	采集器 11
P1AAD00	BIC12 温度采样异常故障	采集器 12
P1AAE00	BIC13 温度采样异常故障	采集器 13
P1A2A00	BIC1 均衡电路故障	采集器 1
P1A2B00	BIC2 均衡电路故障	采集器 2
P1A2C00	BIC3 均衡电路故障	采集器 3
P1A2D00	BIC4 均衡电路故障	采集器 4
P1A2E00	BIC5 均衡电路故障	采集器 5
P1A2F00	BIC6 均衡电路故障	采集器 6
P1A3000	BIC7 均衡电路故障	采集器 7
P1A3100	BIC8 均衡电路故障	采集器 8
P1A3200	BIC9 均衡电路故障	采集器 9
P1A3300	BIC10 均衡电路故障	采集器 10
P1A3600	BIC11 均衡电路故障	采集器 11
P1A3700	BIC12 均衡电路故障	采集器 12
P1A3800	BIC13 均衡电路故障	采集器 13
P1A3400	预充失败故障	检查动力电池、高压配电箱、电机控制器与 DC 总成、空调压缩机、PTC、高压线束、漏电传感器
P1A3500	动力电池单节电压严重过高	动力电池
P1A3600	动力电池单节电压一般过高	动力电池
P1A3700	动力电池单节电压严重过低	动力电池
P1A3800	动力电池单节电压一般过低	动力电池
P1A3900	动力电池单节温度严重过高	动力电池
P1A3A00	动力电池单节温度一般过高	动力电池
P1A3B00	动力电池单节温度严重过低	动力电池

（续）

DTC 故障码	故障码描述	应检查部位
P1A3C00	动力电池单节温度一般过低	动力电池
P1A3D00	负极接触器回检故障	电池管理器低压线束、高压电控总成
P1A3E00	主接触器回检故障	电池管理器低压线束、高压电控总成
P1A3F00	预充接触器回检故障	电池管理器低压线束、高压电控总成
P1A4000	充电接触器回检故障	电池管理器低压线束、高压电控总成
P1A4100	主接触器烧结故障	无
P1A4200	负极接触器烧结故障	电池组
P1A4300	电池管理器 +15V 供电过高故障	电池管理器、蓄电池
P1A4400	电池管理器 +15V 供电过低故障	电池管理器、蓄电池
P1A4500	电池管理器 −15V 供电过高故障	电池管理器、蓄电池
P1A4600	电池管理器 −15V 供电过低故障	电池管理器、蓄电池
P1A4700	交流充电感应信号断线故障	高压电控总成、电池管理器、低压线束
P1A4800	主电机开盖故障	高压电控总成
P1A4900	高压互锁自检故障	电池管理器、高压电控总成、低压线束
P1A4A00	高压互锁一直检测为高信号	电池管理器、高压电控总成、低压线束
P1A4B00	高压互锁一直检测为低信号	电池管理器、高压电控总成、低压线束
P1A4C00	漏电传感器失效故障	漏电传感器、低压线束、电池管理器
P1A4D00	电流霍尔传感器故障	霍尔传感器
P1A4E00	电池组过流警告	整车电流过大、霍尔传感器故障
P1A4F00	电池管理系统初始化错误	电池管理器
P1A5000	电池管理系统自检故障	电池管理器
P1A5100	碰撞硬线信号 PWM 异常警告	安全气囊 ECU、低压线束、电池管理器
P1A5200	碰撞系统故障（预留）	安全气囊 ECU、低压线束、电池管理器
P1A5500	电池管理器 12V 电源输入过高	蓄电池
P1A5600	电池管理器 12V 电源输入过低	蓄电池
P1A5700	大电流拉断接触器	整车电流过大、霍尔传感器故障
P1A5800	放电回路故障（预留）	无
P1A5900	与高压电控器通信故障	高压电控总成、低压线束
P1A5A00	与漏电传感器通信故障	漏电传感器、低压线束
P1A5B00	与气囊 ECU 通信故障	气囊 ECU、低压线束
P1A5C00	分压接触器 1 回检故障	分压接触器、模组采样通信线
P1A5D00	分压接触器 2 回检故障	分压接触器、模组采样通信线
U20B000	BIC1 CAN 通信超时故障	采集器、CAN 线
U20B100	BIC2 CAN 通信超时故障	采集器、CAN 线
U20B200	BIC3 CAN 通信超时故障	采集器、CAN 线
U20B300	BIC4 CAN 通信超时故障	采集器、CAN 线
U20B400	BIC5 CAN 通信超时故障	采集器、CAN 线
U20B500	BIC6 CAN 通信超时故障	采集器、CAN 线
U20B600	BIC7 CAN 通信超时故障	采集器、CAN 线
U20B700	BIC8 CAN 通信超时故障	采集器、CAN 线

（续）

DTC 故障码	故障码描述	应检查部位
U20B800	BIC9 CAN 通信超时故障	采集器、CAN 线
U20B900	BIC10 CAN 通信超时故障	采集器、CAN 线
U20BA00	BIC11 CAN 通信超时故障	采集器、CAN 线
U20BB00	BIC12 CAN 通信超时故障	采集器、CAN 线
U20BC00	BIC13 CAN 通信超时故障	采集器、CAN 线
U029700	有感应信号但没有车载报文	车载充电器、低压线束
U012200	有感应信号但没有启动 BMS	蓄电池、低压线束
P1A6000	高压互锁故障	电池管理器、高压电控总成、低压线束

三、动力电池管理控制器更换方法

1. 拆卸电池管理器

1）将点火开关置于 OFF 档。

2）使用 10 号呆扳手断开蓄电池负极接线头，断开正极接线头。

3）使用中号棘轮扳手、中号长接杆、10 号六角套筒断开蓄电池紧固螺栓。

4）取出紧固螺栓和固定板，取出蓄电池。

5）使用中号棘轮扳手、中号长接杆、10 号内六角套筒拆卸电池管理器固定螺栓。

6）取出固定螺栓，拔出电池管理器插接器，更换电池管理器。

2. 安装电池管理器

1）插上电池管理器插接器，并使用固定螺栓将电池管理器固定在支架上，紧固固定螺栓。

2）放上蓄电池，安装蓄电池固定支架并拧紧。

3）安装蓄电池正极并拧紧。

4）安装蓄电池负极并拧紧。

【任务实施】

1. 任务准备

安全防护：做好车辆安全防护与隔离（车内外三件套、车轮挡块、警示隔离带等）。

工具设备：数字万用表、兆欧表、绝缘防护用品、绝缘工具套装、常规工具套装、动力电池拆装举升台、充电桩等。

台架车辆：比亚迪 E5 整车。

辅助资料：维修手册、教材、实训工作页。

2. 实施任务

实训步骤如下：

步骤 1：启动车辆（图 5-2-1），仪表上显示

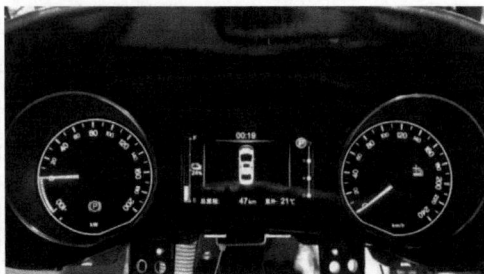

图 5-2-1 启动车辆

动力电池故障指示灯点亮，OK 灯不亮，无法上高压。

步骤 2：使用解码仪扫描故障，BMS 显示故障（图 5-2-2），读取故障码发现 BIC 通信故障（图 5-2-3）。

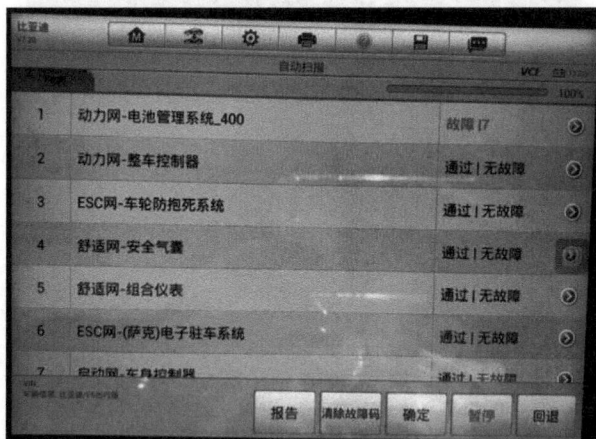

图 5-2-2　BMS 显示故障

图 5-2-3　发现 BIC 通信故障

步骤 3：测量 BMS 供电正极与台架搭铁电压值。

步骤 4：测量级联模块电源正极与台架搭铁电压值。

步骤 5：将汽车下电并断开低压蓄电池负极，万用表调至电阻档，测量电池子网 CAN-H 与电池子网 CAN-L 终端电阻值。

步骤 6：查阅电路图，拆下电池组与 BMS 低压插头，测量 BMS 中 BK45（A）/1 号端子与电池组中 BK51/10 号端子之间电池子网 CAN-H 线束电阻值，如图 5-2-4 所示。

步骤 7：测量 BMS 中 BK45（A）/10 号端子与电池组中 BK51/4 号端子之间电池子网 CAN-L 线束电阻值。

步骤 8：确定故障并将故障恢复（图 5-2-5），重新启动车辆，仪表显示正常，汽车正常上电，解码仪扫描故障，显示无故障，故障排除，如图 5-2-6 所示。

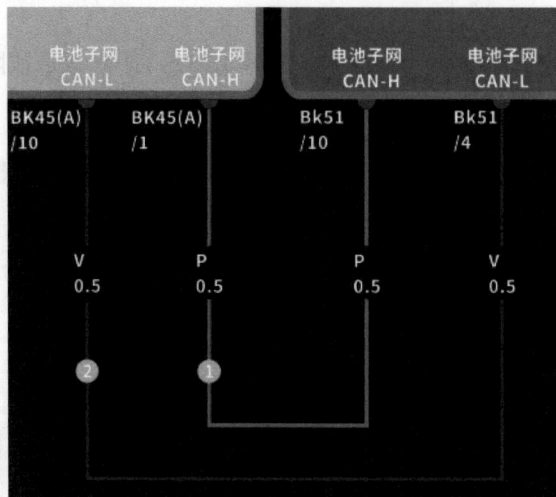

图 5-2-4 测量两端子之间电池子网 CAN-H 线束电阻值

图 5-2-5 确定故障并将故障恢复

图 5-2-6 故障排除

动力电池冷却系统故障诊断与维修

学习任务一　比亚迪 E5 动力电池冷却系统认知

【任务导入】

一名实习生在检修比亚迪 E5 汽车动力电池故障时，发现动力电池组温度过高故障，于是向维修师傅请教动力电池冷却系统的相关知识。作为一名维修师傅，请您为实习生介绍比亚迪 E5 电池冷却系统的基础知识。

【学习目标】

1. 能够叙述动力电池冷却系统结构组成。
2. 能够叙述动力电池冷却系统控制原理。
3. 能够识别动力电池冷却液循环路线图。

【理论知识】

一、电池组冷却系统组成

目前，电动汽车动力电池为锂离子电池，锂离子动力电池的性能对温度变化较敏感，车辆上的装载空间有限，车辆所需电池数目较大，电池均为紧密排列连接。在电动汽车中，冷却系统主要分为两部分：一是对动力系统的驱动电机、车辆控制器和 DC/DC 等部件冷却，二是对供电系统的动力电池和车载充电器冷却。此处探讨动力电池冷却系统。

当车辆在高速、低速、加速、减速等交替变换的不同行驶状况下运行时，电池会以不同倍率放电，以不同生热速率产生大量热量，加上时间累积以及空间影响会产生不均匀热量聚集，从而导致电池组运行环境温度复杂多变。

动力电池的冷却性能的好坏直接影响电池的效率，同时也会影响到电池寿命和使用安全。由于充放电过程中电池本身会产生一定热量，从而导致温度上升，而温度升高会影响电池的很多特性参数，如内阻、电压、SOC、可用容量、充放电效率和电池寿命。为了使动力电池发挥最佳性能和寿命，需要优化电池组的结构，对它进行热管理，增加散热设施，控制电池运行的温度环境。国内外电动汽车电池组的冷却方式主要有空气冷却、液体冷却、热管冷却等几种。

1. 冷却系统组成

比亚迪 E5 电池组冷却系统采用的是液体冷却的方式，其结构主要由电池膨胀水箱、热交换器、PTC 加热器、电池冷却管路组成，如图 6-1-1、图 6-1-2 所示。

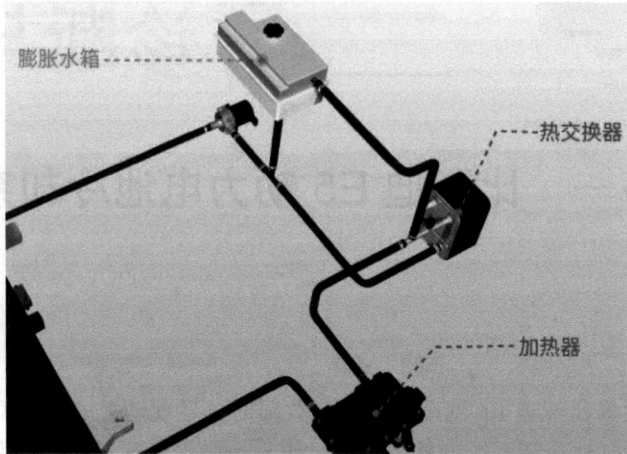

图 6-1-1　冷却系统组成

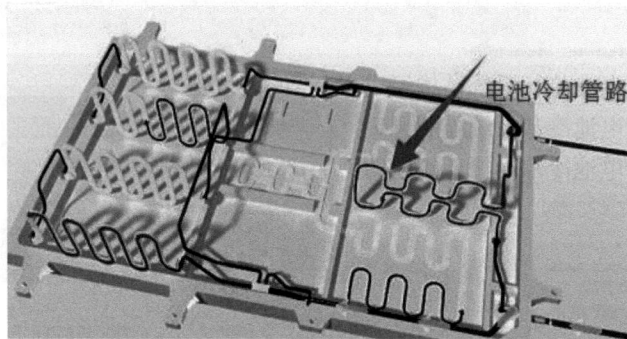

图 6-1-2　冷却系统散热管路

2. 冷却系统零部件作用

（1）冷却液泵

冷却液泵的作用是对整个电池组的冷却系统中的冷却液进行强制循环，如图 6-1-3 所示。

（2）热交换板

热交换板是冷却液的散热装置，当冷却液温度过高时，热交换器内冷却装置工作，吸收冷却液的热量，使冷却液降温，如图 6-1-4 所示。

（3）PTC 加热器

加热器在冷却系统冷却液温度过低时，用来加热冷却液，电池管理器通过 PTC 加热器对电池组进行热管理，如图 6-1-5 所示。

图 6-1-3　冷却液泵结构图

图 6-1-4　热交换板结构图

二、电池组冷却系统控制原理

电池冷却介质通过板式换热器和空调制冷介质进行热量交换。在板式换热器里面降温后的电池冷却介质通过电动冷却液泵带到动力电池组里面与电池进行热量交换，从而带走电池的热量，达到为电池降温的效果。空调根据电池组目标冷却液温度，通过调节板式换热器处制冷剂的状态（压力、温度、流量）和压缩机转速来控制电池组进水管温度，从而达到较精准电池冷却控制。

图 6-1-5　PTC 加热器结构图

条件：单体电池超过 35℃，温差超过 5℃，开始自动液冷冷却；电池组均温超过 35℃，由空调制冷剂冷却，温度降至 33℃时停止。直流充电：≥ 33℃；交流充电：≥ 35℃开启。

1）当电池温度过高时，主控制器控制冷却液泵开始工作，从而达到降温的目的。图 6-1-6 所示为电池组冷却系统原理。

2）电池组冷却管路（图 6-1-7）平铺在每个电池组底部和侧部，通过冷却液的循环带走电池组的热量，使电池组处于合适的工作温度。

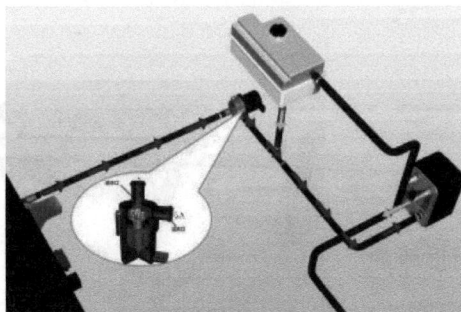

图 6-1-6　电池组冷却系统原理

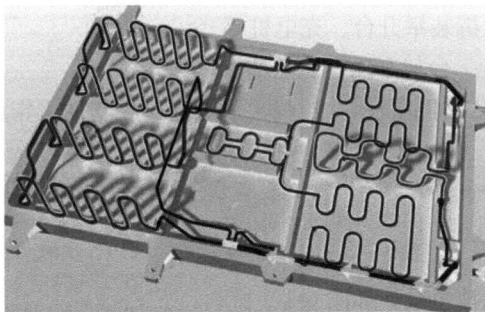

图 6-1-7　电池组冷却管路原理

三、动力电池冷却液循环路线图

如图 6-1-8 所示，电池冷却液循环工作模式主要有以下几种：

1）乘员舱制冷：关闭电池冷却电子膨胀阀。根据目标通道温度来控制电动压缩机的转速。

2）电池冷却：关闭空调电子膨胀阀，打开电池冷却电子膨胀阀。根据过热度控制电子膨胀阀开度；根据电池组进口的冷却液温度来控制电动压缩机的转速，且开启冷却液泵。

3）乘员舱制冷＋电池冷却：打开两个电子膨胀阀。根据乘员舱目标通道温度及电池组进口的冷却液温度共同控制电动压缩机的转速（或者传动带驱动压缩机的开关），且开启冷却液泵。

4）电池内循环：空调收到 BMS 内循环命令后，空调开启电动冷却液泵。

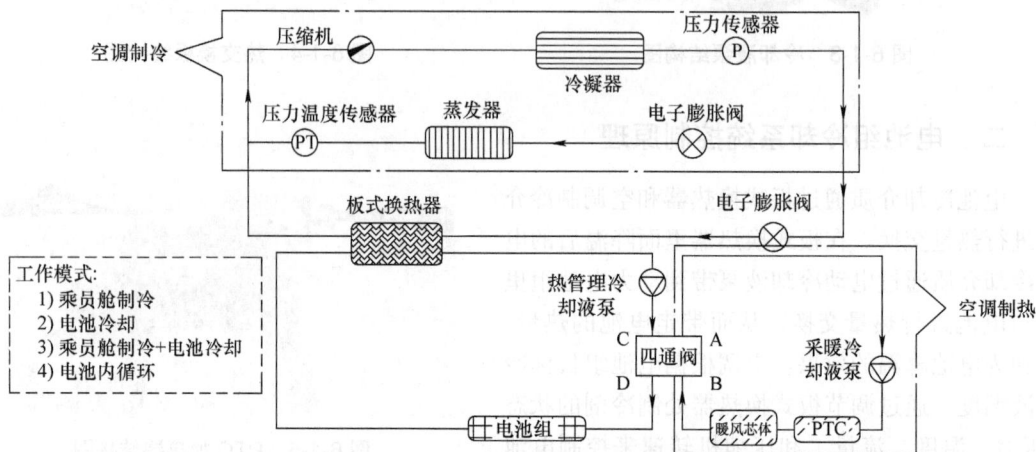

图 6-1-8　动力电池冷却液循环路线图

【任务实施】

1. 任务准备

安全防护：做好车辆安全防护与隔离（车内外三件套、车轮挡块、警示隔离带等）。

工具设备：数字万用表、兆欧表、绝缘防护用品、绝缘工具套装、常规工具套装、动力电池拆装举升台、充电桩等。

台架车辆：比亚迪 E5 整车。

辅助资料：维修手册、教材、实训工作页。

2. 实施任务

实训步骤如下：

步骤 1：使用小号棘轮扳手、10 号内六角套筒拆卸蓄电池负极，如图 6-1-9 所示。

步骤 2：举升车辆，使用老虎钳拆下动力电池进水管和出水管，如图 6-1-10 所示，放出冷却液。**注意事项：拆卸水管时，在地上放置水盆回收冷却液。**

步骤 3：在水管头周围涂抹密封胶，插上水管，再使用老虎钳夹住管夹安装到原位置，如图 6-1-11 所示。

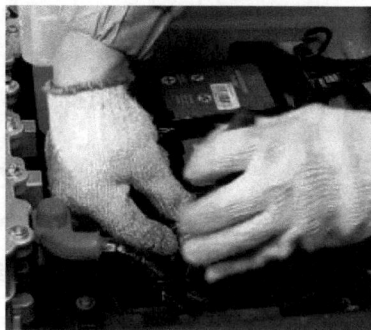

图 6-1-9　拆卸蓄电池负极

图 6-1-10　拆下动力电池进水管和出水管

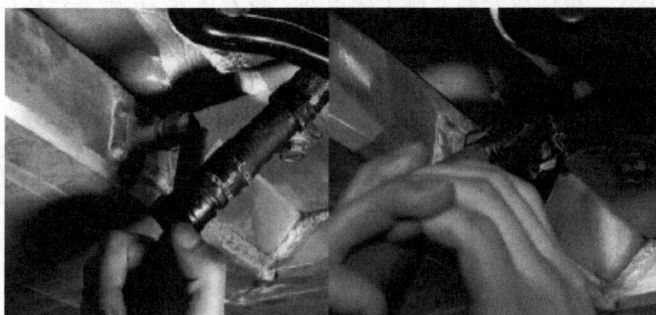

图 6-1-11　安装水管

步骤 4：添加冷却液。

1）往动力电池冷却液壶添加冷却液，直至液面到达上限（MAX）标记处。

2）上电让冷却液泵运转约 5min，然后断电。

注意事项：5min 过后，如果液面下降未达到标准位置，则需继续添加冷却液，如图 6-1-12 所示。

步骤 5：安装蓄电池负极。

1）使用小号棘轮扳手、小号短接杆和 10 号长套筒拧紧蓄电池负极螺母，如图 6-1-13 所示。

2）关闭前舱盖，如图 6-1-14 所示。

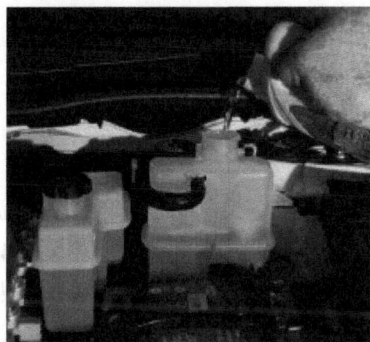

图 6-1-12　继续添加冷却液

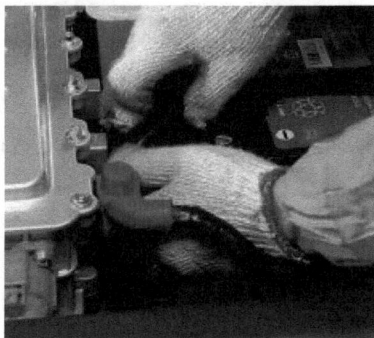

图 6-1-13　拧紧蓄电池负极螺母

图 6-1-14　关闭前舱盖

学习任务二　比亚迪 E5 动力电池冷却系统
故障诊断与维修

【任务导入】

一辆比亚迪 E5 轿车，行驶里程 100000km，在中午天气较热情况下行驶，仪表板中动力电池过热指示灯突然点亮，靠边停车后车辆不能启动。将车拖至 4S 店进行检修，经过车间主管检测发现电池冷却系统冷却液泵出现故障，需要对其进行更换，你作为一名维修人员，请按照相关的作业标准对电池冷却系统冷却液泵进行更换。

【学习目标】

1. 能够描述动力电池的发热原因。
2. 能够描述动力电池冷却系统的作用。
3. 能够描述动力电池冷却系统的冷却形式。
4. 能够正确进行冷却液泵的更换。

【理论知识】

一、动力电池的发热原因

动力电池作为电动汽车的动力能源，其充电、做功的发热一直阻碍着电动汽车的发展。动力电池的性能与电池温度密切相关。40～50℃以上的高温会明显加速电池的衰老，更高的温度（如 120～150℃以上）则会引发电池热失控。

动力电池工作后是必然要发热的，常态下是可控的，但是非常态下会失控。如果失控，必然会发生火灾。技术上必须要搞清楚，对失控原因分析是必要的工作。归纳起来，有内、外两个方面的基本原因：

1）外因：过充电触发热失控、外力导致热失控、过热触发热失控。

2）内因：电池内部短路触发热失控。

参与"热失控"反应的是锂电池中的氧化钴。加热这种化学物达到一定温度，它就开始自发热，然后发展成起火和爆炸。在某些情况下，这种有机电解液释放压力会导致电池破裂。如果暴露在高温环境下，或者是遇到火花，它也有可能会燃烧。

从本质上而言，"热失控"是一个能量正反馈循环过程：升高的温度会导致系统变热，系统变热升高温度，这又反过来又让系统变得更热。热失控是很常见的现象，从混凝土养护到恒星爆炸，都有可能会出现热失控。

热失控现象及其强度与锂电池组的大小、配置和电池单元的数量有关。小型锂电池组只有几个锂电池单元，所以热失控从有问题的电池单元传播到其他单元的机会相对较低。而巨大的电池组就是另外一回事了：它们装在密封的金属盒里，不能排放余热，当一个电池单元热到足以点燃电解质时，其余的电池单元就会迅速跟进。

电池充电时，金属锂的表面沉积非常容易聚结成枝杈状锂枝晶，从而刺穿隔膜，造成正负极直接短路。而且，金属锂非常活泼，可直接和电解液反应放热，其熔点又很低，即使表面金属锂枝晶没有刺穿隔膜，只要温度稍高，金属锂就会熔化，从而引发短路。材料发生氧化还原热反应的温度越高，表明其氧化能力越弱，正极材料的氧化能力越强，发生反应就越剧烈，也越容易引发安全事故。

动力电池是能源系统，工作一定会发热。要保障绝对安全，必须从工程上用可靠的技术来保障它的发热是可控的。

二、动力电池冷却系统的作用

1. 动力电池组的工作状态

1）电池组在充放电时会释放一定的热量，故需要对电池组进行冷却。

2）在低温环境下，需要对电池组进行加热处理，以提高运行效率。

2. 动力电池组采用冷却系统的作用

通过对动力电池组冷却或加热，保持动力电池组较佳的工作温度，以改善其运行效率并提高电池组的寿命。图 6-2-1 是动力电池组的热管理系统示意图，热管理系统可以根据需要对电池组进行冷却或加热。

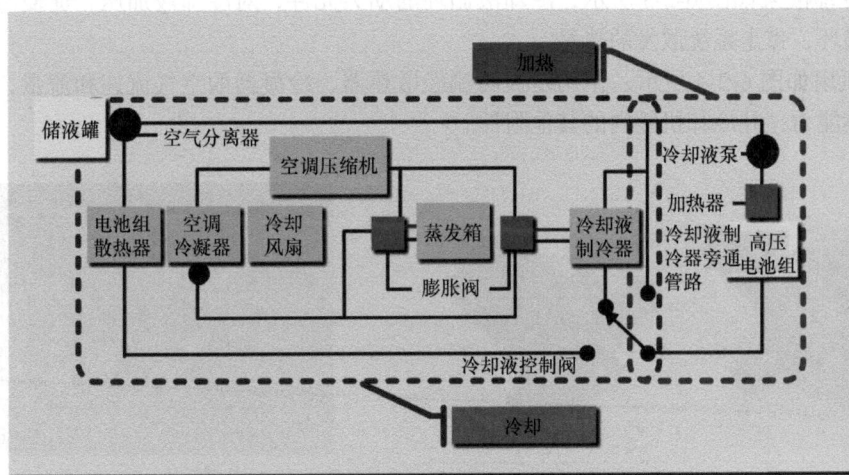

图 6-2-1　动力电池组热管理系统组成示意图

三、动力电池冷却系统的冷却形式

1. 水冷动力电池冷却系统

水冷动力电池冷却系统结构如图 6-2-2 所示，主要部件包括散热器、膨胀阀、电子冷却液泵、VCU、冷却液控制阀、加热器和冷却管路等。

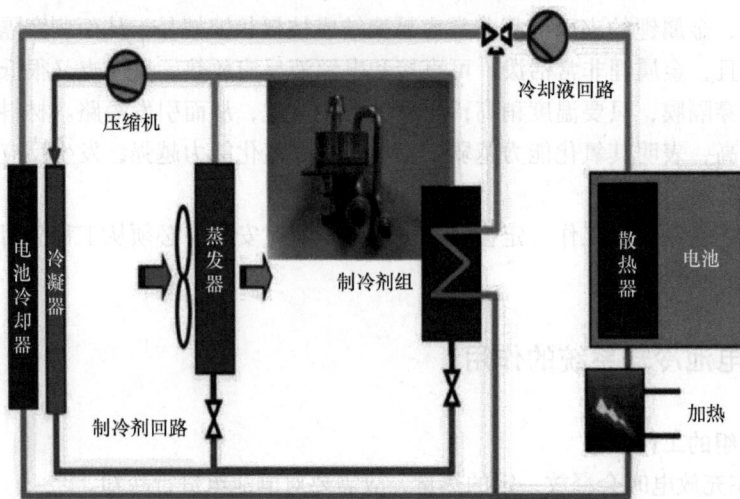

图 6-2-2　水冷动力电池冷却系统

水冷动力电池冷却系统优点包括：电池平均能量效率高；电池模块结构紧凑；冷却效果优异；能集成电池加热组件，解决了在环境温度很低的情况下，加热电池的问题。

缺点包括：系统复杂，多了很多部件，如冷却液泵、阀、低温水箱，成本增加。

以下介绍冷却系统关键部件电子冷却液泵和电子风扇。

电子冷却液泵如图 6-2-3 所示，冷却液循环的动力元件，对冷却液加压，促使冷却液在冷却系统中循环，带走系统散发的热量。

电子风扇如图 6-2-4 所示，作用是提高流经散热器、冷凝器的空气流速和流量，以增强散热器的散热能力，并冷却机舱内的其他附件。

图 6-2-3　电子冷却液泵

图 6-2-4　电子风扇

2. 风冷动力电池冷却系统

风冷动力电池冷却系统结构如图 6-2-5 所示。

冷却空气在动力电池模块中的流动有串行、并行通风等几种方式。

（1）串行通风结构

风冷电池模块采用如图 6-2-6 所示的串行通风结构。

在该散热模式下，冷空气从左侧吹入从右侧吹出。空气在流动过程中不断地被加热，所以右侧的冷却效果比左侧要差，电池箱内电池组温度从左到右依次升高。该技术应用于第一代丰田 Prius 等车型。

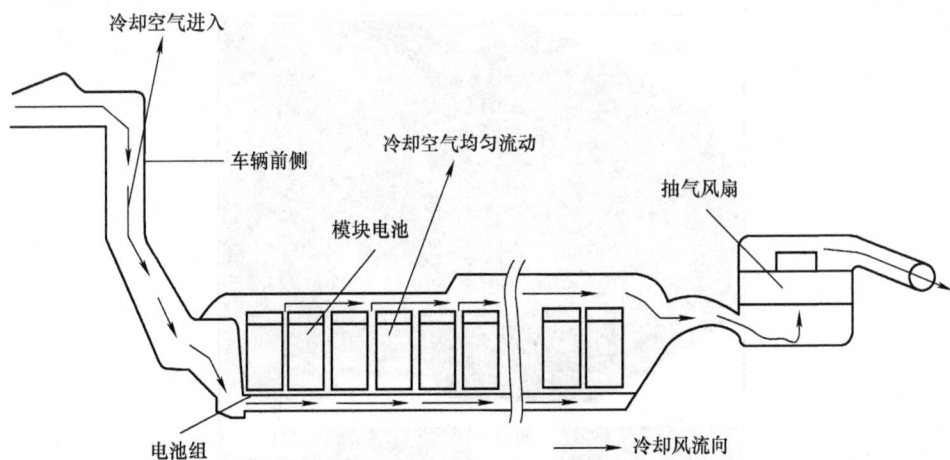

图 6-2-5　纯电动汽车电池组风冷系统结构

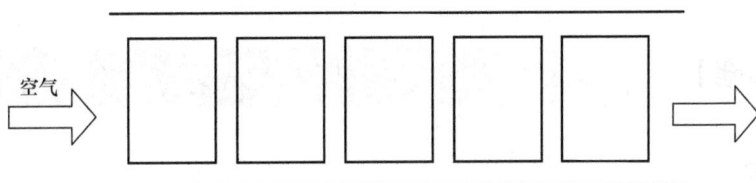

图 6-2-6　电池模块串行通风示意图

（2）并行通风结构

并行通风结构如图 6-2-7 所示。

并行通风方式可以使得空气流量在电池模块间更均匀地分布。需要对进排气通道、电池布置位置进行很好的设计。其楔形的进排气通道使得不同模块间缝隙上下的压力差基本保持一致，确保吹过不同电池模块的空气流量的一致性，从而保证了电池组温度场分布的一致性。

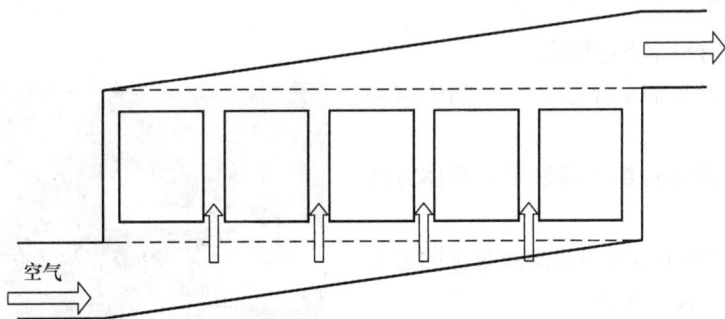

图 6-2-7　电池模块并行通风示意图

（3）冷却风扇控制

双模式混合动力电池装备有一个冷却风扇和电池冷却通风导管，电池控制模块使用 4 个传感器探测电池温度，还有 2 个传感器探测空气温度，根据温度信号以及风扇转速信号，控制模块通过 PWM 信号来调节风扇转速，电池组工作温度超出正常范围时，系统启动电池冷却风扇（图 6-2-8）。

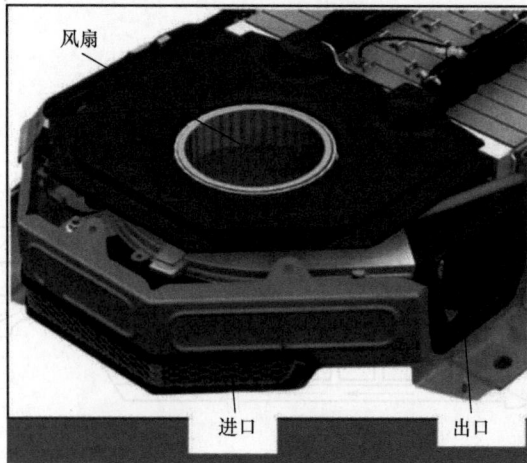

图 6-2-8　动力电池冷却风扇

【任务实施】

1. 任务准备

安全防护：做好车辆安全防护与隔离（车内外三件套、车轮挡块、警示隔离带等）。

工具设备：数字万用表、兆欧表、绝缘防护用品、绝缘工具套装、常规工具套装、动力电池拆装举升台、充电桩等。

台架车辆：比亚迪 E5 整车。

辅助资料：维修手册、教材、实训工作页。

2. 实施任务

实训步骤如下：

步骤 1：进行整车下电操作。

步骤 2：举升车辆至合适位置，如图 6-2-9 所示。

步骤 3：拆卸电池组冷却液泵。具体方法如下：

1）用鲤鱼钳拆下电池组冷却液泵上的进水管和出水管卡箍，拔下水管。

注意：管内有液体，用专用容器回收冷却液，如图 6-2-10 所示。

2）拔下冷却液泵低压插接线束，拆下冷却液泵固定螺栓，如图 6-2-11 所示。

图 6-2-9　举升车辆至合适位置

图 6-2-10　回收冷却液

图 6-2-11　拆下冷却液泵固定螺栓

3）将冷却液泵取下，检查电池组冷却液泵外观及插口是否损坏，更换电池组冷却液泵，如图 6-2-12 所示。

步骤 4：安装电池组冷却液泵。具体方法如下：

1）放置电池组冷却液泵，如图 6-2-13 所示，安装电池组冷却液泵固定螺栓，插上电池组冷却液泵低压插头。

图 6-2-12　检查电池组冷却液泵

图 6-2-13　放置电池组冷却液泵

2）连接电池组冷却液泵上进水管和出水管，紧固水管的卡箍，如图 6-2-14 所示。

图 6-2-14　连接进、出水管以及紧固水管卡箍

步骤 5：完成对电池组冷却液泵的更换操作。具体方法如下：

1）连接电池组高压线束。

2）安装维修开关。

3）连接蓄电池负极电缆。

步骤 6：给电池组冷却液壶和 PTC 水壶加注冷却液。具体方法如下：

1）管路检查，确保冷却管路连接完整。

2）加注冷却液，如图 6-2-15 所示。

图 6-2-15　加注冷却液

3）将车辆启动，连接诊断仪，选择车型（比亚迪 E5）→诊断→动作测试→电池冷却内循环控制→打开电池冷却内循环控制，如图 6-2-16 所示。

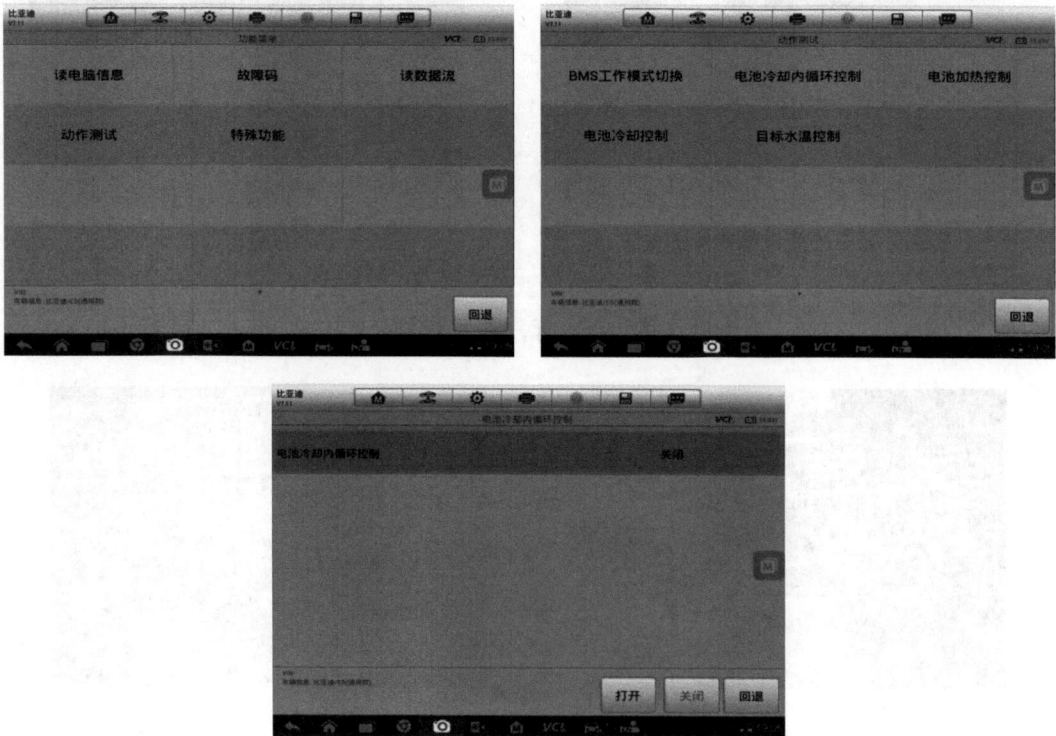

图 6-2-16　检验车辆内循环控制

4）拧开膨胀罐盖，再次缓慢加注冷却液，直至膨胀罐内冷却液量达到容积 80% 左右，且液位不再下降。